Für Renate

Detlef Klöckner

Phasen der Leidenschaft

Emotionale Entwicklungen in Paarbeziehungen

Klett-Cotta

Klett-Cotta

Printed in Germany
Umschlag: Roland Sazinger, Stuttgart
unter Verwendung eines Fotos von PixelQuelle.de
Gesetzt aus der 10 Punkt Berling von
Elstersatz, Stefan Hergenröder
Auf säure- und holzfreiem Werkdruckpapier gedruckt
und gebunden von fgb, freiburger graphische betriebe
ISBN: 978-3-608-94432-7

Bibliographische Information der Deutschen Nationalbibliothek
Die Deutsche Nationalbibliothek verzeichnet diese Publikation in der
Deutschen Nationalbibliografie; detaillierte bibliografische
Daten sind im Internet über <http://dnb.d-nb.de> abrufbar

Inhalt

Aus Sicht …

Never just theorize,
but allow the object »to speak back.«
(Mieke Bals)

Dieses Buch ist ein Plädoyer für die Leidenschaft und damit auch eine Verteidigung der Paarbeziehung. Wie die Liebe ohne die Anwesenheit der Leidenschaft nicht vorstellbar erscheint, so ist das in Liebe verbundene Paar eine moderne Erfolgsformel, das soziale *Glücksversprechen*, zu dem es vorerst noch keine wirkliche Alternative gibt. Ferdinand Fellmann spricht deshalb vom Paar als der *erotischen Rechtfertigung des Menschen* (Fellmann 2005), Arnold Retzer von der *Sinnstiftung* der Liebe (Retzer 2004).

Leidenschaften stehen im Zentrum der öffentlichen Aufmerksamkeit, in Verbindung mit Lebensgemeinschaften, die vom Paar ausgehen, bilden sie aber keine selbstverständliche Kombination. Die Betonung der Leidenschaft ist ein relativ junger Zusatz der Sozialgeschichte. Was in uns heute Sehnsucht und Verlangen auslöst, wird woanders missverstanden, eventuell gar nicht begriffen. Wir verlangen nach Erregung und erregenden Beziehungen, wie es frühere Generationen nicht beansprucht haben und in vielen Gesellschaften auch heute noch wenig Gewicht besitzt (Türcke 2002). Deswegen passiert die leidenschaftliche Liebe nicht mit jeder und mit jedem überall gleich, es gibt Bedingungen, die sie gedeihen und solche, die sie verderben lassen. Leidenschaftliche Erfahrungen hängen von Lebensumständen ab.

Die Etymologie gibt uns Hinweise, dass die ursprüngliche Bedeutung von *Leidenschaft* begrifflich weiter gefasst war als die heute geläufige. Das mittelhochdeutsche *liden* hat seine Konnotation von *weggehen, erfahren, vergehen* und *sterben* zu *verlangen* und *erleiden* gewandelt. Die alte Verwendung zieht äußere Bewegung und innere Bewegtheit als einen ganzheitlichen Prozess der Selbstveränderung zusammen. Das Verb *liden* war Ausdruck eines Weltverständnisses, welches dem Menschen einst einen bescheidenen Platz inmitten diesseitig und jenseitig wirkender Kräfte zugewiesen hat. Es war ein schmaler Korridor, zwischen kosmischen Mächten eingeklemmt das Leben zu balancieren, ein endloser Passionsweg, der häufig nur um den Einsatz der eigenen Seele gemeistert werden konnte. Ich gebrauche die Metapher Leidenschaft durchgängig sowohl nach dem alten als auch dem modernen Verständnis, meine sowohl den Übergangsprozess als auch die (be)drängende Emotionalität.

Dieses Buch widmet sich vor allem der Leidenschaft aus der Sicht der Paarbeziehung. Im Mittelpunkt steht daher die leidenschaftliche Liebe zwischen zwei gegengeschlechtlichen oder gleichgeschlechtlichen Partnern in einer exklusiven Form. Ein Paar verändert im Laufe der Jahre seine *Ästhetik*, das heißt seine Kommunikationsformen und seine Erlebensweisen. Aufgrund der gegenwärtigen sozialen Freiheiten sind wir aber kaum in der Lage, zu prognostizieren, wie weit ein Paar gemeinsam gehen wird. Es mangelt an machtvollen Konventionen, wie es noch bis vor kurzem die *Ehe* und die *Familie* waren, um sichere Voraussagen machen zu können. Der Geltungsbereich einer Beziehungsform ist momentan begrenzt und ihre Halt gebende Sicherheit gering.

Es fehlen verbindliche Schnittmuster, die einwandfrei durch das Liebesleben führen und festlegen, welche Wandlungen für ein Paar vorgesehen sind, was eine gute/richtige, was eine schlechte/falsche Beziehung ist. Permanent fügen sich neue Lesarten der Leidenschaft und des Paares ein, kommen neue Beziehungsästhetiken hinzu. Wer der Paarkultur durch sein Handeln ein endgültiges Gesicht geben möchte, schreibt nur die Geschichte ihrer Spielweisen fort. So gebärt die Praxis der Liebe ständig neue Variationen des Gelingens und Scheiterns. Leidenschaften lassen sich weder völlig ignorieren noch beherrschen. Sie sperren sich erfolgreich einer letzten Umarmung. Darum erfinden wir das scheinbar Ewige durch unser Handeln immer wieder neu. Wer von der Liebe berichtet, spricht also nur über einen schmalen Erfahrungsausschnitt, seine eigene Leidenschaft und seine eigene Geschichte.

Es ist mein vordringliches Anliegen, Wandlungsprozesse der Paarbeziehung darzustellen. Da Entwicklungen aber nicht in einem neutralen Vakuum stattfinden, ist es unumgänglich, das Buch mit einigen zeitdiagnostischen Hinweisen auf die Begleitumstände leidenschaftlicher Beziehungen zu beginnen. Ich schließe mich damit der Mahnung George Balandiers an, der davon spricht, dass eine Ethnologie, welche die gegenwärtige Situation ihres Untersuchungsgegenstands übersieht, auf die Welt pfeift, in der sie existiert (Balandier 1976). Augenblicklich drängen sich extreme psychosoziale Unterschiede auf engem Raum. Dieser Hintergrund lässt sich berücksichtigen, wenn zwei Blickrichtungen zur Anwendung kommen. Ich veranschauliche und diskutiere deshalb einmal aus Sicht der modernen westlichen Lebenspraxis und -philosophie und zum anderen aus der Richtung traditionaler Gesellschaften, repräsentiert durch die Brille der Kulturanthropologie. Die Dehnung und Verschiedenartigkeit des Bezugsrahmens entspricht den gegensätzlichen Beziehungsmustern, die in modernen Gesellschaften heute aufeinander prallen.

So entwickeln die bestehenden Verhältnisse manche erwärmenden und manche grellen Kontraste und der einzelne Mensch ist angehalten, die Farben seines Soziallebens selbst zu mischen. Aber nicht nur das: Wo das demokratische Grundprinzip der Wahlfreiheit Ernst genommen wird, können Leidenschaften im selben Umfeld auf historisch Überholtes, auf aktuelle soziale Moden und auf ungewohnte, zukünftige Optionen treffen. Das macht die Leidenschaft risikoreich und das Nachdenken über sie nicht einfach.

Es kann bei der Behandlung des Themas nur darum gehen, die Variationsbreite zu durchforsten und sich die Arbeit zu machen, verschiedenartige Beziehungsentwürfe und Umsetzungen wiederholt zu erforschen. Richard Rorty nennt das Vorgehen, bereits beschriebenen Sachverhalten einen zusätzlichen Standpunkt abzuringen, *imaginative redescreptions* (Rorty 2000). Ich veranschauliche und diskutiere daher mit unterschiedlichen Brillen. Das hat dazu geführt, zwischen dem Ganzen und seinen Details, zwischen allgemeinen Hintergründen und konkreten Geschichten hin und her zu wechseln. Die einzelnen Kapitel sind so aufgebaut, dass sich thematische Haupt- und Nebenstränge verfolgen lassen und es dem Leser überlassen bleibt, auf der breiten Hauptader zu reisen oder, je nach Interesse, auch die inhaltlichen Abzweigungen zu nehmen. Auf diese Weise rege ich an, über veränderliche und unveränderliche Eigenschaften der Leidenschaft nachzudenken. Das setzt das Verständnis voraus, Liebesbeziehungen als Subsysteme einer mehrfach gestalteten Umwelt zu reflektieren und die Spielarten der Leidenschaft als Teile eines *Kaleidoskops* der *Lebenskunst* (Schmid 1998).

Collagen sind bekanntlich zusammengesetzt und brüchig. Je nach angespieltem Thema laufen Aussagen gegeneinander, kommt es zu Wiederholungen und manche Passagen widersprechen sich sogar. Trotz der Redundanzen und des fragmentarischen Charakters der einzelnen Kapitel hoffe ich, sinnvolle Betonungen zu setzen, die zum Verständnis der Leidenschaft beitragen. Ich möchte betonen, dass mein Blick auf menschliche Tiefen und Untiefen nicht, wie es von einem Psychotherapeuten vielleicht erwartet wird, auf Pathologien gerichtet ist. Mein Interesse gilt nicht den beschädigten Opfern und hässlichen Tätern, sondern wendet sich Abenteuern zu, die von Zweien kreiert werden. Die Exkurse bevölkern daher Menschen wie Du und Ich, die auf ihre Art am Leben arbeiten, von Sehnsüchten erfüllt, lebenskundig und phantasievoll, in einigem dumm, faul und unverlässlich. Vielen ist ein *Happy End* vergönnt, viele erleben Glückliches und Schlimmes, viele gehen schlampig mit ihren Möglichkeiten um und viele wissen es nicht besser. Das Meiste, was Menschen an Erlebnissen im Kontext der Paarberatung kommunizieren, auch mancher furiose Vergriff, erscheint mir tolerabel. Meine Akzeptanzversuche geraten regelmäßig da ins Schlingern, wo selbstgerechte Teilnahmslosigkeit herrscht.

Der Text präsentiert viele Sachverhalte nebeneinander und verschlungen und ist deshalb assoziativ und nur passagenweise geordnet. Ich bin auf eine sprunghafte Form ausgewichen, weil dem Thema Trennschärfe nicht bekommt, habe anschauliche Bilder und Geschichten eingerückt, wo es notwendig erschien und hoffe, dass dies über inhaltliche Unzulänglichkeiten hinweghilft. Auf diese Weise konnte ich mit und gegen den Strom sachlicher Strenge schwimmen. Deshalb noch ein kurzer Hinweis zu Sprache und Aufbau des Textes. Marcel Proust hat einmal darauf hingewiesen, dass Literatur nicht Erleben ersetzen kann, aber aus Erfahrungen in kondensierter Form gespeist wird. Literatur pointiert, wenn sie lebendig bleiben will, und konstruiert dadurch, welche Bilder sie für die Dinge des Lebens findet, einen Mangel des Ungesagten und Unerfahrenen. Dieses Paradox der Konzentration versuche ich nicht zu überwinden. Zwischen den Zeilen soll aber immer vorrangig bleiben: *Auch die schwerfällige Schildkröte wird von der Gewalt der Liebe hingerafft*, wie Remy de Gourmont in seiner *Physik der Liebe* schreibt (de Gourmont 1990).

I. Attribute der Leidenschaft

Ich gebe meiner Seele bald dieses, bald jenes Gesicht je nach welcher Seite ich sie wende. Wenn ich unterschiedlich von mir spreche, dann deswegen, weil ich mich als unterschiedlich betrachte. Alle Widersprüche finden sich bei mir in irgendeiner den Umständen folgenden Form.
(Michel de Montaigne 1998, 167)

1. Leidenschaft und Bewegung

Ein Blick auf die gegenwärtige soziale Situation zeigt, wie unsicher Paarbeziehungen geworden sind und welchen enormen Gegensätzen wir auf der Suche nach Liebespartnern begegnen. Leidenschaft wird unter diesen Umständen zum notwendigen Attribut von Beziehungen.

Seit dem letzten Drittel des 20. Jahrhunderts vollzieht sich in den Gesellschaften der westlichen Welt ein fundamentaler sozialer Wandel. Etliche Traditionen wurden ausgehebelt und es ist uns nun weitgehend erlaubt, zu leben,

- was wir wollen (alles nur Denkbare),
- so lange wir es wollen (immer kürzer, dafür öfter mit wechselnden Partnern)
- und mit wem wir es wollen (fast mit jedem und zunehmend mit uns allein).

Wir haben einen hohen Grad an Wahlfreiheit erreicht. Das bringt Vorteile, aber hat natürlich auch Nachteile. Der Vorteil liegt in der Chancenerweiterung und gewachsenen Selbstbestimmung, der Nachteil darin, dass Sicherheiten verloren gegangen sind. Der einzelne Mensch ist auf sich selbst zurückgeworfen. Die ehemalige Verpflichtung zur Familiengründung bildet nur noch eine Option unter vielen. So lange es verbindlich war, eine lebenslange Ehe einzugehen, verlief das Leben nach einem festen Ritual. Auf die Zeit des männlichen Werbens folgte eine kurze Verliebtheits- und Verlobungsphase, die Heirat und nachfolgende Familiengründung. Die Ehefrau verwandelte sich zur Mutter und Hausfrau, der Mann zum berufstätigen Vater mit Versorgungsverantwortung. So vergingen Jahre, bis die Kinder erwachsen waren und das Haus verließen, die Eheleute zu Großeltern gemacht wurden und zum Schluss im Kreis einer mehrgenerativen Großfamilie verwitweten. Wer sich im Partner getäuscht hatte, hatte Pech gehabt. Dafür profitierten die Beteiligten vom Ehegelübde und vom familiären Zusammenhalt. Konflikte galten als immanente Konflikte eines Ehepaars, Scheidungen waren ein Tabu.

Das emanzipatorische Recht, gehen zu dürfen, wenn es nicht mehr geht, ist noch nicht lange selbstverständlich. Heute besitzt die Ehe als ökonomische Zähmung der Leidenschaft keine formale Kraft mehr. Es werden zwar noch viele Ehen geschlossen, aber auch rasch wieder geschieden. Eine Wahl- und Entscheidungsfreiheit zu besitzen, sich für oder gegen eine Verbindung aussprechen zu dürfen, ist eine Erschwernis für langfristige Beziehungsperspektiven. Man kann sich aus seiner Beziehung verabschieden, wenn es nicht mehr passt, unabhängig wie lange sie währte, was sie einmal bedeutete und was aus ihr hervorgegangen ist. Aufkommende Langeweile genügt bereits, sich zu trennen.

Im gegenwärtigen Lebensklima dominieren ganz eindeutig Gefühle den Gehalt einer Beziehung, nicht das gegebene und verbriefte Versprechen. Die vormals verlässlichen sozialen Verpflichtungen haben ihren Regelungswert (vorübergehend) an Stimmungen abgegeben. Ist die Emotionalität gestört, wird die Beziehung in Frage gestellt. Insofern stimmt, dass nur die leidenschaftliche Liebe als Sinn und Grund einer Paarbeziehung überlebt hat. Das leidenschaftlich verbundene Paar bildet das von der Mehrheit geteilte Verständnis einer neuen Kultur des Privatlebens. Wenn wir Liebesgefühle spüren, fühlen wir uns deshalb richtig.

Heutige Paarbeziehungen sind leidenschaftlich begründet und werden emotional gesichert.

Hat sich die Leidenschaft hinter Gewohnheiten und Alltagsstress versteckt oder verflüchtigt, nimmt Unsicherheit und Unwillen ihren Platz ein.

Die leidenschaftliche Liebe wird von Paaren aber selten als veränderlich akzeptiert. Es wird mit Unverständnis reagiert, wenn sich Gefühle und Umgangsweisen wandeln. Man will nicht wahrhaben, dass die leidenschaftliche Intensität, die gesucht wird, Schwankungen unterworfen ist und die Qualität des Erlebens, der man sich verpflichtet fühlt, einem unaufhaltsamen Wandel unterliegt. Dieser Wille nach Unveränderlichkeit in einer Beziehung steht in argem Kontrast zu den heutigen Selbstentfaltungsmöglichkeiten. Die momentanen Lebensumstände sind nicht nur von ständigen Umwälzungen geprägt, das gesamte Klima ist das einer Gesellschaft im Übergang. Seltsamerweise desensibilisiert die vorhandene Unruhe die Wahrnehmung für Entwicklungen. Wenn alles in Bewegung ist, fallen Unterschiede scheinbar weniger auf.

Direkt aus dem Büro *last minute* auf die Malediven und zurück wird bereits als banale Unternehmung aufgefasst, der Trip ohne viel Aufhebens angetreten und nach der Rückkehr unbeeindruckt wieder in das gewohnte Umfeld eingetaucht. Der mobile Mensch macht sich unverhältnismäßig wenig Gedanken, ob ihm im Kontakt mit einer entfernten Welt Besonderes widerfährt. Diese Trivialisierung des Bekannten und Unbekannten, die leidenschaftslose Durchquerung des Raums, gleichsam eine Ignoranz komplexer Transformationen, ist ein relativ neues Phänomen. Zu Beginn der Moderne, als neue Massenverkehrsmittel ein bis dato unbekanntes Reisefieber entfachten, war das anders. Reisen wurden lange und akribisch vorbereitet. Man wappnete sich vor Überraschungen, so gut es ging, erkundigte sich, welche Auswirkungen die unvertraute Umgebung wohl haben würde, mit welchen Erschwernissen zu rechnen sei und wie man Gefährdungen vermeiden könnte, um möglichst unversehrt zurückzukehren.

1924, auf dem Höhepunkt des britischen Empire, erschien ein Buch, das, als harmloser Gesellschaftsroman getarnt, Themen berührt und Fragen aufwirft, die das gegenwärtige, polyglotte Leben formen. Die

Rede ist von Edward Morgan Forsters *A Passage to India* (Forster 1924).[1] Forster erzählt, was Menschen widerfährt, wenn sie das Vertraute ihrer täglichen Umgebung aufgeben, ihre Heimat mit Hoffnungen und Ängsten hinter sich lassen und mit einer unbekannten Umgebung und Lebensweise konfrontiert werden. Der Unterschied zu heute war die Exklusivität interkultureller Erfahrungen, die nur machte, wer die Mittel für Fernreisen besaß oder wen Nöte in die Ferne verschlagen hatten. Heute beginnt das Fremde bereits in den alltäglichen Kontakten. Die westliche Welt, wie wir sie gerade erleben, zeigt sich als babylonisch aufgetürmte Sozialstruktur. Ihr Kennzeichen ist die Durchmischung, das Nebeneinander und Miteinander gegensätzlicher Lebensversuche. Heute steht sich gegenüber, was in der Vergangenheit, durch riesige Entfernungen getrennt, ein Bild der Phantasie blieb.

Transkulturelle Beziehungen sind für die jüngeren Generationen bereits geläufig. Die verschiedenen sozialen Gruppen und Individuen kommen passabel miteinander aus und gehen aufeinander zu, sie bemerken aber oft schmerzlich, wenn sie sich auf Beziehungen einlassen, dass sich Erfahrungsquellen berühren können, die mehr trennen als verbinden. Liebesbeziehungen kranken ansteigend an einem fehlenden gemeinsamen Erfahrungshintergrund und Zukunftswillen. Liebende erkennen sich nicht mehr zwangsläufig im Anderen und sie finden in der liebevollen Umarmung nicht automatisch eine Heimat, der *Spiegel der Liebe* bleibt häufig blass und zerspringt schnell. Die Krisen und Chancen des multikulturellen Hintergrunds, die sich im Scheitern und Gelingen von Liebesbeziehungen verstecken, werden in den folgenden Ausführungen wiederholt angesprochen.

---

[1] Deutschsprachige Ausgabe: *Auf der Suche nach Indien* (Forster 1985). Der Roman wurde von David Lean verfilmt – deutscher Filmtitel: *Eine Reise nach Indien*. Das englische Original bezieht sich auf ein Gedicht Walt Whitmans, das jener als Hymne auf den technischen Fortschritt zur Eröffnung des Suez-Kanals geschrieben hat. Die Titulierungen kreisen auf unterschiedliche Weise Erfahrungsbereiche ein, die sich in dem französischen Wort *Passage* (deutsch: Überfahrt, Durchquerung, Übergang) als Komplex äußerlicher Fortbewegung und innerer Bewegtheit vereinen.

Passage to India ist eine sensible Verarbeitung sozialer Schwierigkeiten der Kolonialzeit. Die Erzählung spielt im damaligen Indien und ist doch eine vorweggenommene Sozialpsychologie der gegenwärtigen Situation. Sie handelt von der Anziehungskraft, dem Erschrecken und den Missverständnissen zwischen Menschen, die sich verstehen wollen, aber nicht aus ihrer Empfindungswelt und sprachlichen Haut herausfinden. Das geschilderte Drama transportiert daher grundlegende Probleme der leidenschaftlichen Liebe:

- Wie weit kann sich die erworbene Identität an eine fremde Umwelt adaptieren?
- Wie weit kann sich die erworbene Identität mit einem anders geprägten Selbstverständnis verbinden?
- Wie viel Unbekanntes verkraften die Einzelnen im Miteinander, um über ihre persönlichen Grenzen hinaus zu wachsen?
- Was braucht es an Gemeinsamkeit, um sich nicht in einer Beziehung zu verlieren?

Das Bild der *Passage* bietet sich als Übertragungspunkt für die grenzüberschreitenden Transaktionen und Vorläufigkeiten unseres Alltags geradezu an. Die Passage ist ein mehrdeutiges Ausdruckszeichen für gegenseitige Abhängigkeiten materieller, sozialer und psychischer Natur, das sich einer einfachen Auslegung sperrt. So gesehen entwickeln sich die nachfolgenden Ausführungen zu einem imaginären Reisebericht über die Alltagsverhältnisse der Gegenwart und die Bemühungen, mit Würde erfüllte Beziehungen zu führen. Dabei fällt auf, dass die meisten Menschen unbeschadet vorausgegangener schlechter Erfahrungen weiter nach Geborgenheit suchen, danach, gesehen und gehört zu werden und sich mit der Hilfe des anderen seelisch niederzulassen. Es wächst das Bedürfnis nach Aufgehobenheit und gefühlter Heimat. Jeder Mensch will in jemandes Seele ankommen und seine Sehnsüchte teilen. Jeder will wissen und fühlen dürfen, hier gehöre ich hin und der andere ganz zu mir, das ist unser.

Wie die *Passage* eine leidenschaftliche Bewegung durch Raum und Zeit beschreibt, ist auch das voranschreitende Leben Veränderungen unterworfen, die selten reibungslos in eine Richtung verlaufen. Der Kulturanthropologe Victor Turner folgt solchen Verschlingungen. Er beschreibt die Dynamik des Wandels als dialektischen *Rhythmus*, begreift den Wechsel von Phasen mit starker Strukturdichte und Phasen struktureller Öffnung als Ganzes, das sich in der Konkurrenz beider Bewegungen historisch voranschiebt (Turner 2000). Turner bezieht sich damit auf das Vorläufermodell Arnold van Genneps. Dieser hat Wandlungsprozesse als praktisch zu bewältigende *Übergänge* aufgefasst, die einer charakteristischen Dramaturgie unterliegen. Leidenschaft bildet in diesem Gedankengebäude den Transformationsriemen für eine Entwicklung von einem aktuellen Status zu einer neuen Form des Seins, und sie erreicht in Phasen struktureller Diffusion, wie wir sie gerade durchleben, ihre größtmögliche Spielfläche (van Gennep 1999).

Es ist mittlerweile üblich geworden, dass sich im Verlaufe eines Lebens der Lebensmittelpunkt und die Lebensgestaltung mehrfach ändern, zwischen gleichwertigen Alternativen hin und her gewandert wird. Das Gleiche gilt für die Beständigkeit oder Unbeständigkeit von Paarbeziehungen. Die ehemalige Einmaligkeit und lebenslange Dauerhaftigkeit dieses Verhältnisses ist unvorhersehbaren Oszillationen gewichen. Dennoch nehmen Menschen nach wie vor große Anstrengungen auf sich, um einen leidenschaftlichen Beziehungshorizont zu errichten und streben gleichzeitig nach einem fühlbaren Maß an Sicherheit und Stabilität in ihren Liebesbeziehungen. Das führt zwangsläufig zu paradoxen Situationen. Man tut daher gut daran, bei jeder einzelnen Beziehung darüber nachzudenken:

- Was sind die Voraussetzungen der Beziehung?
- Wie weit passt das praktizierte Strickmuster zu den Absichten?
- Wie verhält sich ein Paar, das leidenschaftlich beginnt und wie ein Paar, das sich lange kennt?
- Was fördert oder gefährdet den Zusammenhalt der Beziehung?

Die jetzige Epoche wird als eine Zeit geistiger und praktischer Mehrstimmigkeit beschrieben, als chaotischer Fundus frischer, bewährter und verstaubter Lebensmuster, die passend und unpassend in Beziehungen eingehen und die ein Aufeinanderprallen von Vertrautem und Unvertrautem, von Verstandenem und Unverstandenem bewirken. Der große Basar ist eröffnet! (Cohn-Bendit 1975) Die westliche Welt hat ihre Ausgänge und Eingänge aufgestoßen, und es ist keineswegs vereinbart, welche Leidenschaften, welche sozialen Werte, Sprachen und Erfahrungswege sich in diesem Prozess durchsetzen und erhalten werden.

Das *Paar*, als Organisationsform der leidenschaftlichen Liebe, schwimmt im sozialen Kolonialwarenladen bisher obenauf. Es sieht sich aber mit einer Umwelt konfrontiert, die nur noch gleichwertige Spielarten der Liebe und der Leidenschaft anbietet. Eine verbindliche Ästhetik für die Gesamtheit existiert nicht mehr, stattdessen viele Rudimente, die von wenigen allgemeingültigen ethischen Prinzipien zusammengehalten werden. Jeder ist zunächst ein Mitpassagier auf der Suche nach seiner Form des Glücks. Dabei ist nicht ausgemacht, ob und wie lange jemand verlässlich an Bord ist, wo jemand aus- und einsteigt, warum er das tut, und wann jemand Bekanntschaften zurücklässt oder in seine zukünftigen Lebensabschnitte mitnimmt.

Deshalb gibt es gute Gründe, sich mit Entwicklungsvorgängen und -phänomenen zu beschäftigen. Denn nicht zu jedem Zeitpunkt einer Liebesbeziehung stehen die gleichen Freuden und Widrigkeiten im Vordergrund und sind dieselben Antworten geeignet, anfallende Probleme zu lösen. Entwicklung bedingt, dass gewachsene Erfahrungen zur Verfügung stehen und sich manche Spontaneität in Festlegungen verliert, vorher nicht beachtete oder nicht existente Dinge in den Vordergrund rücken und alte Bewältigungsgrenzen neue Verarbeitungsmechanismen benötigen. Ein Paar, das seit zwanzig Jahren zusammenlebt, braucht sich nicht zu wundern, wenn es nicht jeden Morgen vor Glück berstend aufwacht und der Anblick der/des Geliebten nicht sofort in Raserei versetzt. Ein frisch verliebtes Pärchen kann beim ersten großen Zerwürfnis nicht auf die Erfahrung vieler gemeisterter Stürme vertrauen, kennt nicht die dankbare Berührung, die entsteht, wenn langjährig verbundene Paare realisieren, was sie vereint.

1.1 Einflüsse

Eine Darstellung leidenschaftlicher Praxis kann nicht darauf verzichten, einige zeitgenössische Einflüsse und Bedingungen der Paarbeziehung einzubeziehen.[2] Dieses Kapitel öffnet den Blick für Phänomene, die sich auf die Kommunikation, die Ästhetik und die Organisation der Leidenschaft auswirken.

Althistoriker könnten bei großzügiger Beurteilung der bewegenden Themen und Handlungsweisen unserer Zeit auf die Idee kommen, dass sich Grundlegendes über die Jahrtausende kaum verändert hat. Eine nach dem Leipziger Ägyptologen Georg Ebers benannte Papyrusrolle aus der Zeit Amenophis I gibt Auskunft über das Sozialleben und den Stand der Medizin in Theben. Diesem circa 3500 Jahre alten Papyrus können wir entnehmen, dass die Ägypter genauso an Schnupfen litten wie wir, Faltencremes schon damals en vogue waren und Sorgen wegen unangenehmem Körpergeruchs, grauer Haare und Haarausfall keine auf die Gegenwart beschränkten Verschrobenheiten sind. Sämtliche Zivilisationskrankheiten und heute gebrandmarktes Unheil hat es damals schon gegeben, inklusive der Klagen über die lobbyistische Machtfülle der Ärzte. Gleichwohl gab es einen gravierenden Unterschied. Die alten Ägypter kannten nur eine Weltsicht, mit der sie sich in ihren Beziehungen auseinandersetzen mussten.

Es kann wohl die Einsicht vorausgesetzt werden, dass es einer pluralistischen Gesellschaft an der homogenen Ganzheitlichkeit alter Gesellschaften fehlt und viel Eigenleistung erforderlich ist, um dem Selbst einen passenden Anzug und Ort zuzuweisen. Unzusammenhängendes braucht einen nachträglich verknüpfenden Sinn und das *Patchwork* persönlicher Erfahrungen muss differenziert und rücksichtsvoll in Einsatz gebracht werden (Keupp

---

[2] Es leuchtet unmittelbar ein, dass der heutige *Lebensraum* von Menschen bevölkert ist, die unterschiedlich wahrnehmen (Lewin 1982), und das Alltagsgeschehen von Prozessen durchdrungen wird, die *biophysikalischer, sozialer und psychologischer* Natur sind. (Habermas 1981; Simon 1995; Berger/Luckmann 2001) Einzelne und Gruppen handeln in Abhängigkeit zu diesen Dimensionen und unterliegen entsprechenden Beeinflussungen. (Siehe Abb. 1)

2000). Das ist nicht eben einfach, weil bei der anwachsenden Heterogenität der Bevölkerungszusammensetzung verschiedene gesellschaftshistorische Entwicklungsstände in Dialog geraten sind, *kalte* und *heiße* Sichtweisen in den sozialen Kontakten aufeinandertreffen. Claude Levi-Strauss hat für Kulturen, die in enger Verpflichtung zu ihren Traditionen leben, deren Handlungsmuster und Erfahrungsmöglichkeiten mehr von Festlegungen und Ritualen denn von individuellen Entscheidungsspielräumen abhängen, mithin Gesellschaften mit einem Übergewicht an bewahrenden Ambitionen, den treffenden Begriff der kalten Gesellschaft geprägt. Heiße Gesellschaften, wie die westlichen Technologie- und Kommunikationsgesellschaften, zeichnen sich durch eine Minimalausrüstung verbindlicher Muster aus. Sie weisen eine ungleich höhere Wandlungsdynamik und Offenheit für individuelle Lebensgestaltungen auf (Levy-Strauss 1977).

Unter solchen Umständen ist es unabdingbar, jeden einzelnen Kontakt einem eigenen Bewertungsmaßstab zu unterwerfen und Verhaltensweisen als besondere, in ihrer Reichweite begrenzte Möglichkeiten zu entziffern. Die so balancierende *Patchwork*-Identität taxiert, ob das von der Umwelt Hervorgebrachte genutzt werden kann oder zu ignorieren ist und wie man Gewolltes und Ungewolltes voneinander trennt. Jeder neue Kontakt ist dann solange eine Herausforderung, bis ein gemeinsamer Standpunkt gefunden und die neue Verbindung Teil der eigenen Lebenserzählung geworden ist. Das macht Beziehungen anstrengend, weil die Beteiligten nahezu alles übersetzen und definieren müssen. Die heterogene Urbanität des 21. Jahrhunderts kann die Vorstellung von einer ganzheitlich integrierten Persönlichkeit und einer vollständig in ihren Beziehungen aufgehenden Person nicht aufrecht erhalten. Modelle, die dies implizit oder explizit voraussetzen, glätten auf naive Weise die existierenden Parallelwelten (Lessin 2002). Es ist deshalb zu fra-

Dieser Kontrast führt zu der verschlungenen Situation, dass verschiedene Kulturhorizonte, verschiedene traditionale und moderne Männer- und Frauenrollen aneinander geraten.

gen, welche unterschiedlichen Kräfte und Wirklichkeitsdimensionen das Alltagsgeschehen prägen und mit welchen Erlebens- und Handlungsmustern es Menschen zu tun bekommen, wenn sie sich aufeinander einlassen.

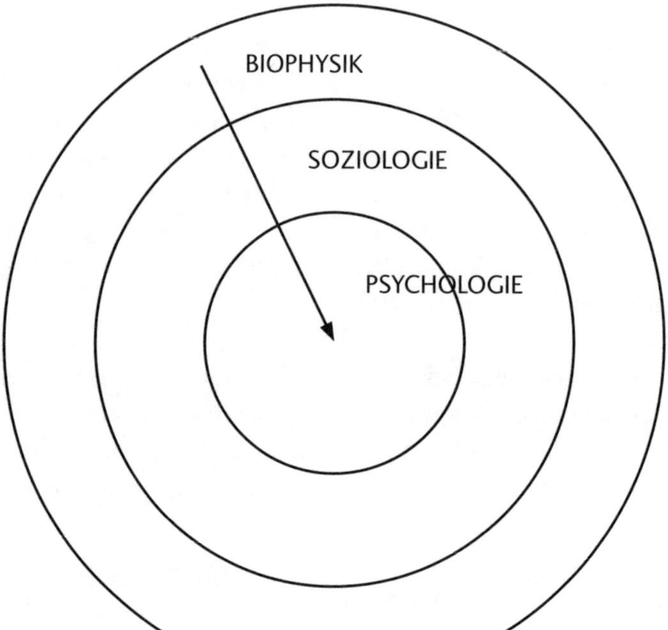

Abb. 1: Drei Systemebenen der Selbsterfahrung

Kommunikation
Ob Philipp Reis geahnt hat, welche Verbreitung sein 1863 präsentierter *Herntöner* finden würde, ist zu bezweifeln. Wahrscheinlich konnte er sich auch nicht vorstellen, welche Formen die Weiterentwicklung dieser Technik tatsächlich annehmen würde, wie sehr das Mobiltelefon in das Sozialverhalten und die Psyche eingreift. Eine scheinbar unanfechtbare Erfahrungsbedingung des Alltagsbewusst-

seins, das raumzeitliche *Hier-und-Jetzt*-Kontinuum, reduziert sich zunehmend auf ein zeitliches Jetzt. Die unmittelbare Begegnung von Angesicht zu Angesicht muss mit medialen Kontakt- und Kommunikationsformen konkurrieren, soziale Regeln drohen durch den exzessiven Gebrauch dieser Technik außer Kraft gesetzt zu werden. Der Konsumartikel *Handy* hat Verhaltensmuster hervorgebracht, die den Unterschied zwischen *Öffentlichkeit* und *Privatsphäre* überwinden. Klingelt irgendwo ein Handy (und wann und wo tut es das nicht?) wird übergangslos dem Telefongespräch der Vorrang vor dem Vor-Ort-Kontakt eingeräumt. Die Lautstärke des Telefonierenden schwillt auf das Doppelte an, die Umwelt wird zur unfreiwilligen Zeugenschaft gezwungen und das Gespräch mit Abwesenden zur öffentlichen Aufführung erhoben. Land auf, Land ab spult sich ein sprachlicher *Exhibitionismus* ab, der die kollektive Schamschwelle zum Privaten und Intimen rücksichtslos hinter sich lässt.

> (Menschen beim Einkaufen in der Schlange zu einer Kasse. Eine telefoniert:) *Wo ich bin? Bei Douglas, wieso? (…) Ja, ich hab dran gedacht (…) Aber, hör mal, da will ich jetzt nicht auch noch hin! Ich hab doch gesagt, ich komme um sieben nach Hause (…)* – Kassiererin: *Macht sechzehn Euro zwanzig. – Nein, ich hab's nicht vergessen (…) Moment mal, ich muss zahlen (…) ja, an der Kasse (…)* (Geldbörse fällt auf den Boden.) *Ach, Mist, jetzt ist mir das Portemonnaie runtergefallen (…)Ja, heute Abend machen wir es uns schnuckelig (…)* – Kassiererin: *Möchten Sie eine Quittung? – Ich brauch noch eine Tüte (…) Wärm' schon mal das Bett an! (…) Du machst mich ganz scharf (…) Krieg ich noch Wechselgeld? Ciao, bis gleich!*

Durch die epidemische Verbreitung des neuen Mediums ist niemand mehr allein und doch jeder nur für sich, weil kaum kontextuelle Gebrauchsunterschiede gemacht werden. Das Telefonieren im öffentlichen Raum, der einmal für öffentliche Angelegenheiten und öffentliches Benehmen vorgesehen war, hat einen quasi psychotischen Autismus zum Leben erweckt. Handybenutzer kommunizieren in einem entrückten Raum, der den Selbstinszenierungen Wahnhafter vergleichbar ist. Sie wollen gehört und gesehen werden, aber sich nicht vor Ort verantworten. Das eigene Tun findet auf einer imaginären Bühne statt, das Drumherum wird zur Kulisse degradiert. *Fernanwesenheit* ist der dazu passende Umgangsbegriff. Es macht den altehrwürdigen Rhythmus von Kontakt und Distanz zum Anachronismus. Niemand ist mehr wirklich abwesend, aber auch zunehmend nicht mehr richtig anwesend, dafür unkonzentriert hier und dort auf verschiedenen Kanälen. Das Bestreben nach ständiger Erreichbarkeit überwindet die herkömmliche Erfahrung der Privatsphäre und der Verlässlichkeit. Absprachen werden ebenso schnell getroffen wie spontan wieder fallen gelassen, Flexibilität beim Gesprächspartner jederzeit vorausgesetzt. Das kommt Wochenendbeziehungen, spontanen und unregelmäßigen Kontakten, zeitlich schwankenden Arbeitszusammenhängen ebenso zugute wie konstanten und klar geregelten Beziehungen. Grundbedürfnisse an Sicherheit und nach Bestätigung lassen sich per Handy schnell bedienen. Kaum jemand geht noch unvernetzt aus dem Haus, ohne diese Korsettstange gegen Einsamkeit und Gefühle des Unvermögens. Der Fetisch *Handy* ist als Abwehrzauber von Verunsicherungen jeder Art beliebt.

Bereits vor der Geburt knüpft das Gehör die erste sinnliche Verbindung zur Außenwelt. Die kommunikative Glocke, unter die wir uns telefonierend begeben, scheint eine Art Ur-Sicherheit zu rekonstruieren. Psychosoziale Vertrauensstandards, wie sie Generationen lang Geltung besaßen, verlieren sich in dieser Praxis. *Sofortvertrauen* kennzeichnet die neue Lebensform. Die Moral der allseits vernetzten Bürger entspricht so zunehmend mehr dem angelsächsischen *Commitment*, einer vorübergehenden Selbstverpflichtung, die den kurzfristigen, spontan motivierten Beziehungen von Jugendlichen geläufiger ist als die verlässlichen Kontaktrhythmen älterer Generationen, die noch nicht *online* sozialisiert wurden (Steinle/Wippermann 2003).

Die kommunikativen Werkzeuge der neuen Medien (Lautsprecher, Bildschirme, Tastaturen und Klickschalter) ersetzen mehr und mehr die direkte zwischenmenschliche Präsenz beziehungsweise bilden eine zeitraubende Beschäftigung. Bei den jungen Nutzergenerationen nimmt die Zahl derer zu, die phobisch auf direkten Kontakt reagieren. Sie haben Schwierigkeiten, anderen in die Augen zu sehen, wissen nicht, wann sie wen ansprechen und grüßen müssen, haben Angst vor Berührung und es ist ihnen eine Qual, den Verlauf von Kontakten nicht einseitig steuern zu können. Es wachsen Charaktere heran, die nicht begreifen, dass Beziehungen durch Einlassung entstehen und zweiseitig geprägt werden.

Die mediale Verfügbarkeit steht in einem schlechten Verhältnis zu den vorhandenen psychosozialen Verarbeitungskapazitäten. Ein Tag hat weiterhin nur 24 Stunden und stellt viele verschiedene Anforderungen, so dass nicht jede Sache mit der gleichen Konzentration, Leistungskraft und sofort erledigt werden kann. Ein diachroner Dialog erfordert Zeit und Muße, Nachdenken und Nachspüren und ein Verlangsamen der psychischen Aktivität. Die elektronischen Medien übergehen diese Voraussetzungen und beanspruchen ein Kommunikationsverhältnis aus Beschleunigung und stetem, möglichst nicht versiegenden Kommunikationsfluss. Sie sind daher keine Lernhilfen für leidenschaftliche Beziehungen, aber sie erleichtern und demokratisieren Kontakte. Vernetzt lässt sich mit jedem per Du sein und verringert sich die Intensität von Kontrasten und Gemeinsamkeiten. Anfang und Ende des Dialogs sind die Domäne einer singulären Entscheidung. Wer nicht mehr will, kann sich ungehindert ausklinken. Sind dagegen alle Sinne angesprochen, stehen zwei Menschen zum Anfassen voreinander, produziert das Erfahrungsfeld ganz andere Tatsachen und Konsequenzen. Eine Begegnung, schon gar eine wohltuende und bereichernde, gelingt dann nicht mit jedem, eine Beziehung aus Fleisch und Blut erst recht nicht. In Beziehungen lassen sich schöne Situationen nicht nach Belieben anknipsen und Ungewolltes nicht nach Bedarf ausschalten.

Kontakt ist egozentrisch und flüchtig, Beziehung verlangt eine zweiseitige Einlassung.

Synchronisation

Raum und *Zeit* sind relative physikalische Dimensionen, raumzeitliches Erleben aber hängt von sozialen Vorgaben ab. Die Rastlosigkeit des Stadtlebens ist ein Indiz für die Auflösung traditioneller

Zeittakte mit einer Reihe von Effekten auf Mensch und Umwelt. Ausdehnungen des beruflichen und privaten Aktivitätsspektrums in die Nacht, auf das Wochenende und über Feiertage entsprechen dem obersten Credo der Dienstleistungsgesellschaft: alles zu jeder Zeit.

> Nicht später als 06.00 Uhr morgens, ein Anruf: Ich hetze aus dem Bett, weil ich einen Notfall vermute. Die Gesprächsteilnehmerin benötigt aber nur eine Auskunft zur Paarberatung. Sie spricht getrieben und scheint nicht bei der Sache zu sein. Das Gespräch ist unterlegt von störenden Hintergrundgeräuschen. Nach einer Weile wird sie ungehalten und schimpft mit einem unsichtbaren Dritten, von dem sie sagt, er wolle sich partout nicht gedulden. Ich denke an ein Kind, bis sich herausstellt, dass sie am Schalter einer Fluggesellschaft sitzt und kurz davor ist, Passagiere abzufertigen. Eine verkorkste Liebe, ihr Job, anonyme Fluggäste, meine Nachtruhe, was macht das schon für einen Unterschied? *Multitasking* rund um die Uhr, einschießende Impulse und ausführende Handlungen gehen hier nahtlos ineinander über.

Vor nicht allzu langer Zeit stand noch eine Frage vor jeder Kontaktaufnahme. Kann man da jetzt hingehen, anrufen, etc. oder stört das jemanden, passt es gerade nicht in den Kontext, den ich ansteuere? Erkennbare Regelungen, wann eine Zeit für Arbeit und wann eine Zeit für andere Dinge ist, bestimmen den sozialen Rhythmus einer Gemeinschaft. Zeitordnungen sind Vereinfachungen und Konzentrationspunkte des Soziallebens. Die eingesetzte Erosion von Zeitgebern, insbesondere in den Metropolen, führt zu einer Nonstop-Gesellschaft mit erheblichen *Desynchronisationen* im privaten und öffentlichen Raum (Eberling/Henckel 2002). Interessant ist in diesem Zusammenhang, dass durch den Rückgang industrieller Tätigkeiten viele technische Voraussetzungen für Schicht- und Nachtarbeit entfallen, Dienstleistungsbetriebe die freigewordenen Zeitfenster traditioneller Ruhephasen aber übernehmen. Jeder arbeitende Mensch mit zeitlich verschobenem Tagesablauf trägt in der Folge durch sein Bedürfnis nach Freizeitangeboten und Serviceleistungen zu einer weiteren Verschiebung von Angebotszeiten bei, die Daueröffnung von Gaststätten, Kultureinrichtungen und Einkaufsläden ist die logische Konsequenz. Diese Spirale verwischt Zeitzonen und zerstört lokale Rhythmen zugunsten individueller Motivationen, hintergründig ergreift sie schleichend Besitz von der Tabuzone der Privatsphäre. Im Endeffekt bleibt weniger Spielraum für private Beziehungen, wenn das Öffentliche nicht mehr ruht.

Insgesamt zersplittert der Verlust Takt gebender Regulierungen das Zusammenleben, die Synchronisation von Beziehungen nimmt ab. Der so anonymisierte Einzelne kann unter *open-24-hours*-Bedingungen seinen Lebenslauf an gemeinsamen Werten und Eckdaten vorbeigleiten lassen. Inmitten der Gesellschaft gerät eine wachsende Zahl einzelgängerischer Monaden, die sich vom Gesellschaftsgefüge nur noch peripher beeinflussen lassen, in psychosozialen Rückstand, vergleichbar den Angehörigen eines abgelegenen Papua-Stammes auf Neu Guinea, die zu Tauschzwecken kurzfristig die moderne Welt aufsuchen, um sich dann wieder in die Verborgenheit ihrer Diaspora zurückzuziehen. Es sind nicht mehr nur vereinzelte Exzentriker, die sich unter dem fortschreitenden Ausschluss regulierender Sozialbezüge isolieren.

Die Auflösung kollektiver Rhythmen führt zu Rastlosigkeit, zu hysterischer Überhitzung und zum Verlust intimer Wärme.

Desynchronisierte Freiräume bergen die Gefahr, dass die ursprüngliche Bedeutung einer demokratischen Gesellschaftsorganisation verloren geht. Die Rücknahme zeitlicher Taktgeber führt unweigerlich zum Verlust sozialer Muster und zur Ausweitung politischer Abstinenz, weil es schwieriger wird, verbindliche Übereinstimmungen zu erzielen und mit Ansprache bis in die Köpfe der Bevölkerung vorzudringen. Dieser Prozess endet, bleibt er ungebremst, in *Analphabetisierung* und *Provinzialisierung*. Die öffentliche Kommunikation unter Jederzeit-Bedingungen verkleinert ihre Maßstäbe auf einfache und wenige lokale Zeichen, die in den privaten Leben Vereinzelter und kleiner *Peer Groups* Gehör finden. Die Wahrnehmung von Differenzierungen und übergeordneten Gesichtspunkten wird dann für große Teile der Gesellschaft verschwommen, die derart ungestörten privaten Beziehungskontexte entwickeln sich in der Folge, vom Rand der Gesellschaft aus, jenseits des *Common Sense*. Es korrigiert die kulturelle Basis einer Gesellschaft nach unten, wenn höherrangige Motive des gemeinsamen Lebenssinns aus der öffentlichen Diskussion verschwinden. Die Mehrheit käme dann über eine *orale Verstrickung* in engstirnige Lebensverhältnisse nicht mehr hinaus. Die Ungebildetheit würde sich epidemisch ausbreiten und zu einem Ansteigen *retroflektiver*, auf sich selbst bezogener Leidenschaften beitragen, da es an Austausch und Störung mangelt. Um sich selbst kreisende Menschen isolieren ihre Bedürfnisse.

Die Flexibilisierung und Auflösung öffentlicher Zeitrhythmen, wie sie aktuell stattfindet, verlangt wegen ihrer absehbaren Folgekosten nach politischer Gegensteuerung. Das Aufweichen von Alltagsrhythmen kommt besonders dem Mobilitätsbedürfnis von Heranwachsenden entgegen. Erwachsensein, das Anwachsen sozialer Kompetenzen und das Hineinwachsen in verpflichtende soziale Beziehungen, wird durch den Flexibilisierungsprozess behindert. Mehr noch, die Organisation gesellschaftlichen Lebens changiert so zu einer Adoleszentenkultur, die ihren Sinn in der *Lokomotion* erfährt (Tully 2002). Die Erweiterung konventioneller Freiräume bietet Chancen für den Einzelnen und ist ein Problem für Beziehungen.

Individualisierung

Die derzeitigen sozialen Veränderungen drehen sich im Wesentlichen um die Herstellung und Verteidigung individueller Freiheiten, der Befreiung *von* … und der Freiheit *zu* … Auf Grund des Wegfalls politischer, religiöser und sozialer Bevormundung vermag der einzelne Mensch eigene Vorstellungen gegen Fremdbestimmung geltend zu machen und sein Leben in Konsequenz autonom zu inszenieren (Schmid 2004). Man lebt mit einer Selbstgesetzgebung, das meint Autonomie, aber nicht vorgabefreier, sondern ist mit der neuen Mühe befrachtet, Lebenssinn zu finden. In der Selbstüberlassung liegt wahrscheinlich das wichtigste Unterscheidungskriterium zu traditionalen Gesellschaften, die Fragen der Identität, der Selbstentwicklung, Fragen zu Chancen und Krisen ihrer Mitglieder durch ein homogenes Weltbild und einen strengen Katalog von Lebensperspektiven und Handlungsritualen reglementieren.

Da das Verhältnis von *Kollektivgeist* zu *Selbstverantwortung* dialektischer Natur ist, muss der von rigiden Normen entfesselte Mensch nun für sich selbst erschaffen, was ihm vorher die Gemeinschaft geliefert hat. Wir sind angehalten, aus den ehemals heteronomen Ritualen autonome Rituale zu schaffen, die unserer Vorstellung von Verantwortlichkeit unterliegen und die zu Kollektivformen der Freiheit werden (Schmid 2004). Erst die Verinnerlichung und die ritualisierte Veräußerung schafft aus einer persönlichen Leidenschaft eine dichte Kulturform.

Der eklatante Unterschied zwischen Tradition und Moderne spiegelt sich anschaulich in der Beziehung zu Gott und der gesellschaftlichen Stellung von Mann und Frau: Wir diskutieren über Gott, über seine Existenz oder Nicht-Existenz, sogar in der Kirche. Unsere Kirchenvertreter müssen für ihren Glauben öffentlich eintreten und aktiv werben, weil sie sich ihrer kritischen und zunehmend abstinenten Gemeinde nicht mehr sicher sind. Indigene Kulturen dagegen sprechen zu Gott und Gott verfügt über sie, unbezweifelt. Wir favorisieren die Gleichberechtigung zwischen den Geschlechtern, in traditionalen Gesellschaften liegt die unterschiedliche Rolle von Mann und Frau fest, die Lebenswege und Rechte sind vorgezeichnet. Wer bei uns zweifelt und hinterfragt, zeigt sich als freier emanzipierter Geist und hat dort automatisch mit negativen Konsequenzen für Leib und Seele zu rechnen.

Drei demographische Merkmale zeigen den Trend zur individuellen Selbstermächtigung besonders eindrücklich:

- Single-Haushalte sind der häufigste Haushaltstyp der Bundesrepublik – und zwar mit steigender Tendenz – vor Paar- und Familienhaushalten.
- Der Anteil kinderloser Paare übertrifft den Prozentsatz von Elternbeziehungen.
- Die Geburtenrate ist nicht höher als die Sterberate.

Mitteleuropa bekommt wirtschaftlich und sozial immer größere Schwierigkeiten, wenn Einwanderung nicht erleichtert und Familiengründung nicht nachhaltig gefördert wird. Das Bevölkerungswachstum in Europa stagniert und in Deutschland ist es leicht rückläufig. Deutschland gehört zu den geburtenschwächsten Ländern der Welt. Dreht sich die demographische Kurve in den nächsten Jahren nicht wieder um, droht Europa ein rapider Bevölkerungsschwund. Prognosen bis zum Jahr 2020 gehen von einem Rückgang von über 80 Millionen Menschen aus. Der Prozess der *Individualisierung* und *Enttraditionalisierung* von Lebenswegen bekommt durch die Datenlage ein phänomenologisches Gesicht (Beck 1995). Bei den angeführten Daten zur familiären Entwicklung handelt es sich schon deshalb nicht um bedeutungsloses Zahlenwerk, weil zurückgehende Elternschaft ein mächtiger Faktor ist bei der Umwandlung von festgelegten und lebenslangen zu verhandelbaren und kurzzeitigen Beziehungen. Man arrangierte sich Jahrhunderte lang, weil die eigene Familie die soziale Stellung und Altersabsicherung begründete. Paarbeziehungen verlieren mit der zunehmenden Kinderlosigkeit und dem Bedeutungsverlust der Familie wichtige Verbündete zur Untermauerung langfristiger Lebensziele.

Es ist nicht verwunderlich, dass unter dem verschobenen sozialen Horizont Generationen heranwachsen, die in erster Linie egozentrisch und pragmatisch handeln, die sich bar eng gesteckter Ideologien und Wertvorstellungen einen eigenen Wertemaßstab puzzeln und sich leistungsbereit ihre persönliche Aufstiegsperspektive und passende soziale Nische für ihre Bedürfnisse suchen. Dieses Selbstbewusstsein charakterisiert speziell die weibliche Jugend, die optimistischer und durchsetzungskräftiger denn je ihre Chancen wahrnimmt (Hurrelmann/Albert 2002).

Augenblicklich entschließen sich Paare, wenn überhaupt, erst spät zu wenigen Kindern und gehen damit ein hohes Risiko ein, kinderlos zu bleiben, da die optimalen biologischen Bedingungen dann bereits verstrichen sind. Die vorherrschende Vorstellung von *Elternschaft* zu einem späten Zeitpunkt hat zu einem sprunghaften Anstieg ungewollt kinderloser Paare beigetragen. Die Absicht, sich als junger Erwachsener zunächst ausgedehnt an der Erfüllung eigener Interessen zu versuchen, die den ausgeprägten Selbstverwirklichungsansprüchen beider Geschlechter gerecht werden, kollidiert mit den biologischen Voraussetzungen zur Familiengründung. Mittlerweile lehnen es immer mehr Erwachsene ab, überhaupt Kinder zu bekommen. Der verloren gegangene Imperativ für eine bestimmte Sozialform und entsprechend geregelte Entwicklungsverläufe bewirken eine Art Dauerambivalenz in der Frage um die gewünschte Lebensweise.

Zu glauben, die Auflösung herkömmlicher Strukturen würde automatisch zur Auflösung traditioneller Ungleichheiten führen, wäre allerdings verwegen. Soziale Ungleichheiten gehören zu den dauerhaft hervorgebrachten Bedingungen, die durch neue soziale Milieus und Lebensstile (bisher) nicht nivelliert werden (Hradil 1987, Hauser/Stein 2001). Gesellschaftliche Auseinandersetzungen verlagern sich unter Überfluss-Voraussetzungen von den klassischen Konflikten um Überlebensressourcen auf die Konkurrenz um *Lebenssinn*. Definitionsversuche des richtigen Lebens und der angemessenen Lebensführung treten in den Vordergrund. Der Kampf um *sozialen Sinn* und um *Distinktion*, um gegenseitige Anerkennung, erhält eine vorrangige Bedeutung (Bourdieu 1983; 1987).

Ambivalenz und Sprunghaftigkeit hinsichtlich der persönlichen Lebensgestaltung sind ein Merkmal heutiger Lebensumstände.

Wie wirken sich diese Entwicklungen auf Liebesbeziehungen aus? Im gleichen Maß wie die veränderten Geschlechterrollen die Familie als wirtschaftliche und soziale Überlebenseinheit überflüssiger machen, werden familiäre Bindungen jetzt als Hemmnisse und Fesseln der eigenen Lebensgestaltung wahrgenommen. Das Gerangel von Familienmitgliedern um die praktische Verantwortlichkeit gegenüber einem familiären Betreuungsfall, die Frage, wer und wie lange für die Erziehung von Kindern zuständig ist, wer unter welchen Umständen Karriere machen darf oder soll, die insgesamt hohen individuellen Beanspruchungen sind nur einige Konfliktfelder. Mit Elternschaft riskiert man durch die reduzierte Zeitkontingentierung, sowohl Berufschancen als auch Wohlstand und andere persönliche Anteile aufs Spiel zu setzen. Das gilt speziell für die Person, die sich maßgeblich um Kinder und Familie kümmert, deshalb weniger Zeit für den Beruf hat und weniger mobil ist. Unsere

Gesellschaft hat sich gegenüber den Belangen von Familien desensibilisiert. Der Familiensoziologe Franz Xaver Kaufmann spricht in diesem Zusammenhang bereits von *struktureller Rücksichtslosigkeit* (Kaufmann 1990).

Jeder Mensch steht daher vor einer dreifachen Entscheidungsbarriere, vor der einsamen Problematik, ob er lieber allein durchs Leben geht, sich auf eine Paarbeziehung einlässt und darüber hinaus auch noch wagt, eine Familie zu gründen. Ehemals war die Familie ein wichtiger Schutzraum für soziale Sicherheit und gegenüber Armut im Alter. Diese Bedeutung hat sie eingebüßt. Umso größer bleibt ihre Wichtigkeit als Solidarität stiftende Institution zwischen den Generationen, da die Qualität verwandtschaftlicher Beziehungen ein umfassenderes Zusammengehörigkeitsgefühl erzeugt als andere Beziehungsformen, wie uns zuziehende Großfamiliensysteme vor Augen führen. In einer Gesellschaft, in der das Gefühl für familiäre Bindungen verloren geht, existiert wahrscheinlich weniger Bereitschaft, von älteren Generationen zu lernen, sich über die Generationen hinweg zu unterstützen und zwischen den Generationen zu vermitteln.

Die Angst vor langfristiger Verantwortung und vor der Einbuße von Mobilität erweist sich als Konfliktstoff und Trennungsgrund von Paaren.

Migration

Das aktuelle Bild zwischenmenschlicher Alltäglichkeiten hinge schief, würde man übersehen, dass die errungene *Modernität* der westlichen Welt, der demokratische *way of life*, eine kolonialistische Perspektive beinhaltet. In modernen Wirtschaftssystemen und moderner Politik, modernem Alltag und moderner Ästhetik zeigen sich vornehmlich die Vorstellungen und Strukturen des Westens. Spätestens seit dem 19. Jahrhundert verbreitet sich diese *Erste Welt* erfolgreich über die so genannte *Zweite* und *Dritte Welt* und beeinflusst das psychosoziale und leibliche Schicksal von Menschen hier wie dort, und zwar mit reziproken Konsequenzen. Insofern ist ein monotoner Fortschrittsgedanke nicht überzeugend. Fortschritt, bezogen auf was, wohin und für wen? Die drei Exportschlager der Moderne – Bürokratie, Technologie und empirische Naturwissenschaft – diskriminieren andersgeartete Traditionen. Ihre Beschaffenheit ist weder objektiv noch neutral, weil sie Kulturen angleichen müssen, um zu funktionieren: Ihr globales Diktat ebnet das Lokale ein. Es führt zum Ruin durchsetzungsschwächerer Kulturgüter der so genannten Entwicklungsländer, besonders der Sozialformen, die den ökonomischen Angleichungsmechanismen entgegenstehen. Die Moderne ist in diesen Ausprägungen im Wesentlichen eine westliche Marschroute der Entwicklung, die andere Kulturen zur Folklore degradiert und zur Nachahmung ihrer erfolgreich erscheinenden Lebensweise nötigt (Panikkar 1992a/b).

Neben der Vernetzung der internationalen Märkte und der Individualisierung der westlichen Gesellschaften ist die massenhafte *Migration* das dritte bedenkenswerte Resultat der Globalisierungsmechanismen. Es zieht Menschen aus allen Teilen der Welt ins alte Europa, in der trügerischen Hoffnung, irgendwie an der gewaltigen Kraft dieses El Dorados teilzuhaben. Gleichzeitig verlagern europäische Unternehmen ihre Produktion in eben die Billigproduktionsländer, aus denen der Zustrom kommt. Die Menschen zieht es nach Westen, das Kapital nach Osten (Schwelien 2004). Europa war seit jeher ein Zentrum von Wanderungen und sozialen Umwälzungen. Unter dem Einfluss der Aufklärung und der sich formierenden Nationalstaaten setzte sich allmählich ein Menschenbild durch, das dem Einzelnen fundamentale Bewegungs- und Entfaltungsrechte zubilligte. Dieses Szenario hat sich über Europa hinaus verbreitet und in den Wirtschaftsprozessen und der Einwanderungsideologie Nordamerikas seine moderne Entsprechung gefunden. Heute branden die von Europa ausgegangenen Wellen aus den Reihen der unterprivilegierten Staaten zurück.

Der Grund ist einfach: Die Not nimmt dort mit der beschleunigten Bevölkerungsvermehrung zu und wird von der international produzierenden Wirtschaft exponential überholt, die eine Reservearmee billiger Arbeitskräfte und gut ausgebildeter Spezialisten benötigt, welche die lokalen Märkte der wirtschaftsstarken Länder nicht in genügender Zahl zur Verfügung stellen. Auf beiden Seiten der Wachstumsspiralen expandieren so Kräfte, die sich magnetisch anziehen und voneinander abhängig sind. Europa fehlt der eigene Nachwuchs, den Entwicklungsländern die ökonomische Kraft und häufig die politische Absicht, ihren Bevölkerungen zu gerechten Lebenschancen zu verhelfen.

Die bisherigen Migrationsbewegungen sind aller Wahrscheinlichkeit nach erst der Anfang. Bedingt durch den technischen Mobilitätszuwachs, die weit geöffnete Schere zwischen armen und reichen Ländern, den paradiesisch anmutenden Verhältnissen in demokratischen Staaten und den Existenzbedrohungen in diktatorischen Regimes, hat eine gewaltige Völkerwanderung eingesetzt. Die damit einhergehende kulturelle Durchmischung führt in den westlichen Kulturen zur Auferstehung des alttestamentarischen Babylons. Bisher existiert kein Masterplan für eine gemeinsame *Sprache*, eine gemeinsame Sozialität, eine gemeinsame Psychologie, der einen gerechten Hintergrund für diese Metagebilde abgeben könnte und für alle Beteiligten zugängliche und verbindliche Umgangsregelungen anzubieten hätte. Niemand weiß das Zusammenleben kulturell heterogener Menschenansammlungen, diese Ansammlung von Minoritäten, sozialpolitisch zu binden (Klöckner 2000).

Die Rechtsstaatlichkeit hinkt den kulturellen Auflösungserscheinungen Mitteleuropas hinterher. Die Frage, welche passenden Einschluss- und Ausschlusskriterien für Mitglieder einer pluralistischen Gesellschaft der Zukunft gewählt werden, ist noch nicht beantwortet. So waren rechtliche Zugehörigkeitskriterien bis zum Ende des 18. Jahrhunderts andere als die heute geltenden, die sich am alten Reichs- und Staatsangehörigkeitsgesetz von 1913 orientieren. Bis zur Revolution 1848 galt in Preußen das Territorialprinzip. Preuße war, wer in Preußen geboren oder nachträglich eingebürgert wurde. Erst in der Geburtsstunde der deutschen Demokratie, der Paulskirchenversammlung in Frankfurt am Main, kam es zur ethnisch-kulturellen Aufladung des Staatsangehörigkeitsbegriffs. Damit trat im Gefolge der fortschreitenden Nationalisierung die Vorstellung einer völkischen Vereinheitlichung der Mitbürger in den Vordergrund, die mit der Entrechtung der jüdischen Bevölkerung im Nationalsozialismus dann ihre dramatische Überzeichnung erfuhr. Die

Nürnberger Gesetze machten aus Staatsangehörigen mit Hilfe eines dubiosen Rassebegriffs *Blutsangehörige.* Das Blutgemisch der deutschen Geschichte hätte bereits in den dreißiger Jahren jedem normal denkenden Menschen auffallen können. Der Begriff war für Abgrenzungsgedanken völlig ungeeignet (Gosewinkel 2001). Die Vorstellung einer völkischen Homogenität ist obsolet, wenn sie denn jemals für Nationalstaaten zugetroffen hat.

Zur heutigen kollektiven Identität gehört das Faktum der Bevölkerungsvielfalt. Ivan Illich verweist in seiner Zivilisationskritik auf ein ursprüngliches Recht auf Eigenständigkeit wirtschaftlich zusammengehöriger Sozialitäten, die bis ins 17. Jahrhundert *Gemeinheit* genannt wurde, bevor mit dem Aufstieg machtvoller Nationalstaaten und ihrer expandierenden Märkte der Begriff und das so bezeichnete Gemeinwesen eine abwertende und vogelfreie Bedeutung bekam (Illich 1982). Unter dem Ausdruck der *Convivialität* setzt sich Illich für selbstbegrenzende und selbstbestimmte Arbeits- und Lebensformen ein (vgl. auch Petzold 2003, 44). Die Vermittlung zwischen verschiedenen Lebenshintergründen wird angesichts des Auseinanderklaffens der Lebenspraxen zur vordringlichen sozialpolitischen Aufgabe (Roesler 2002). Leidenschaften halten sich natürlich nicht an Gesetzeslagen. Liebespaare trennt heute daher weniger die Geschlechtsrollendifferenz als vielmehr kulturelle Verständnisbarrieren und ungleiche Existenzperspektiven. Die unterschiedlichen Psychokulturen und Sozialsprachen, die in Einklang gebracht werden wollen, bereiten im Fortgang des Beziehungsalltags erhebliche Probleme.

Liebesbeziehungen verwalten heute eine mehrfach gesprungene Intimität. Neben traditionellen Geschlechterunterschieden wirken kulturelle Gräben und individuelle Selbstverwirklichungsansprüche.

2. Leidenschaft und Empathie

Weit, weit weg von Dir geschieht die Geschichte der Welt …
Die Weltgeschichte Deiner Seele.
(Franz Kafka)

Pluralistische Gesellschaften erfordern eine Kultur zwischenmenschlicher Empathie und die Bereitschaft, die persönliche Welt täglich in Frage stellen zu lassen. Andernfalls misslingen leidenschaftliche Beziehungen früh; denn der sehnsuchtsvoll Suchende wird zwangsläufig auch mit Menschen in Beziehung treten, die seine Empfindungen, Zeichen und Absichten missverstehen oder nicht teilen.

Viele Bewertungen der momentanen sozialen Herausforderungen wenden sich nicht von ungefähr gegen Geistesmodelle und Handlungssysteme, die nur eine Begriffswelt anerkennen, nur *eine* Politik, Wissenschaft, Ideologie oder Religion für geeignet halten, zwischen Welten und Menschen zu vermitteln (Cohn-Bendit/Schmid 1992).[3] Darin liegt ein humanistisches Potential; denn Menschen leben nach Gesetzen der Seele, nach Idealen der Menschenwürde, weil sie die Liebe und die Einsamkeit kennen und weil sie ein leidenschaftliches Eigenleben jenseits aufgestellter Ordnungen und Versachlichungen beanspruchen. Neben der humanitären Frage, wie den aufeinander treffenden Gegensätzen Gerechtigkeit widerfahren kann und Chancen eröffnet werden, wirft sich ein praktisches Problem leidenschaftlicher Selbsterfahrung und Lebensteilnahme auf: Wer auf die Welt im eben angesprochenen Verständnis blickt, wer über Macht- und

---

[3] Die *Selbstorganisationstheorien* erheben den Pluralismus, die ineinander greifende Vielfalt des Verschiedenen, zum Paradigma (Fischer/Retzer/Schweitzer 1992; Portele 1989a, 1989b, 1992). Sie passen den Toleranzgedanken der Neuzeit an die veränderten Voraussetzungen an. Diese Philosophie zieht sich wieder auf das menschlich Konkrete, das Brauchbare und Machbare zurück. Sie versteckt *Selbstverantwortung* nicht hinter allgemeinen Objektivierungen, sondern setzt diese als der menschlichen Natur Unumgängliches voraus (von Foerster 1993a, 1993b).

Dominanzgedanken hinaus denkt, für den ist die Kunst des Zusammenlebens untrennbar mit der Aufgabe gekoppelt, *Selbstverantwortung* und *Mitgefühl* in sich zu balancieren. Toleranz – auf der Basis *empathischer Identifikationen* – ist eine Konsequenz des geteilten Horizonts.

Inmitten der anwachsenden sozialen Vielfalt, der mehr oder minder selbstbewusst sich in Szene setzenden Unterschiede, ist niemand anschlussfähig ohne die Hilfestellung der Anderen, denn das Ungleiche setzt voraus, dass Beziehungen leidenschaftlich zustande kommen oder oberflächliche Kontakte bleiben. Ein solcherart schwieriges Umfeld erfordert ein Ausgreifen in Gefühlskategorien und setzt die neugierige Bereitschaft voraus, sich gleichermaßen arglos, zugewandt und kritisch zu begegnen. Das Unverstandene und Unerfahrene erregt, wirkt anziehend und bedrohlich, aber auch fragiler als das Vertraute, löst Bedürfnisse und Schutzreflexe aus, verheißt ungeahntes Glück. Im Grenzgebiet der Zwischenmenschlichkeit bleibt nichts anderes übrig, als den Spagat zwischen alle Stühle zu wagen. Nur der leidenschaftliche Blick findet über die eigene Selbstverständlichkeit hinaus.

Das folgende Beispiel zeigt, wie weit einfühlende Identifikationen ausgreifen: Vor einigen Jahren fanden lateinamerikanische Wissenschaftler im chilenisch-argentinischen Grenzgebiet der Anden in der Nähe des Vulkans Llullaillaco drei gefrorene Leichname, die in der Kälte und mikrobenfreien Luft dieser Hochlage 500 Jahre vollständig konserviert überdauert haben. Die anschließenden Untersuchungen der Leichname haben zu Tage gefördert, dass diese unpräpariert waren, es handelte sich also nicht um hergerichtete Mumien. Ihre Körper, ihre Organe, die Kleidung und weitere Gegenstände waren in gefriergetrocknetem Zustand fast intakt. Archäologen haben die Geschichte der drei umgekommenen Inkakinder rekonstruiert. Man weiß, wie alt sie waren (6, 7 und 15 Jahre), welcher sozialen Schicht sie angehört haben, was sie konsumiert haben (Kokablätter

(Selbst)kritische Einfühlung ist der Schlüssel zu modernen Beziehungen und die wahrscheinlich ergiebigste Quelle gelingender Leidenschaft.

und Chicha, ein berauschendes Getränk) und man kennt den Grund ihres Todes. Die drei waren vorbestimmte Menschenopfer, die sich auf einer mehrmonatigen Wanderung in den Opfertod befanden. Sie starben in einer Zeremonie als geweihte Mittler zwischen den Menschen und den Göttern. Man hat sie, von Drogen berauscht, erfrieren lassen. Soweit ist der Ablauf bekannt.

Was aber mehr berührt als der protokollierbare Hergang, sind die Leichname. Die mumifizierten Kinder wirken wie anwesend, als seien sie nur eingeschlafen und könnten noch immer erwachen. Wenn man sie betrachtet, verschwimmt die Wirklichkeit, man steht zugleich an ihrem Bett und ihrer letzten Ruhestätte. Der Blick fällt in entspannte Gesichter mit *Rasta*-Zöpfen in der Frisur, wie sie auch Kinder unserer Tage tragen. Es berührt eine *Aura*, die in Versuchung führt, die Hand auszustrecken und in einem väterlichen Reflex über das Haar zu streichen: Schlaf gut! oder: Lebe wohl, armes Kind! Die Zeit steht für einen unentschiedenen Augenblick still. Das Einfühlen hebt Ferne und Nähe auf und es fällt schwer hinzuschauen, ohne Tränen zu vergießen.

Die konservierten Körper offenbaren ein Paradox. Sie sind Exponate einer untergegangenen Welt, die ihre Anwesenheit verströmt. Der angehaltene Prozess, diese Masken des Übergangs vom Leben in den Tod machen stumm und im stillen Mitgefühl ergreift die fremde Existenz Besitz vom Betrachter. Das einsetzende Empfinden entsteht über Fakten hinweg, als sei noch da, was längst verloren ist. Gefühlte Anteilnahme schlüpft durch die Maschen von Zeit und Raum. *Identifikationen* scheren sich nicht um naturwissenschaftliche Bedingungen der Existenz. Sie spannen einen seelischen Bogen und verbinden das Rationale mit dem Leidenschaftlichen, das Innere mit der äußeren Welt, das Diesseitige mit dem Jenseitigen. Der leidenschaftliche Kontakt ist immer ein Versuch der Selbsterweiterung, die ein Gegenüber sucht, das dieser metaphysischen Qualität entspricht. Damit beginnt jede Liebe.

Das empathische Paradox, nicht so zu sein wie das Objekt des Begehrens, aber davon berührt zu werden, ist ein Katalysator, der Unverständnis, Angst und Abwehr an der Grenze zum Fremden in Risikobereitschaft dreht. Ohne diese quasi-ethnologische, durch Gefühle angefachte Neugier erhielten Sehnsüchte keinen Spiegel und würde unserem Sozialleben ein wichtiges Vermittlungsinstrument fehlen. Ohne diese Neugier kann nicht viel mehr entstehen als ein egozentrischer Gebrauchskontakt, ignorantes Übersehen der Eigenheit des Anderen, bestenfalls kommt eine freundlich oberflächliche Bekanntschaft heraus.

Da das gewählte Beispiel außergewöhnlich ist, trage ich noch einige Überlegungen nach. Die körperlichen Überreste der Inkakinder legen Zeugnis über einen Vorgang ab, der das Resultat einer hermetisch geschlossenen Weltsicht war, einer Lebenshaltung und Machtstruktur, dessen Unerschütterlichkeit bedrohlich wirkt, weil sie unsere ethischen Begriffe übersteigt. Inkapriester waren aktive Ausführungsorgane ihres Glaubens, der zum Ausgleich der Weltsphären Menschenblut benötigte. Dem westlichen Menschen ist ein solcher Zugriff auf die eigene Person völlig undenkbar. Säkulargesellschaften schützen ihre Bürger vor unentrinnbarer religiöser Inanspruchnahme, wie sie in archaischen Kulthandlungen zum Vorschein kommt. Wir haben die prinzipielle Wahl, ob wir uns überhaupt, und wenn ja, welcher sakralen Vorstellung wir uns zu- und unterordnen. Dennoch kommt auch bei uns vergleichbar Grauenhaftes vor: Zum Beispiel in der niederträchtigen Form krimineller Verwahrlosung, im Zusammenhang mit fundamentalistischer Rückständigkeit, im Chaos des Krieges und politischen Pogromen. Die Moderne verschiebt solche Dramen in die Ecke unkontrollierbarer Ausnahmen.

Den Platz für dramatische Inszenierungen nehmen heute beispielsweise der Sport und die Kunst ein, die als sinnstiftende Weiterentwicklungen früherer symbolischer Handlungen zu verstehen sind. Vertreter der *Kritischen Theorie* haben auf den Ursprung der Kunst im magischen Kult und der archaischen Nachahmung von Lebewesen hingewiesen und versucht, aus der Entwicklung der Kunst die historische Dynamik des Zivilisationsprozesses abzuleiten. Für Adorno zeigen Rituale, die eine Transformation des Lebendigen ins Tote vornehmen, bereits erste Verdinglichungstendenzen in der Auseinandersetzung mit dem Leben. Sie sind Schemen einer *instrumentellen Vernunft*, die sich der lebendigen, geschehenden Natur bereits entfremdet hat (Horkheimer/Adorno 1969, Adorno 1970).

In der griechischen Mythologie, in der Person des *Odysseus*, erkennt Adorno einen entscheidenden Schritt der menschlichen Emanzipation, hin zum autonom agierenden, vernünftigen Individuum. Der historische Gewinn an Selbstverantwortung liegt in der Beanspruchung von Autonomie und der distanzierenden Rationalität gegenüber Mächten und Verhältnissen. Im Verbund mit einer weiteren Entmystifizierung der Natur durch die *Aufklärung* und ihren naturwissenschaftlichen Folgen hat der Mensch einen entscheidenden Teil seiner Natur an die Ratio abgegeben. Die Priester und Schamanen früher Gesellschaften hatten diesen Schritt noch nicht vollzogen. Sie machten sich den Göttern und Naturgewalten in ihren magischen Stellvertreterhandlungen ähnlich, wenn sie dämonisch oder begütigend auftraten. In der Nachahmung kosmischer Kräfte, im vermittelnden Nachvollzug höherer Welten steckt aber bereits der politische Versuch der Naturbeherrschung mittels der Beherrschung von Menschen.

Im Vergleich zu Angehörigen magisch verankerter Gesellschaftsordnungen bleibt uns nur ein relativ kleiner Erfahrungsraum für Gefühle der Ohnmacht und des Ausgeliefertseins. Die leidenschaftliche Liebe und ihre dunkle Umkehrung, die Grausamkeit, potenzieren solche Gelegenheiten. Ansonsten besitzt das ins Leben gerufene *Individuum* der Gegenwart Wahlmöglichkeiten, besonders in der Liebe. Auch wenn manche es so erleben, ist sie weder tödlich noch vorbestimmt. In der emotionalen Verteilung von Macht und Ohnmacht in der Liebe schimmert noch der magische Kern des Schicksalhaften durch, der die Verschränkung von Leben und Tod im psychisch verkleinerten Format erglimmen lässt. In diesem reduzierten Umfang bleibt das Leidenschaftliche alltäglich erfahrbar und ist als elementare Erfahrungsfähigkeit und Lebensqualität notwendig.

Wer der leidenschaftlichen Liebe verfällt, steht vor beängstigenden Entscheidungen.

In letzter Konsequenz beschert das ein psychisches Dilemma, das balanciert werden kann, wenngleich nicht immer und nicht auf Dauer. Es ist der leidenschaftlich und empathisch agierenden Seele zwar egal, ob sie sich an äußere Tatsachen oder innere Phantasien heftet und schon gar, ob das im rationalen Sinne sinnvoll oder machbar ist, aber die modernen Freiräume gewährleisten, dass wir jederzeit pro und contra wählen dürfen. Das Problem ist also nicht, entscheiden zu müssen, das Problem kann aber sein, Entscheidungen zu treffen, die nicht halten, was sie versprechen.

Soziale Kontexte repräsentieren historisch begrenzte Lebensinterpretationen. Erlebens- und Handlungsmuster einer (Sub)kultur lassen sich nicht ohne Weiteres übernehmen, Menschen nicht einfach in fremde Kulissen einstellen, ohne dass Reibung und Reibungsverluste entstehen. Intime Beziehungen sind deshalb, mehr oder weniger, Beziehungen zu einem anderen Erfahrungshintergrund, sind Begegnungen an der Grenze zweier verschiedener Beanspruchungen der Wirklichkeit. Ein geborgtes Kulturgut droht zum Asservat zu verstauben, ein verfrachteter Mensch läuft Gefahr, innere und äußere Ressourcen einzubüßen, wenn sie unübersetzt bleiben, wenn sich die Umgebung nicht auf die fremden Ausdruckskräfte und Ansprüche einzuschwingen versteht. Leidenschaftliche Beziehungen zwingen dazu, etwas Drittes entstehen zu lassen, wobei die mögliche Transformation davon abhängt, ob eine gute Verbindung zwischen dem bisherigen, dem vorgefundenen und dem zukünftigen Lebensverständnis gelingt. Die Frage ist also, wie umfangreich man zusammenkommt. Das vorschnelle Übergehen psychosozialer Unterschiede lässt sich aber kaum verhindern. Es ist Teil des modernen Lebens, das Charakteristikum unserer Zeit und eine schwierige Hypothek von Paarbeziehungen. Ein radikaler *Eklektizismus* hat alle Bereiche der Gesellschaft erfasst.

(Ein Deutscher spricht über seine thailändische Frau) *Seit sie in Deutschland ist, verliert sie zusehends an Liebreiz. Sie ist so linkisch und ihre Aussprache wirkt hier richtig kindisch (…) als würde ein Frosch quaken. Ihre Interessen beziehen sich nur auf den Haushalt und die Kinder. Sie ist an nichts anderem interessiert (…) Und sie verhält sich so unterwürfig. Sie ist doch nicht meine Putzfrau!*

(Intellektueller junger Mann aus gut situiertem Elternhaus über seine Freundin, die aus einem dissozialen Milieu stammt.) *Meine*

Eltern finden sie unmöglich, so prollig. Wenn sie bei uns am Tisch sitzt mit ihren Tätowierungen und etwas gewagt angezogen, ist sie die fleischgewordene Provokation. Sie wissen außerdem, dass sie keinen Schulabschluss hat. Ich schäme mich dann für sie und bin froh, wenn wir wieder weg sind. (…) Freunde lassen manchmal so Sprüche los, wie: Dumm fickt gut! Nur, wenn wir für uns sind, bin ich entspannt.

Eine erste Blüte erlebte das kulturelle *cross over* bereits im materiellen und ästhetischen *Exotismus* der Orientverehrung des 18. Jahrhunderts. Die gegenwärtig wieder weit verbreitete geistige *Esoterik*, die historisch unterdrückte und alternative Heil- und Glaubensvorstellungen in den Mittelpunkt rückt, die touristischen Kontakte mit der Dritten Welt, die *New Age*-Romantik, die indigenen Völkern und deren Traditionen eine besondere Aufmerksamkeit widmet, sind bruchstückhafte Aneignungsversuche, der zerstückelten Seele unserer Zeit eine Behausung zu ermöglichen. So schafft sich jede Epoche ihre sehnsüchtigen Fluchten und leidenschaftlichen Projektionsflächen, die Unverdauliches assimilieren und das Verlorene zurückholen sollen. Dazu gehört auch der rückwärts gerichtete *Eskapismus* der Verklärung des so genannten »natürlichen« Lebens der »Naturvölker« (Kohl 1986).

Traditionale Gesellschaften sind keine guten Vorbilder für die aktuellen Beziehungserfordernisse, weil sie der Leidenschaft wenig Gestaltungsspielraum anbieten, richtige Lebenswege einfordern und falsche bestrafen. In einer individualisierten Atmosphäre kann man sich nicht auf autoritäre Vorschriften und Sanktionen zurückziehen. Wir sind in unseren privaten Beziehungen auf Metakommunikation angewiesen, auf den kritischen Dialog darüber, wie man die Dinge aus zwei Richtungen betrachtet und wir sind dem Konjunktiv verpflichtet, wie mit vorhandenen Unterschieden umgegangen werden könnte. Das moderne Selbstverständnis jongliert inmitten vieler Unpassungen und Unvereinbarkeiten, durchlässig für das andere. Das gilt im Besonderen für die persönlichen Utopien und Horizonte, die in Paarbeziehungen zusammenkommen. Damit der öffentliche Umgang und die Intimsphäre so einigermaßen gedeihen können, braucht es neben Relativierungsfähigkeiten und Verhandlungskünsten ein unmittelbares Interesse, eine naive Freude am Kontrast. Der alltägliche psychosoziale Grenzgang kommt in Zukunft ohne forschende Neugierde und empathischen Willen nicht aus, nicht ohne die Bereitschaft, Fragen zu stellen und Antworten offen zu lassen und auf manch Selbstverständliches in vielen Beziehungen zu verzichten. Das Fremde an der anderen Wirklichkeit kann nicht ohne Übersetzung auf eine höhere Ebene der Akzeptanz und des Mitfühlens begriffen werden. Und dennoch bleibt es eine Annäherung, ein Einzug in die fremde Welt als Gast, ohne sie ganz ausfüllen zu können. Homogene Rahmenbedingungen der Leidenschaft sind vorerst nicht zu erwarten. Wer sich auf eine Liebesbeziehung einlässt, kommt daher seelisch weit, aber nie vollständig an. Unter den Voraussetzungen der gegenwärtigen Sozialstruktur bleibt man unter Umständen auch mit einem Beziehungspartner einsam.

2.1 Der selbstverantwortliche Einzelne

Kein Mensch ist eine Insel für sich selbst …
(John Donne)

Der von äußeren Zwängen weitgehend entbundene Mensch ist auf sich selbst zurückgeworfen. Diese Tatsache trifft auf die Gleichwertigkeit und Gleichgültigkeit moderner Lebenspraxis mehr denn je zu. Der selbstverantwortliche Einzelne befindet sich daher in einer Schwebe zwischen der Lust zur Hingabe und der Behauptung seiner Eigenart.

Der antike Mythos der Odyssee passt zur Situation der Gegenwart. Odysseus meistert seine Herausforderungen, weil er über ausgeprägte Selbststeuerungsfähigkeiten verfügt, das heißt, von *innen heraus* motiviert handelt (Wertheimer 1925). Er kann sich konträren Gegebenheiten anpassen, knüpft Beziehungen und lässt sich helfen. Ein derart gerüstetes *emanzipiertes Subjekt,* welches mit dem Unbeeinflussbaren leben kann, zu kooperieren im Stande ist und ablässt, wo sich kein Tor auftut, ist eine geeignete Metapher für das Navigationsvermögen, das unsere Umwelt erfordert (Horkheimer/Adorno

1969). Menschen, die das Leben als Odyssee verstehen und sich darauf einlassen, ihre Kontakt- und Beziehungsfähigkeiten beständig weiterzuentwickeln, werden sich am wenigsten verlieren. Es finden sich die optimal zurecht, die nicht der Hybris verfallen, mehr als nur eingeschränkte Möglichkeiten zu besitzen, um kohärente, umfassende und stabile Anschlüsse zu erzeugen. Je nachdem, über welche Ressourcen man verfügt, wird die andauernde Fahrt durch das eigene Leben eher mühselig oder leichtfüßig, eher tief greifend oder oberflächlich gelingen. Unvermeidliche Brüche und Übergänge werden zwangsläufig zu heftigen Krisen führen, abwechselnd begleitet von Chaos und persönlicher Starre, von gelingenden Transformationen und abgeschnittenen Entwicklungen (Keupp 2004).

Aber auch ein erfolgreicher Argonaut, der eigenständig ist und sich anpassen kann, sucht nach *Geborgenheit* und *Intimität*, nach emotionaler Verankerung und Verständnis. Die Suche nach einer gelingenden Liebesbeziehung bleibt für den modernen Willen ein elementares Grundbedürfnis. Daran ändert sich wenig. Menschen nehmen für die Einlösung ihrer Leidenschaften erhebliche Schwierigkeiten und Abenteuer in Kauf. Wenn es darauf ankommt, riskieren sie Kopf und Kragen, verschulden sich, nehmen sogar den Verlust ihres Jobs in Kauf, von ihrem Ansehen ganz zu schweigen. Leidenschaft, die nach Verbindung hungert, entfaltet eine betäubende Energie, die den Verstandeswillen und die Disziplin des Alltags weit hinter sich lässt.

Trotzdem kommt es in den städtischen Ballungsgebieten nicht mehr in dem Ausmaß zu langfristigen Beziehungen. Private Kontakte zählen hier, im Gegensatz zur konservativeren Provinz, zum Teilbereich einer großen Freizeitkultur. Die Liebesbeziehung ist eine private Beschäftigung, die als solche in die berufsfreie Zeit verlagert, sich gegen viele andere Vorlieben zu behaupten hat. Innerhalb dieser vergnügungssüchtigen Karawanserei von Angeboten und individuellen Interessen, in der jeder seine leidenschaftliche Nische beansprucht, fungiert die eigene Adressdatei als Kompass des Beschäftigungsdrangs.

Singles sind eine gut angepasste Verkörperung des individualisierten Lebensstils.

Das private Netzwerk soll die breit gestreuten Impulse nach Möglichkeit alle bedienen.

Die globalisierte Gesellschaft erfordert von ihren Bürgern, dass sie die Kunst beherrschen, allein durchs Leben zu gehen, mit einem mehrsprachigen Codierungssystem für wechselnde soziale Kontexte ausgestattet, bereit, zu vorübergehenden Einlassungen und Anbindungen.

Für die singularisierten Einzelnen reicht es nicht aus, die Zeichen und Umgangsweisen der Umgebung zu beherrschen, in die sie hineingeboren wurden. Sie springen von Scholle zu Scholle und vertrauen deshalb nicht Menschen, sondern ihren Schlüsselkompetenzen, die zur Ausblendung und Dechiffrierung unvertrauter Eigentümlichkeiten befähigen. Der Zweck des Kontaktes ist wichtig, weil die meisten Beziehungen nur halbherzig wahrgenommen werden. Dieses opportunistische *Fraktionieren*, das heißt, gemeinsame Möglichkeiten zu erkennen und das nicht Anschlussfähige zu ignorieren, vermittelt Selbstsicherheit. Die erregte Betriebsamkeit der Städte verlangt kommunikative Mulitalente, die mehrere Horizonte überblicken, um sich ergiebig orientieren und entfalten zu können.

Der selbstverantwortliche Einzelne steht neben der Frage nach seiner Lebensperspektive und seinen Bewältigungsstrategien vor dem praktischen Problem, woran er geeignete Partner für seine Ansprüche erkennt. Er braucht funktionierende Filter, die melden, wann welche sozialen Fertigkeiten und Handlungsmuster passen und wann welche Kommunikationen und Ästhetiken zu benutzen sind, um Anschluss zu erzeugen. Wer mehr anstrebt als vorübergehende Provisorien, wer eine Beziehung mit Zukunftsabsichten plant, bildet heute eine Enklave des Stillstands inmitten von Kollisionen und Verführungen. Wer gar an belastbaren und überdauernden Verbindungen interessiert ist, entscheidet sich für eine ungeschützte Perspektive, die mit aggressiveren und schnelllebigeren Absichten konkurrieren muss.

Ich habe in den letzten zehn Jahren in vier Erdteilen gearbeitet und war bei drei verschiedenen Firmen angestellt. Resultat ist, dass ich lauter so Halbbeziehungen führe, denen ich nicht gerecht werden kann.

Meine jetzige Freundin beschwert sich über die Unsicherheit meiner beruflichen Zukunft. Ich muss aber doch sehen, wie ich überhaupt vorwärts komme. Sie will auch noch Kinder, aber nicht mit einem herumvagabundierenden Söldner, wie sie sich ausdrückt. Ich weiß gar nicht, was ich mit Kindern anfangen sollte. Wie kann ich denn ein Vater sein, wenn ich ständig unterwegs bin?

Ich bin ja so ein standorttreues Seelchen, habe noch nie woanders gelebt als in meiner Heimatstadt. Jetzt habe ich seit drei Jahren eine Beziehung mit einer Iranerin. Sie will irgendwann zurück in den Iran, auch ihrer Familie wegen. Und sie will, dass ich mitkomme. Mir wird jetzt schon Himmelangst davor. Ich will sie aber auch nicht verlieren (…) Jetzt drängt sie mich auch noch, sie zu heiraten. Ich weiß nicht, wenn wir erst mal verheiratet sind, so ist mein Gefühl, kann ich nicht mehr nein sagen.

Ständig hängt er mir im Kreuz damit, ihn zu heiraten. Wir kennen uns doch erst ein halbes Jahr und ich habe nicht das Gefühl, dies wird mein letzter Mann bleiben. Aber er sagt, sonst dürfe er mich überhaupt nicht mehr mit nach Hause bringen. Seine Familie würde sagen, wenn schon keine Inderin, dann aber mit allem Drum und Dran (…) Das ist nicht meine Welt. Ich bin doch noch so jung, fliege nachts in Discos rum und will meinen Spaß. Mit Anfang dreißig ist das doch nicht zuviel verlangt?

Ich habe seit einem halben Jahr eine Freundin (…) und jetzt ein echtes Problem. Meine Eltern haben mir vor ein paar Jahren eine kleine Eigentumswohnung gekauft, die habe ich mir nach meinen Vorstellungen eingerichtet, das ist meine Basisstation geworden. Ich will da nicht ausziehen. Sie sagt aber, mit ihrem Kind will sie nicht ewig zwischen Freund und Kind pendeln. Sie verlangt, dass wir in absehbarer Zeit in eine gemeinsame Wohnung einziehen (…) Mir wird ganz schlecht. Ich sehe schon vor mir, wie sie den Haushalt übernimmt, ich mich dauernd rechtfertigen muss, was ich als nächstes tue (…) Sie setzt mir die Pistole auf die Brust: Entweder, oder sie löst die Beziehung. Ich weiß nicht, was ich machen soll.

Die Frage, was man aus seinem Leben machen will, stellt sich historisch seit den Umbrüchen der Renaissance. Bis ins hohe Mittelalter herrschten Zwangsbindungen an soziale Klassen, Stände und Religionen, danach begann ein grundlegender Strukturwandel. An die Stelle schicksalhafter Vorherbestimmung trat peu à peu die politische Stärkung des Bürgertums, der Wille des Einzelnen ersetzte langsam die Festlegung qua Geburt. Die hierarchisch erstarrten Gesellschaftsformationen der westlichen Welt transformierten sich teils revolutionär, teils evolutionär zu *bürgerlichen Gesellschaften*, die das zivile Grundrecht auf funktionale Differenzierung und gleiche Lebenschancen für ihre Mitglieder an oberste Stelle setzten. Seither gilt für den Einzelnen nicht mehr, dass er sich einer vorgeschriebenen Normierung seines Lebens unterzuordnen hat. Bürger müssen ihre Rollen, Aufgaben und Positionen im kollektiven Ganzen selbst einnehmen.

Wie kann nun der Einzelne, da seine Zugehörigkeit relativ unverlässlich geworden ist, es dem Anschein nach keinen prägnanten Spiegel oder festen Referenzrahmen der Identität mehr gibt, seine Eigenheit selbst bestimmen? Um mit Heidegger zu sprechen: Das *man-Selbst*, das moderne, in Funktionssysteme eingebundene Individuum, das hauptsächlich konjunktiven Vorbildern nacheifert, wie man leben und wie man die Dinge erleben könnte, muss sich im Laufe seines Lebens erst zusammensetzen. Es ist gezwungen, zu erkunden, was es sein und mit wem es sich warum verbünden will. Darin begründet sich die moderne Vorstellung einer eigenen *Innerlichkeit*, die aus der Verarbeitung von Erfahrungen und Konsequenzen einer vorverantwortenden Sozialisation Identität formt (Heidegger 1963). *Individualität*, das Unverwechselbare, das höchste Kulturgut unserer Zeit, erarbeitet sich der Mensch auf eigenem Acker. Durch den weitgehenden Verzicht auf Gott als oberste Sinninstanz und Rechtfertigung des Handelns ist die leidenschaftliche Liebe das verbleibende Element diesseitiger und jenseitiger Lebenserfüllung.

Jeder ist aufgefordert, herauszufinden, was und wen er sucht.

Die soziale Restaurationsphase und Geschlossenheit der Nachkriegsgesellschaften in der zweiten Hälfte des zwanzigsten Jahrhunderts ist überwunden. Zwischen den übersichtlichen Lebensvorgaben damals und der Unübersichtlichkeit heute liegen Jahre der Zerstörung, Rekonstruktion und Erneuerung. Angesichts der Dynamik jetziger Lebenspraxis zeichnet sich ab, dass in der Beschleunigung kein Wert an sich steckt, es aber schwer fällt, eine Balance zwischen erhaltens- und veränderungswerten Lebensaspekten zu finden. Der Einzelne steht allein vor der Frage, wie er sein Leben vertrauensvoll angehen kann. Das Problem besteht darin, dass, anders als bei Tieren, deren Leben mutmaßlich durch die Gegenwart bestimmt wird, die persönliche Lebenszeit und die Weltgeschichte auseinander klaffen. Die Zufälligkeit des Daseins, das zu einem bestimmten Zeitpunkt in die Welt *Geworfene*, macht es im Grunde unmöglich, das eigene Sein zu rechtfertigen. Es sei denn, wir weichen vom kausalen Sinngedanken ab auf den immanenten Modus der Leidenschaft und sind fähig zu spüren, auf was es uns im Leben ankommt (Schopenhauer 1997).

2.2 Leidenschaft zwischen Einsamkeit und Zweisamkeit

Selbstverantwortung verwirklicht sich in der Geschicklichkeit, unterschiedliche Bestrebungen und Anforderungen auszubalancieren. In dieser Pendelbewegung begründet sich aber ein Paradox der Liebe. Das Verlangen, jemanden durch die Besonderheit der eigenen Person zu gewinnen, sich im Anderen zu finden, dabei auch für sich zu verbleiben, verknotet zwei gegensätzliche Motive.

Die Paarbeziehung zählt als hohes Gut des Lebens. Zwar ist die Einsamkeit des Individuums die eine Seite der Existenz, aber es gehört ebenso zur menschlichen Kultur, das Leben auf privilegierten Beziehungen aufzubauen. Dazwischen jongliert die Leidenschaft und ihre Schwester, die Poesie. In der Vereinigung soll die Trennung meiner und deiner Welt überwunden werden. Lévinas weist in seiner Theorie der Subjektivität darauf hin, dass die empfundene und erfahrene Welt nur die eigene Welt sein kann, aus der heraus ein Verlangen nach Selbstverwirklichung mit Hilfe des Anderen resultiert (Lévinas 1970, Sreckovic 1999). An jener phänomenologischen Barriere, an der subjektiven Welt und der Freiheit des Individuums scheitert die Liebe grandios (Merleau-Ponty 1966).

Der ausgreifende Versuch, sich zu verbinden, kann nur im replizierten Augenblick gelingen, in der Wiederholung von Kontakten, die sich von Mal zu Mal mehr als Beziehung institutionalisieren. Der Wunsch jedoch, mit dem Anderen eins zu werden, misslingt kläglich. Die anfängliche Verliebtheit verzaubert und macht reich, aber sie macht uns nicht eins. Wahrscheinlich tröstet uns der Glaube einer Einswerdung, über den Schrecken der phänomenologischen Grenze hinweg, die sich dem Wir als Ganzes versperrt.

Die simple Erkenntnis, nicht restlos ergründen zu können, was hinter der Stirn des geliebten Geschöpfs vor sich geht, was dieses Herz tatsächlich zum Schlagen bringt, befremdet. Dieses Befremden schockiert uns erst nach einer Weile intensiver Gemeinsamkeit, nicht vor dem Punkt, da uns der andere zur seelischen Heimat geworden ist. Beinahe erreicht, fast ein Teil von mir, bleibt das Gegenüber doch uneinnehmbar. Nur Verrückte und Schamanen sind in der Lage, die letzte Wegstrecke hinüberzugehen. Verrückte kommen als verlorene Seelen über alle Grenzen, Schamanen nur vorübergehend und unter großen Anstrengungen. Der liebende Blick setzt auch zum großen Sprung an und muss nachträglich erfahren, dass Leidenschaft allen Umarmungen zum Trotz nicht ausreicht, um vollständig drüben anzukommen. Wenn wir aus der Umschlingung der Liebe auftauchen und uns im Stillen trauen, das Du der vertrauten Person wahrzunehmen, holt uns die Distanz wieder ein, wird Scham und Fremdheit spürbar und ein Moment des Luftanhaltens bringt die Gewissheit der Ferne zurück. Goethe, der vieles verstanden hat, hat auch davon gewusst und diesen Moment in berührende Worte gekleidet:

Die existenzielle Kluft zwischen Menschen steht unverrückbar.

Wie du mir oft, geliebtes Kind,
Ich weiß nicht wie, so fremde bist,
Wenn wir im Schwarm der vielen Menschen sind,
Das schlägt mir alle Freude nieder.
Doch ja, wenn alles still und finster um uns ist,
Erkenn' ich dich an deinen Küssen wieder.

(Goethe 1998, 45)

Goethe hält Trost bereit. Trost liegt in der Bewegung des distanzierenden Verlierens und der liebevollen Zuwendung. So betrachtet taktet sich die leidenschaftliche Beziehung im Rhythmus aufeinander zu und voneinander weg. Sie gehört zum allgemeinen Pulsschlag des Lebens, zur organischen Einheit von Zuwendung und Abwendung, *Kontakt* mit der Umwelt und *Rückzug auf sich selbst* (Perls/ Baumgardner 1990). In diesem Bild steckt die bescheidene Hoffnung, gegebene Differenzen und ozeanische Empfindungen zu balancieren.

Die Existenzphilosophie des zwanzigsten Jahrhunderts, die sich mit dem zur Freiheit verurteilten Menschen (Sartre 1987) und der Verlorenheit des Einzelnen in der Welt (Kierkegaard 1984) auseinandersetzt, geht einen Schritt weiter. Die Einsamkeit des Individuums, die hier erkannt wird, ist eine Existenzbedingung, die sich der bergenden Liebe entgegenstellt. *Nähe* war dementsprechend für Camus eine vergängliche Erfahrung der Kindheitsbehausung. Erwachsene, so kam es ihm vor, befänden sich auf der endlosen Suche nach dem verlorenen Paradies. Ihre Beziehungen sind auf dem Grund dieses Gedankens nur ein schäbiger Ausdruck ihres Betäubungswillens, dem Los der Isolierung die Stirn zu bieten (Camus 1986, 1997). Die bleibende Ungreifbarkeit des Gegenübers ist eine fröstelnde Tatsache, der sich Liebende zu stellen haben, die Anerkenntnis des getrennten Subjekts ist die Herausforderung des Erwachsenen. Das ahnte Goethe, wenn er sagt:

Gefühle exklusiver Verbundenheit sind der emotionale Triumph der Liebe über die Einsamkeit.

Psyche ward älter und klug, Amor bleibt immer ein Kind.
(Goethe 1998, 69)

Liebesbeziehungen sind mehr als bloßes Tun und Wirken zweier zugewandter Menschen, Beziehungen finden *jenseits von Kontaktprozessen* statt (Fuhr 1992). Kontakten kann man sich kurzfristig überlassen, eine Verbindung muss von Zweien erarbeitet werden. Exklusivität hat für Paare die oberste Priorität. Neben der ozeanischen und orgastischen Diffusion bildet sich dadurch eine zusätzliche Beziehungsqualität. Das Bündnis wird zum seelischen Zuhause und gleicht das anderweitig Trennende aus.

Hat sich diese Verbindung geknüpft, dann bin ich nicht mehr nur Ich. Kinder beginnen mit einem vermissten oder umsorgten Wir. Dieses ursächliche Echo des Wir in uns ist der Antrieb der Herzen aufeinander zu und die Angst, fallen gelassen zu werden.

Neulich bin ich nachts aufgewacht und sehe sie neben mir liegen, so friedlich. Da habe ich sie eine Weile betrachtet und gedacht, wie schön sie ist und wie schön es ist, dass wir zusammen gehören. Und plötzlich hat es mir einen Stich versetzt. Ich habe mich auf einmal so allein gefühlt, so abgetrennt von ihr (…) Und da habe ich Angst gekriegt, aus heiterem Himmel, weil, wir kennen uns so lange und trotzdem dachte ich: Ich weiß doch gar nicht wirklich, wer sie ist! Weiß ich denn wirklich, was sie bewegt? Ich bilde mir ein, das zu wissen, aber ich habe keine Gewissheit (…) Dann habe ich geweint, es kam einfach so (…) Seitdem bin ich so unsicher.

Ich fühle mich manchmal ziemlich alleine, so ungeschützt. Das hatte ich schon als Kind. Wenn ich mich da reinsteigere, geht's mir richtig schlecht. Dann fällt mir alles ein, wo ich mich schon immer klein und mickrig gefühlt habe (…) Aber ich brauche mich nur auf meinen Mann und meine Kinder zu besinnen, darauf, wie viel uns verbindet und wie lange wir schon zusammen durchs Leben gehen, dann spür ich das richtig im Herzen und bin fröhlich. Dann bin ich wieder zu Hause.

Eine ergreifende Szene meiner Jugend war der erste Besuch der jüngsten Schwester meiner Mutter, die kurz nach dem Krieg mit ihrem amerikanischen Ehemann in die USA ausgewandert war. Ich kannte sie bis dahin nur aus Briefen und Erzählungen. Unsere Familie und die Familie meiner anderen Tante waren zur Begrüßung am Flughafen versammelt und warteten angespannt auf die Ankunft. Als es nach langen Jahren dann endlich soweit war, gingen meine Mutter und meine Tante alleine der Schwester entgegen. Die Familien beobachte-

ten das Wiedersehen aus respektvollem Abstand. Es gibt von diesem aufregenden Augenblick nur tränenverschwommene Erinnerungen und verwackelte Fotos.

Als sie nach Tagen aus dem Koma erwacht ist und mich sofort gefragt hat: Wo bin ich denn hier und warum guckst du so komisch?, habe ich gedacht, mir zerreißt es das Herz vor Freude. Ich bin auf die Knie gerutscht, habe ihre Hand gehalten und laut dem Herrgott gedankt (…) Ich frage mich aber, wo sie war mit ihrem Bewusstsein. Sie kann ganz schlecht darüber reden, es macht ihr Angst.

Menschen, die das Schicksal getrennt hat, sind im Stande ungeheure Energien für eine Wiedervereinigung zu mobilisieren. Die Seele will dahin zurück, wo sie sich verwurzelt fühlt. Wenn sich Hoffnungen auf ein Wiedersehen nicht erfüllen, das Leben halbiert bleibt, hungert die Seele. Viele geben sich dann auf. Der Film *Long walk home* vermittelt diese Kraft beeindruckend. Drei Aborigines-Mädchen fliehen aus einem australischen Waisenhaus zu Fuß quer durch den Kontinent, unaufhaltsam, um zu ihrem Clan zurückzukehren. Die Geschichte ergreift nicht nur, weil sie in den 30er Jahren tatsächlich stattgefunden hat und gegen alle Hindernisse gelang, sondern berührt darüber hinaus, weil das mitleidende Kinopublikum zeigt, dass es empfindet, was auf dem Spiel steht.

In David Leans Verfilmung von *Dr. Shiwago* (Pasternak 1992) gibt es am Schluss eine Szene, welche die ganze Tragik einer zerrissenen Bindung ins Bild setzt. Juri Shiwago hat sich durch die Wirrnisse der russischen Revolution alleine nach Moskau durchgeschlagen und fristet dort ein kümmerliches Leben als Arzt. Seine Frau und Kinder konnten rechtzeitig fliehen und leben jenseits des eisernen Vorhangs in Paris. Ob seine Geliebte, Lara, irgendwo überlebt hat, weiß er nicht. Alt geworden und ausgebrannt von den zurückliegenden Ereignissen, besitzt er nicht mehr den Willen für einen abermaligen Neuanfang. Eines Tages glaubt er aus einer Straßenbahn heraus Lara in der Menschenmenge zu erkennen. Beim nächsten Halt rennt er ihr verzweifelt hinterher, bis er nach wenigen Metern einen Herzinfarkt erleidet, von ihr unbemerkt zusammenbricht und auf der Straße stirbt. Sein gebrochenes Herz hat die Aufregung nicht verkraftet.

Die Wahrnehmung subjektiver Einsamkeit und die Sehnsucht danach, aufgehoben zu sein, wirken sich in unterschiedlichem Ausmaß in jeder Person aus. Sie existieren parallel. Deshalb erschrickt der Mensch, wenn ihn der kalte Hauch der Isolation streift, deshalb wird er unglücklich, wenn er die Liebe verliert und froh, wenn er sein Herz öffnet und sich ihm vertraute Arme entgegenstrecken. Die Seele hat die beschwerliche Aufgabe, beiden Anteilen gerecht zu werden. Das eine ist nicht wahrer als das andere, das eine kann nicht ohne das andere.

Leidenschaftliche Verbundenheit führt zwangsläufig zu einem Verlust an Autonomie.

Mondnacht
Es war, als hätt' der Himmel
Die Erde still geküsst,
Daß sie im Blüten-Schimmer
Von ihm nun träumen müßt'.

Die Luft ging durch die Felder,
Die Ähren wogten sacht,
Es rauschten leis die Wälder,
so sternklar war die Nacht.

Und meine Seele spannte
Weit ihre Flügel aus,
Flog durch die stillen Lande,
Als flöge sie nach Haus.
(Joseph von Eichendorff 2001)

Mit einer wachsenden Beziehung wächst auch die mitfühlende Sorge um das Schützenswerte im Anderen. Mitgefühl meint hier, soweit als möglich in die psychische Welt des Anderen einzutauchen, am Anderen teilzuhaben und dessen Eigenart zu beschützen. Im Mitfühlen verbindet sich meine und deine Welt zu einer dritten Welt, die nur uns gehört. Dennoch bleibt das Bild der Person vor mir unvollständig. Zu mehr Vereinigung ist eine sehnsuchtsvolle Seele nicht im Stande. Es hilft deshalb, sich dem geliebten Menschen wie einer fremden Kultur zu nähern. Man kann sich nur zuneigen und um Zuneigung bemühen. Teilnahme verändert den Anderen in meine Richtung und ich mich in seine. Die Psychen geraten aufeinander zu und aneinander. Sie werden aber nicht identisch. So sehr die begehrende Liebe zwei vereinen möchte, es wäre Furcht erregend, der Tod der Leidenschaft, würde es gelingen.

3. Leidenschaft und Radikalität

Wenn uns frei steht, Inhalt und Form des Lebens zu wählen, glückt das nur um den Preis lebenslangen Forschens. Nur im Ausloten leidenschaftlicher Hingabe und abschätzender Selbstdisziplin, der eigenen Potentiale und Grenzen dessen, was man liebt und verabscheut, findet sich eine Mitte. Individualisierte Lebensbedingungen radikalisieren das Leben.

Unter den gegebenen Umständen ist die leidenschaftliche Liebe nicht nur eine private Passion, die vorübergehende Züge von Besessenheit und Verrücktheit annimmt. Genau so wenig ist sie nur *Poesie*, die Verzauberung der Welt durch den liebenden Blick. Alle Aspekte zusammen resultieren zu einer über sich selbst hinaus weisenden Manifestation des Lebens (Schmölders 1998). Es zeichnet unsere Zeit aus, dass Sinn durch das weitgehende Fehlen sozialer Determinanten bei Geburt nicht mitgeliefert wird, der Lebensweg und -inhalt nicht von fremder Hand vorgezeichnet, sondern von Leidenschaften und Sehnsüchten motiviert, selbst zu erproben ist. Lebensverläufe können über Strecken korrigiert und neu entworfen werden. Man darf sagen, so viel Freiheit war noch nie, aber so wenig vorliegender Sinn auch noch nicht.

Angesichts fehlender Vorgaben ist die leidenschaftliche Liebe eine radikale Lebensrechtfertigung zwischen Hingabe und Selbstbeherrschung.

Wir scheitern am Leben, würden wir unsere Obsessionen als übertriebene Motive gering schätzen. Die moderne Situation verlangt nach subjektiver Magie des ansonsten trivialisierten Gemeinschaftshorizonts. An Stelle einer mächtigen Glaubensgrundlage steht heute ein Vakuum. In dieser Leerstelle hat sich die Liebe eingenistet. Das Loch, das die fehlende Spiritualität und mangelhafte soziale Gleichgesinnung hinterlassen haben, kann weder von den Wissenschaften noch politisch begründet werden. Die leidenschaftliche Liebe hat daher die verwaiste Rolle des Kommunikationscodes einer vom Alltag abgewandten Sinngebung übernommen. Sie wurde durch die Jahrhunderte zur weltlichen Passion (Luhmann 1982). Gelingt eine tiefe Liebe, versetzt es im Kleinen an den Rand einer höherwertigen Existenz.

Erst als wir uns ineinander verliebt hatten, bekam mein Leben als Erwachsener wirklich eine Richtung. Davor habe ich mich nur angestrengt, das Erforderliche zu leisten, so schien mir das. Jetzt bin ich erfüllt.

Ich bin ja beim Amt tätig, also eher so ein kleines Licht. Seit ich meine Freundin habe, ist mein Selbstbewusstsein viel größer. Ich komme mir nun vor, als sei ich wirklich jemand.

Die leidenschaftliche Liebe sieht sich kreatürlichen und ausgleichenden Aufgaben gegenübergestellt, Aufgaben, die eine Selbsttransformation bewirken. Sie soll befriedigen, aber auch befrieden, was nicht so recht zusammen passt, Bedürfnisse nach Autonomie so sehr wie das Verlangen nach Anschluss, das Spontane so sehr wie Gewohnheiten, das Besondere und das Alltägliche, berufliche Ambitionen und private Beanspruchungen, Männliches und Weibliches, erwachsene und kindliche Seiten. Wie soll das praktisch zusammengehen und was soll das zusammenhalten?

Erinnern wir uns der *Anagnorisis* des antiken Theaters. Das Wiedererkennen ist sein dramatisches Element. Die anagnoristische Funktion der Liebe, die Selbsterkenntnis durch den bestätigenden Blick des Anderen, entscheidet heute über eine intakte Selbstwahrnehmung. Das Wiedererkennen im liebenden Blick, im Spiegel der Augen, bedeutet auch eine Reanimation des sozialen Selbst auf einer höheren Erfahrungsstufe. Es kommt also auf Wiedererkennung an durch die Reaktion des Anderen. Widerschein kann aber nicht erzwungen werden. Für diese Belebung sind wir Angewiesene. Liebe ist ein Gnadenbeweis. Die Öffnung des Anderen für mich als Vorgezogenen, (…) *sich in einem anderen Selbst zu vergessen, doch in diesem Vergehen und Vergessen sich erst selbst zu haben und zu besitzen, (…)* zeigt das wahre Wesen der Liebe, wie es Hegel versteht (Hegel 1986, 155).

Da man Angewiesener ist, spielt *Authentizität* für Liebende eine Hauptrolle. Was mir der Andere nur freiwillig geben kann, muss deshalb wahr sein. Halb oder unwahr besitzt es wenig bis gar keinen Wert. Die an mich gerichtete Liebe, der Beweggrund des Anderen und sein liebevoller Ausdruck sollen identisch sein. Einfach gesagt, das geliebte Wesen soll empfinden, was es verspricht. Es darf keinen Unterschied zwischen Erleben und Kommunikation geben, zwischen Gefühl und Handeln, Innen und Außen einer Person, Echtheit wird verlangt. Als Empfangende der Liebe sind wir auf Wahrhaftigkeit aus. Lieben ist daher ein Vorgang der *Verinnerlichung* von veräußerten Selbstanteilen. Das sichtbare Verhalten meines Gegenübers wird als Indiz verwendet und mit Wahrheit gleichgesetzt.

Liebe verlangt nach Wahrhaftigkeit hinter dem Sichtbaren und muss mit der Ungewissheit veräußerter Leidenschaft leben.

Ich bin bald wahnsinnig geworden, dass er nie gesagt hat, er würde mich auch lieben. Das hat sich angefühlt, als wäre meine Liebe vergeblich, völlig unnütz, als würden wir nicht dieselbe Welt teilen. Er meinte, er könne sich nicht so äußern, das würde ihm nicht entsprechen. Bei mir kam das aber an, als würde er mich nicht lieben.

Ich weiß nicht warum, ich hatte bei ihr immer das Gefühl, als wären ihre Gefühle reine Berechnung, als hätte sie Leidenschaft gespielt, nur um geheiratet zu werden oder was auch immer sie erreichen wollte. Das ging nicht weg als Gefühl. Ich hatte nicht den Eindruck, gemeint zu sein.

An der Bruchstelle der gemeinsamen Realität, dem nicht einzuebnenden *Dazwischen*, hängt die Magie und das Drama der Liebesbeziehung. Dort entstehen exklusive Geheimnisse und die Intimität des Paares. Dort wachsen aber auch die Eifersucht, die Angst und der Verrat. An der unkontrollierbaren Radikalität der Liebe und dem kleinen Zwiespalt des Ungewissen vom Dir zum Mir und vom Mir zum Dir droht die Liebe zu scheitern. Darum soll Moral regeln, was kaum zu steuern ist. Die romantische Liebe ist kein anarchistisches Terrain auf ewig. Sie macht nicht frei oder gar freizügig, wie ein Mythos meiner Generation verkündete. Normalerweise freut sich niemand über Beteiligungsversuche Außenstehender. Es gibt natürlich Ausnahmen, die meist kurzfristig verlaufen und eine besondere Lebenssituation voraussetzen. Eine schöne Geschichte ist die beschwingte *Ménage à trois*, die der Film *Jules et Jim* präsentiert. Für den kurzen Augenblick des Films darf man an dem fröhlichen und ungehörigen Leichtsinn Jeanne Moreaus und ihrer zwei Männer teilhaben. Die begehrende Liebe ist ansonsten auf Ausgrenzung bedacht.

3.1 Eine Landkarte des Paares

Angesichts der Freiräume und Komplikationen benötigt die Beratungspraxis griffige Orientierungsmarken. Was sind die Charakteristika und Themen eines Paares? Wie konstruiert es seine Welt? Für eine Beantwortung verorte ich den Erfahrungshintergrund des Paares in neun Bereiche.

Ausgangsbasis des Beratungsansatzes am Gestalt-Institut Frankfurt/M (GIF) ist eine mehrfach untergliederte Befragungsperspektive (Klöckner/Wilms-Klöckner 1997, 2001). Vor der ersten Sitzung verschicken wir zwei Fragebögen. Der eine umfasst Fragen zu wesentlichen Lebenseckdaten, die wir zur Erstellung eines *Genogramms* verwenden. Durch die grafische Darstellung der Familienhintergründe über mehrere Generationen hinweg erhalten wir erste Anregungen, worüber wir uns näher informieren wollen. Die Biographien liegen dann bereits als grobe Skizze vor und geben der Aktualität einen Rahmen. Wir lassen uns außerdem vorab erläutern,

- worin das vordringlichste Problem besteht;
- was eine Lösung bis Jetzt behindert;
- was passieren kann, wenn es zu keiner Lösung kommt
- und worin der Gewinn einer gewünschten Veränderung liegen würde.

In Vorbereitung zur ersten Sitzung bilden wir an Hand der Antworten lose Arbeitshypothesen und suchen nach einem Einstieg zum Verständnis der aktuellen Situation des Paarsystems. Phantasien zu dem einen oder anderen Aspekt sind genauso wichtig wie Fragen und Unklarheiten, die bei uns entstehen. Mit diesen Anregungen gehen wir in die Sitzung. Da Paarbeziehungen beinahe jede Form und jeden denkbaren Verlauf annehmen können, sind wir zu Beratungsbeginn zwar ausgerüstet, stehen aber dennoch in einem hermeneutischen Nebel. Wir wissen anfangs gerade soviel, dass wir gezielte Fragen stellen können. Dafür verwenden wir neun unterschiedliche diagnostische Blickwinkel, die gedanklich nicht einengen, aber gezielte Hinweise abwerfen.

Es kommt uns darauf an, zu unterscheiden, wo und wann sich was wie ereignet. Der jeweilige Lebenskontext und die Erfahrungen der beteiligten Personen bestimmen ihre Selbstwahrnehmung, die Wahrnehmung des Beziehungspartners und wie sich zwei zueinander verhalten. Wir konzentrieren uns daher auf die *Transaktionsfelder* der Kommunikation eines Paares und wollen herausfinden, welche bedeutsamen *Transaktionsmuster* (Guntern 1987) daraus resultieren, inwieweit diese Muster eher das Problem nähren oder als Lösungsressource zu betrachten sind, und wie sich diese auf die Balance des Paares auswirken. Ein Beispiel für Transaktionsmuster und Transaktionsfelder:

> In der gemeinsamen Wohnung, abgeschirmt unter sich, verhält sich Frau R. gegenüber ihrem Mann wertschätzend und zärtlich. Hier flüstert sie ihm intime Geständnisse ihres Glücks ins Ohr, bekundet ihre Freude, dass er ihr Mann ist. In der Öffentlichkeit, unter Freunden und Bekannten, ist sie durchweg distanziert, behandelt ihn wie einen von vielen, gibt nicht die Besonderheit ihrer Beziehung zu erkennen. Das führt regelmäßig zu heftigen Krächen. Er fühlt sich übersehen und schlecht behandelt, sie hält seine Kritik

für egoistisches Gehabe. In einem anderen Feld agiert er ähnlich und sie empfindet es als Abwertung. Er beharrt auf getrennter Kontenführung und möchte keine materiellen Verquickungen und Verpflichtungen mit ihr eingehen. Nach außen stellt er das Paar so dar, als würden sie alles Finanzielle in einem Topf verwalten.

Beide Transaktionsfelder, so verschieden sie zunächst erscheinen, zeugen von einer aufeinander bezogenen Dynamik des Paares. Wir richten unsere Aufmerksamkeit auf solche Unterschiede und Gemeinsamkeiten mit Hilfe der neun Erfahrungsfelder (Abb. 2). Der Hintergrund des Paares ist so in drei thematische Sparten mit je drei Kapiteln eingeteilt. Die linke Spalte des Modells bezieht sich auf Sozialisationseinflüsse der Beziehungspartner (Spalte A 1–3), die mittlere (Spalte B 1–3) auf die Entwicklungsgeschichte und die Prozessdynamik des Paares und die rechte (Spalte C 1–3) greift die öffentliche und intime Organisation des Paarlebens auf.

A1: Die Herkunftsfamilie
Die Herkunftsfamilie (beziehungsweise andere Herkunftsstrukturen und Fürsorgeinstitutionen) bildet den primären Sozialisationshintergrund. Sie stellt eine Kultur in sich dar, die bei ihren Mitgliedern die wesentlichen Züge und Themen ihrer Persönlichkeit erzeugt. Sie bildet den Rahmen für ihre Weltauffassung, für die Art, das Leben zu gestalten und zu erleben. Die Familienhistorie und das Familienprofil prägt die Aktualität des Paares zweifach. Es stehen sich in der Liebe Repräsentanten besonderer Kleinkulturen, Wahrnehmungsmuster und Sprachen gegenüber, die gelernten Einstellungen verpflichtet und anderen abgeneigt sind, die Vorlieben, Delegationen und ungelöste Probleme ihrer Familie mit sich tragen und in ihre Beziehungen einschleusen. Es ist eine diagnostische Aufgabe, diese Muster und Charakteristika zu berücksichtigen.

A2: Biographie und historisches Umfeld
Jeder Mensch weist biographische Bedingungen und Zufälligkeiten auf, die seine Identität und sein Verhalten im Hier und Jetzt, seine Einschätzung der Dinge prägen. Es geht dabei um Erfahrungen der

Person, die über die Familienlogik hinausweisen und die eine Person als Teil eines größeren historischen Umfelds gemacht hat. So können bestimmte individuelle Erfahrungen bewirken, wie nahe man sich seelisch kommt, welche Färbung eine Beziehung erhält und wie vollständig oder fragmentarisch sie gelingt. Es macht, wie man leicht einsieht, einen gewaltigen Unterschied, ob mein Partner die Städtebombardierungen des Zweiten Weltkriegs überlebt hat und traumatisiert weiß, wie Phosphor riecht, oder zwanzig Jahre später geboren, wohlbehütet aufgewachsen den Haschischdunst der Hippies in die Nase bekommen hat.

A3: Das aktuelle soziale Netzwerk
Hier interessiert der Stand der Biographie in sozialer Hinsicht. Wie sieht das momentane Geflecht beruflicher und privater Beziehungen aus? Was übt Einfluss aus auf die Personen und wirkt in die Paarbeziehung hinein? Frühere Liebesbeziehungen, parallele Freundschaften; Liebhaber, die es ermöglichen, Bedürfnisse außerhalb des Paares zu befriedigen; die Beschaffenheit und die Rollen des sozialen Netzes; der Stellenwert unter Berufskollegen usw. sind alles Faktoren, die einer Beziehung bestimmte Möglichkeiten eröffnen oder streitig machen.

B1: Die Paargeschichte
Jedes Paar schaut auf eine eigene Entstehungsgeschichte und Fortentwicklung, jeder Ursprung trägt mächtige Keime der Folgezeit in sich. Ein guter Start kann kommende Widrigkeiten abstützen, ein schwieriger Beginn bildet die wackelige Basis für schlechte Zeiten. Aus entwicklungspsychologischer Sicht ist zu schauen, auf was ein Paar aufbaut und wie es Wandel vollzieht und verhindert. Wie gehen sie mit individueller und gemeinsamer Entwicklung um? Was darf sich an der Beziehung verändern, was soll bleiben, wie es ist? Wie werden Krisen und Übergänge wahrgenommen und praktiziert? Unter welcher Prämisse haben sie sich gefunden, was ist aus ihnen geworden?

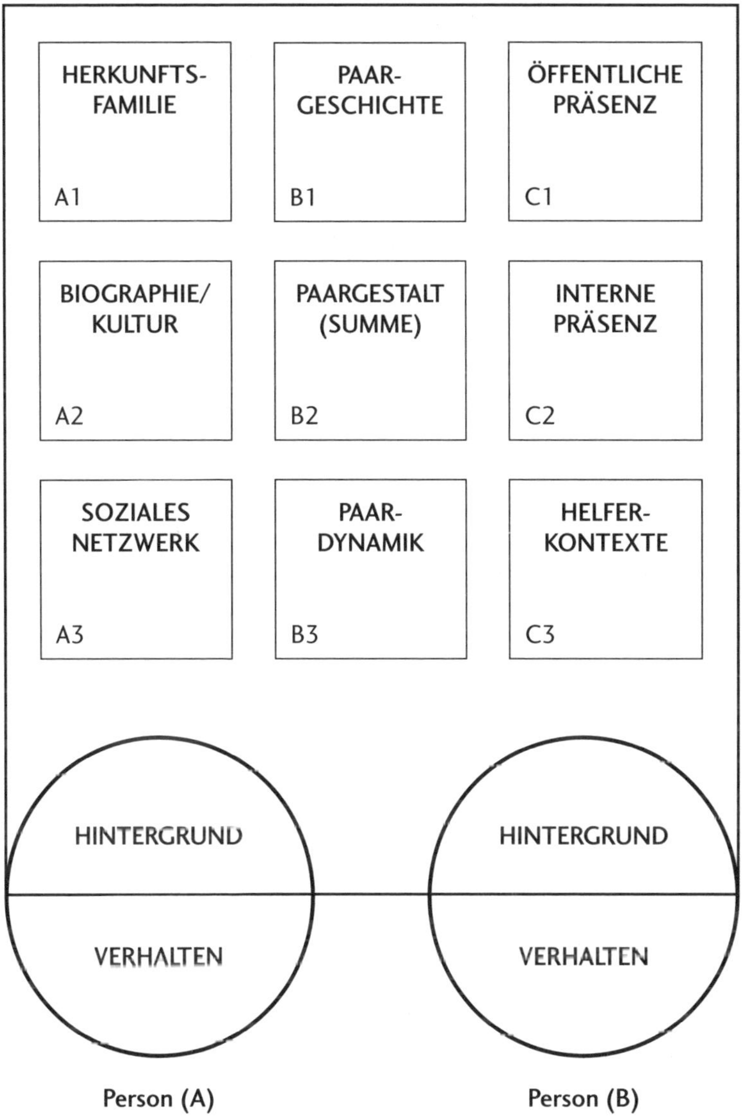

Abb. 2: Erfahrungsfelder des Paares

B2: Die Summe (Die Paargestalt)
Nach gestaltpsychologischer Arithmetik ist eins und eins nicht einfach zwei, sondern kreiert ein übergeordnetes Drittes. Diese Multiplikation der Beziehung, die Emulsion der zusammenfließenden Anteile, ist mehr als die pure Addition ihrer Elemente. Sie ist das unverwechselbare Konglomerat aus Persönlichkeitsaspekten und Lebensideologie, Alltagsmustern und Umfeldbedingungen, das eine eigene Form (auch Morphologie) und Ästhetik ergibt. Für die Gesamtgestalt der Beziehung hat das Paar selbst die schlechteste Brille. Es lebt dieses Muster, es sieht aber wenig davon. Der Blick von jenseits der Beziehungsgrenze sieht das Paar in einem anderen Licht. Wie sieht das Paar aus? Was unterscheidet es von anderen Beziehungsmustern? Worin behindert und wodurch fördert es sich? Eine Beantwortung dieser Fragen kann Aufschluss darüber geben, was die Visionen und Sehnsüchte, die Grenzen und Ängste des Paares sind. Worin bestehen die *Episteme* des Paares, das heißt, wie interpretiert und lebt das Paar seine Welt und welche Form gerinnt daraus?

B3: Die Beziehungsdynamik
Hier sind Ressourcen und problembehaftete Interaktionsmuster des Paares im Fokus und die Organisation von Ambivalenzen. Letzteres bezieht sich hauptsächlich auf vier bedeutsame Beziehungsdimensionen: die existenzielle Dimension der Selbsterhaltung und Selbstveränderung, die Dimension der Kooperation und des emotionalen Austauschs (die Verteilung von Geben und Nehmen), die Dimension der Macht (die Gestaltung von Dominanz, Gleichwertigkeit und Unterordnung) und die Dimension des Ausgleichs von Autonomie und Bindungsbestrebungen. Ebenfalls entscheidend für das Gelingen einer Beziehung sind die Umgangsgewohnheiten, Auseinandersetzungsstrategien und Entscheidungsprozesse, die Unterstützung und das Konfliktmanagement des Paares. Womit unterstützen und pflegen sie sich und womit übersehen sie sich und stehen sich in der Quere?

C1: Die öffentliche Präsenz
Eine Beziehung vertritt sich nach innen und nach außen. Je nachdem, welche Funktionen jemand in der Öffentlichkeit einnimmt, erge-

ben sich Positionen in der Beziehung. Für das öffentliche Leben ist es entscheidend, welche Ausbildung, welches Berufsleben vorliegt. Wie sind Eigenständigkeiten und Abhängigkeiten verteilt? Welche Rollenunterschiede zeigen sich in der Partizipation am öffentlichen Leben? Wer genießt Vorrechte und wer verzichtet auf was?

C2: Die interne Präsenz
Man platziert sich nicht nur nach außen, die innere Welt der Beziehung ist ebenfalls geordnet. Dies betrifft vornehmlich die Haushaltsführung, Besitzverhältnisse und die Präsenz in der Beziehung. Wie lebt man (zusammen)? Wie sind Zuständigkeiten aufgeteilt? Wie wird die materielle Seite der Beziehung geregelt? Welche Rolle übernimmt man für die soziale Atmosphäre des Alltags? Und nicht zuletzt, wie steht man zur Frage gemeinsamer Kinder und wie geht man mit bereits existierenden Kindern aus früheren Beziehungen um?

C3: Andere Helferkontexte
Es ist eher selten, dass sich beide mit der gleichen Haltung zu einer Beratung entschließen. Oft spielen weitere Personen (privat verwickelte Menschen und professionelle Helfer), einschneidende Ereignisse und Veränderungen eine entscheidende Rolle, warum das Paar gerade jetzt eine Beratung wünscht und weshalb man einen bestimmten Beratungskontext aufsucht. Welche Hoffnungen und Befürchtungen verbinden sich damit? Wer hat sich alles schon vorher oder zeitgleich an einer Problemlösung versucht? Welchen Stellenwert und welche Chancen im Geflecht der Lösungsversuche hat die Paarberatung?

All das hier kurz Angerissene übt Einfluss aus. Will man annähernd verstehen, welches *Spiel* ein Paar mit welchen Wirklichkeitskonstruktionen spielt, unter welchen Voraussetzungen und Regeln, Absichten und Perspektiven, Grenzen und Optionen sich zwei Menschen zueinander verhalten, ist eine Beleuchtung ihres Hintergrundes notwendig. Es wäre ansonsten vermessen, anzunehmen, man wüsste, um was es einem Paar geht, gehen sollte und gehen darf (Klöckner 2000).

3.2 Aufgestöberte Leidenschaften: Ein Fallbeispiel

Die folgende Fallgeschichte veranschaulicht das Diagnoseinstrument (s. vorhergehende Abb. 2). Die Aspekte der Paarbeziehung, die hier zusammenfließen, sind indexgerecht gekennzeichnet. Interventionen werden nicht kommentiert, und auch der Verlauf der Beratung ist in diesem Zusammenhang von sekundärer Bedeutung.

Eines Tages kommt es zu einem Erstgespräch mit einem Paar, das sich – vorübergehend oder für immer – getrennt hat und nun die nahe liegende Frage stellt, ob ihre Beziehung noch eine Zukunft hat. Würde man zu der Einstellung finden: Ja, die Beziehung soll weiter gehen, dann soll weiter besprochen werden, wie eine besser funktionierende Beziehung aussehen könnte; wenn nein, sollen die Berater dabei unterstützen, sich einigermaßen fair zu trennen. Zum vereinbarten Auftrag gehörte, die Lösung des eingetretenen Problems veränderungsoffen zu moderieren. Ohne eine Paarberatung befürchteten beide, dass der gewünschte Dialog, wie in den Wochen davor geschehen, in unfruchtbare Streitereien ausarten würde **(C3 →)**. Man hege gewisse Hoffnungen in die Sitzungen, da Freunde die kommunikative Kompetenz des Therapeutenduos ausdrücklich gelobt hätten. Die Freunde wären sehr zufrieden mit dem Beratungsergebnis gewesen und deren damalige Situation sei ja nun wirklich schrecklich gewesen, wesentlich verfahrener als die eigene.

> Therapeut:[4] *Dann hat man Ihnen ja hoffentlich auch gesagt, dass wir uns keine Mühe geben, zerstrittene Paare, das heißt, erwachsene Menschen, wieder an einen Tisch zu bringen und Sie selbst dafür sorgen müssen, wie Sie miteinander umgehen. Von den möglichen Ausgängen einer Paarberatung ganz zu schweigen (...) Deshalb möchten wir an dieser Stelle auch noch einmal betonen, dass wir uns in Abständen, Sie am besten nach jeder einzelnen Sitzung, wiederholt fragen, inwieweit es Sinn macht und notwendig erscheint, weiter zu arbeiten.*

---

[4] Die Dialogsequenzen sind gekennzeichnet mit T für Therapeut und Therapeutin, F für die Ehefrau und H für den Ehemann. Diese, alle vorangegangenen und folgenden Vignetten sind ausnahmslos anonymisiert.

F: *So ungefähr war es uns bereits bekannt, aber ich muss auch noch mitteilen, dass meine Analytikerin sehr skeptisch ist. Um es gelinde zu sagen: Sie ist gegen eine Paarberatung nebenher! Ich kann aber doch nicht warten, bis sie mich in drei oder vier Jahren als geheilt entlässt, oder?*
T: *Vielleicht ließe sich ja tatsächlich mit der Einzeltherapie und mit ein wenig mehr Geduld auf Ihrer Seite alles auf andere Weise klären?*
F (lacht auf): *Das würde Ihnen wohl so passen! Nur weil ich gerade eine Analyse mache, bin ich ja nicht gleich unfähig, mich noch aktiv um meine Ehe zu kümmern!*
H: *Das ist das erste Mal, dass ich das so von dir höre. Bisher warst du immer nur mit deiner Therapie beschäftigt und ziemlich schnell aggressiv, wenn ich das mal vorsichtig hinterfragt habe.*
F (rollt mit den Augen): *Da sind wir ja mitten drin …*
T (an die Ehefrau gewandt): *Jetzt mal nicht so schnell. Ließe sich das handhaben, dass Sie an mehreren therapeutischen Baustellen beschäftigt sind? Wenn ja, was muss Ihrer Meinung nach hier vordringlich angegangen werden und welches Thema würde Sie, wenn wir uns hier auch noch drum kümmern, eher verwirren? (…)*
F (zu ihrem Mann): *Siehst du, ist doch ganz einfach, man muss sich nur ein paar Gedanken machen dürfen.*
T: *Na ja, wenn Sie bedeutsame Sachen wirklich auseinander halten wollen, scheint uns das eine ziemliche Arbeit für Sie zu werden. Immerhin dreht es sich in beiden Fällen um Sie und da können Sie sich ja wohl schlecht mal hier aus- und dort anknipsen. Das ist eigentlich kaum zu schaffen …*
H (genervt): *Ach, wenn Sie etwas kann, dann das! Das ist das kleinste Problem.*
F (spöttisch): *So? Plötzlich ist das ein kleines Problem? (…)* **(←C3)**

(B1 →) T (zum Ehemann): *Wie meinten Sie das vorhin, die Kompetenz Ihrer Frau, zu differenzieren, sei das kleinste Problem?* Der Ehemann erzählt nun, wie es aus seiner Sicht zur aktuellen Problemlage kam. Er hat vor einem halben Jahr seine Stelle halbiert, um sich in den nächsten Jahren mit um die Kinder zu kümmern, die im Kindergartenalter sind. Seine Frau hat nach der Babypause wieder ihren Job aufgenommen, genießt den Berufsalltag, hat Erfolg und Ehrgeiz, voran zu kommen. Das neue Alltagsarrangement habe nicht lange gedauert und sie sei zunehmend distanzierter aufgetreten, habe an der häuslichen Atmosphäre herumgenörgelt und geäußert, sie würde viel lieber richtig Karriere machen als irgendwann wieder die Hausfrau zu spielen. Außerdem habe sie sich sexuell entzogen. So langsam sei er sich wie ein Hausmeister vorgekommen, der zwar für das meiste zuständig sei, aber ansonsten mit dem Arsch angeguckt wird. Dann habe sie noch den gemeinsamen Urlaub abgesagt und sich mit einer Freundin nach Rom auf die *Juchhee* verabschiedet. Er sei in der Zwischenzeit mit den Kindern in einem Ferienhaus auf dem Land gewesen und da sei ihm klar geworden: *Jetzt reicht's mir!* Wieder zu Hause habe es danach einen großen Krach gegeben und dann sei der Gipfel erreicht worden. Er hat herausgefunden, dass sie einen Liebhaber hat und habe sie vor die Wahl gestellt: Entweder sie beendet die Affäre oder er trennt sich von ihr. Darauf hin hat sie sich im Hause ihrer Eltern ein Appartment genommen und lebt seit ein paar Wochen allein. **(← B1)**

(B3 →) F: *Ich war völlig verzweifelt. Ich wollte weder meinen Mann verlassen, noch meine Kinder und schon überhaupt nicht die Familie aufgeben. Aber ich hatte einen solchen Zorn! Und wohl auch zu viel Stolz, irgendwie. Das Ganze hat mich ziemlich durcheinander gemacht, weil ich meinen Freund auch nicht einfach stehen lassen will. Da habe ich zu meinem Mann gesagt: Mach' was du willst, ich kann mich nicht entscheiden. Ich brauche jetzt Zeit und Raum für mich, um wieder klarer zu werden. (…) Die Sache ist außergewöhnlich, oder? Aber: Ich finde die Situation so eigentlich ganz erträglich. Entscheiden will ich mich noch nicht. Ich bin doch kein Automat …*
H: *Genau das ist es!*
T: *Im Grunde macht Ihre Frau doch im Moment etwas, das uns, in ihrem Bemühen um einen fairen Umgang mit der Situation, auch berührt. Sie bricht nichts übers Knie, versucht die Angelegenheit genau in Erfahrung zu bringen und gibt damit zu verstehen, dass eine Ent-*

scheidung für eine Seite, wenn sie denn mal fallen sollte, eine gut überlegte sein wird. Damit würdigt sie, so oder so rum, beide Seiten. Mehr kann man von jemandem, der in ein Beziehungsdilemma geraten ist, fast nicht verlangen, als ernsthaft seiner Verantwortung nachzuspüren.
H: *Sie haben vielleicht Humor …*
T: *Nein, verstehen Sie uns nicht falsch. Es ist uns bierernst. Wir gratulieren Ihnen sozusagen, zugegeben auf etwas verquaste Art, zu ihrer Ehefrau. Sie macht es sich nicht einfach und, tja, dokumentiert damit ihre Liebe, die im Moment verteilt ist.*
F (fängt an zu weinen): *Hören sie auf! (…) Genau so fühle ich mich. Er denkt aber, ich sei einfach nur egoistisch …*
H: Nein, viel schlimmer! Ich glaube, wenn es drauf ankommt, also, wenn du dich einschränken müsstest, dann sagst du immer aus Trotz: Nein! Das ist fast schon berechenbar, dass dann was kommt. Mit meiner Frau kann man keine langfristigen Planungen machen, so nach dem Motto: Jetzt bin ich drei Jahre zu Hause für die Kinder da, dann bist du es (…) Ich komme mir jedenfalls ziemlich verarscht vor. Gebe erst meinem Beruf auf für eine Zeit und verliere als Dank dann vielleicht wirklich alles!
F: Jetzt komm doch nicht so moralisch! (…) Aber, du hast ja Recht, irgendwie. Mein Mann kann sich wirklich auf zwanzig Jahre im voraus festlegen. Da kann man sich echt drauf verlassen: Im Jahr 2015 würde der unter der Laterne stehen und auf mich warten, wenn wir da verabredet wären. (weint) *Scheiße, ich kann so was nicht. So sehr ich mir's wünsche. Ich meine, das ist ja auch toll, sich so verlassen zu können, (…) es schnürt mir trotzdem die Lust ab,* (lacht) *ich meine, die Luft ab.*
T: *Na ja, vielleicht von beidem etwas …*
F: *Er war schon immer so. Er hat ja auch lange auf mich gewartet, bis ich frei war für ihn …*
T: (zum Ehemann): *Mein Gott, Sie sind ja treu wie Treibholz! Das dürfte man ja niemandem erzählen, wenn man Sie davor schützen wollte, ausgenutzt zu werden.* **(B3 ←)**

(A1 →) T: (An beide): *Erzählen Sie uns, welche Rolle Verlässlichkeit in ihrer Familie gespielt hat.* Die Eltern des Ehemanns lebten mehrmals getrennt, weil der Vater, der in Entwicklungshilfeprojekten arbeitete, viel zwischen Dritte-Welt-Ländern und Deutschland pendelte und es vorkam, dass er seine Auslandsaufenthalte wegen einiger Techtelmechtel vor Ort um Monate verlängerte. (H: *Entwicklungshilfe unter erschwerten Bedingungen, hat er manchmal rumgedröhnt, wenn er zu viel getrunken hatte. Ekelhaft!*) Er war als einziger Sohn mit der Mutter identifiziert und hat sehr unter ihren Trennungsdepressionen gelitten.

H: *Meine Schwestern haben sich von dem Drama meiner Eltern distanziert. Ich konnte das nicht. Meine Mutter hat mir so leid getan. Meinen Vater habe ich dafür gehasst. Ich habe heute noch kein Verständnis für ihn. Der hat sich wie ein alttestamentarischer Patriarch ausgelebt. Es war auch kein Reden mit ihm. Wenn er sich nicht rechtfertigen wollte, hat er einem das Gefühl gegeben, als sei man ein Nichts. Das war so erniedrigend …*

T: *Und da haben Sie sich vorgenommen, ein Mann ohne Fehl und Tadel zu werden? Das ist zwar lobenswert und daran kann man auch nichts aussetzen, nur, das Ganze hat, wie ja leider das meiste im Leben, einen Pferdefuß. Irgendwie kann Ihre Frau daran nur scheitern. Ich meine, mathematisch ausgedrückt, nur der Logik halber, das könnte man Ihnen ja nie zurückzahlen, womit Sie beständig in Vorleistung treten und was Sie an Überschüssen fehlerlosen Verhaltens in die Beziehung einbringen.*

H: *Aber ich will doch gar nichts Besonderes …*

T: *Oh doch, Sie wollen etwas Besonderes: unbedingte Treue und Verlässlichkeit als Gegenleistung. Das heißt, nicht mehr aber wohl auch nicht weniger als Sie selbst als Vertrauensvorschuss in die Waagschale legen, da sind Sie wahrscheinlich sehr fair.*

H: *Und was ist daran schlimm?*

T: *Nichts! Und wenn ich mal so sagen darf: Gerade das ist ja das Schlimme! Denn so gut schafft es kaum jemand, außer Ihnen; und trotzdem haben die Wankelmütigeren unter uns, also eher wir, auch ein Schamgefühl. Nur, was ist das schon wert, wenn man unzuverlässiger erscheint und latent in der Schuld steht ob der eigenen Unzulänglichkeit …*

F: *Exakt! Ganz genau! Ich hätte es nicht so sagen können, aber genau so fühle ich mich ihm gegenüber …*

T: *Das hatte gerade noch gefehlt! Das wir Sie jetzt noch ungewollt verteidigen. Wo Sie Ihrem Mann doch sowieso mit Nachdruck klar machen, dass Ihnen das quer liegt und etwas mit Ihrer beider Glück nicht mehr stimmt; und Sie auch nicht gewillt wirken, einfach so wie bisher weiter zu machen (…) Für was demonstrieren Sie da eigentlich?*

Sie kommt aus einem Elternhaus, in dem neben dem Vater nur noch Platz für eine zweite, verstimmte Geige war. Sie fühlte sich vom Vater zwar geliebt, wurde von ihm als attraktive junge Frau bewundert und sonnte sich, wenn auch mit zwiespältigen Gefühlen, im widersprüchlichen und nicht ganz angemessenen Glanz des väterlichen Stolzes, der ihr manch Kapriziöses durchgehen ließ. Es bestand kein Zweifel daran, dass Männer naturgemäß die Hosen anhatten, der Vater der unanfechtbare Primus der Familie war und Frauen sich unterordnen mussten. Das Resultat konnte sie an ihrer Mutter beobachten, die ihre eigenen Kompetenzen peu à peu zu vergessen schien. Die Mutter hatte sich der ambivalenten männlichen Dominanz – bewundert aber wenig respektiert zu werden, oben und unten gleichzeitig zu sein – gebeugt, indem sie sich dumm gestellt hat.

F: *Das hat mich schon immer rasend gemacht. Sie hat ihm das Feld überlassen und so getan, als könne sie nicht eins und eins zusammenzählen. Obwohl, manchmal weiß ich nicht mehr, ob sie nicht wirklich so beschränkt war, wie sie tat. (…) das sitzt so in mir drin. Ich muss manchmal mit so einem »ich hab ein Recht drauf-Gefühl« mich richtig frei strampeln. Erst dann fühle ich, das ich was bin, wenn ich tue, was ich will. Nicht, wenn ich so vor mich hin lebe, brav meinen Verpflichtungen nachkomme, immer für andere da bin. Da komme ich mir vor wie meine eigene Mutter.* **(A1 ←)**
(A2 →) T: (…) *Das lässt sich auf Dauer schlecht vermeiden, Anteile der Eltern in sich zu entdecken. Haben Sie das bewusst zu umgehen versucht?*
F: *Und wie! Ich habe doch alles gemacht, um mich von ihr zu unterscheiden. Das fing schon mit dem Abi an. Ich hatte null Bock auf Schule, aber da sie nur Hauptschule hatte, war für mich klar, das*

ziehst du durch (…) Sie war so ein Reiseschisser, immer nur Urlaub in Deutschland. Ich musste natürlich in London studieren und habe mich da in allerlei Abenteuer gestürzt, die nicht nur gut waren. Ich hatte da eine Hinterhofabtreibung, die beinahe schief gegangen wäre, und, sagen wir's mal vorsichtig, habe mich von Drogen nicht gerade fern gehalten. Ich bin im Underground Swinging Londons aufgegangen (…) Dann fing sie an, stolz drauf zu werden, was ich machte, da hab ich natürlich noch die Promotion angefangen und lauter so Sachen …

T (zum Ehemann): *Und dafür lieben Sie sie auch, stimmt's?*

H (brummt): *Mmh. Sollte ich im Moment besser nicht betonen, oder?*

F: *Aber ich habe mir damit auch ein tolles Leben kreiert! Darauf bin ich auch stolz!*

T: … *und jetzt, da ihre Mutter gestorben ist, geben Sie noch immer keine Ruhe. Oder, um es vulgärpsychologisch zu interpretieren, ersetzt Ihnen Ihr Mann die Mutter. Aber lassen wir das schnell wieder, das ist jetzt wirklich fürchterlich zusammengereimt …*

H: *Ich fürchte nicht …*

F: *So habe ich das noch gar nicht gesehen …*

Der Ehemann berichtet davon, wie er als *fleißiger Schüler und besonders braver Sohn* dazu beigetragen hat, die Depressionen seiner Mutter zu lindern. *Ich wusste, wie ich sie in eine bessere Stimmung bringen konnte und hab' mich da auch sehr angestrengt.* Er beleuchtet ausgiebig seine sozialen Reflexe und konzentriert sich dann auf Karriereehrgeiz und seine Vorstellung einer guten Ehe, darauf, wie er sich Jahre lang krumm gelegt hat, um den beruflichen Aufstieg nicht zu gefährden und ein vorbildlicher Ehemann und Familienvater zu sein. In den letzten Jahren sei ihm das über den Kopf gewachsen. Das sei ihm aber so peinlich, dass er es seiner Frau noch nicht gebeichtet habe. Er überlege, auf Dauer dem Stress zu entgehen, indem er zukünftig nur noch mit *ganz abgespeckten Ambitionen* arbeiten will. Im Zusammenhang mit dieser Imagekorrektur, die seine Frau ziemlich verblüfft, überrascht er noch mit einer weiteren Beichte. Es war ein gewohntes Ritual, dass er sich in Abständen in ein Selbsterfahrungs-Zentrum zum Meditieren zurückzog, so der offizielle Sprachgebrauch. Das habe er auch beim ersten Mal so gemacht, danach habe er am gleichen Ort immer Tantra-Workshops besucht und dabei sei es am Rande mit einer Teilnehmerin *mehrmals zum Äußersten* gekommen. Die Erfahrungen, die er in solchen Kontexten gemacht habe, hätten ihn darin bestärkt, seinem *straighten Leben* eine Wende zu geben. *Irgendwie habe ich keine Lust mehr, auf ewig den treuen Hans zu spielen, immer für alle da, immer alles richtig, der Vorzeigemann …* **(A2 ←)**

(C1/C2 →) T: *Jetzt mal was ganz anderes: Sie haben ja nun ein wirklich buntes und spannendes Leben gehabt bisher, jeder für sich und Sie als Paar, und manche würden Sie darum beneiden. Sie geben sich trotz der aktuellen Beschwerlichkeiten auch viel Mühe, verlässliche Eltern zu bleiben, halt mit ein paar Ecken und Kanten, das lässt sich bei allen Unebenheiten im Moment kaum besser regeln. Aber, wenn Sie mal einen Blick in die Zukunft riskieren und dabei Ihre Erfahrungen mit sich selbst einfließen lassen: Was glauben Sie, wie könnte Ihr Leben in fünf Jahren aussehen? Von heute aus betrachtet, obwohl man ja nie weiß, was wirklich kommen wird …*
H: *Eins ist klar, ich möchte fifty-fifty bleiben. Mein Job ist nicht mehr alles. Ich möchte weiter für meine Kinder da sein, wie es jetzt ist, dafür würde ich einiges in Kauf nehmen …*
T: *Auch wenn Sie sich trennen würden und die Karten neu gemischt würden?*
H: … *Was hätte das mit meinen Kindern zu tun? Das würde, egal wie, dann weiter so gehen. Und ich würde mir mehr Raum für mich nehmen, nicht so hinten rum, damit muss meine Frau,* (lauter) *oder wer auch immer, dann klar kommen. Ich glaube auch gar nicht, dass ich wirklich komische Sachen machen würde, nur manchmal eben Dinge, die mir ganz allein wichtig sind (…) Ich muss aber nicht mehr den großen Zampano geben (…) Wenn das so nicht gehen sollte in meiner Firma, dann würde ich mich halt umorientieren. So alt bin ich noch nicht. Ich überlege sowieso schon länger für mich (…) Ich habe einen ziemlichen Gefallen an Hausarbeit, und da gibt es mittlerweile auch Bereiche, die will ich genau so haben, wie ich es gut finde! Da will ich mir nicht ständig reinreden lassen, nur weil das früher die Domäne von Frauen war …*

F: *Also, ich weiß nicht, ich bin da für mich noch woanders (…) Ich möchte in der Tat erfolgreich dieses Riesenprojekt durchführen und dann wäre ich auch in der Lage, mit dem Ding im Rücken, mich in meinem Ressort soweit zurückzunehmen, dass ich nicht mehr auf Hochtouren weiterlaufen muss und trotzdem da weiter arbeiten kann. Dann wäre ich ungefähr 45, und, ja, das fühlt sich ganz gut an, (…) Und ich trau mir zu,* (lacht laut) *dass ich dann keine anderen Flausen im Kopf hätte (…) Also, ich könnte so einen Deal machen bis in fünf Jahren und dann müsste man weitersehen und gucken, wie man es dann auf die Reihe kriegt, dass wir beide was davon haben. Ich weiß nur nicht, was meine Kinder dazu sagen würden.*
H: *Denen ist das doch piepegal. Die wollen nur nicht, dass du so gestresst um die Ecke guckst, so mit schlechtem Gewissen, das können die überhaupt nicht leiden …* **(C1/C2 ←)**

(A3 →) T: *Wir wollen ja nicht unverschämt werden, und vielleicht ist das hier auch gar nicht der Rahmen, um so was zu fragen; aber dennoch: Wir sind ziemlich neugierig, was zwischen Ihnen und Ihrem Freund eigentlich stattfindet? Was ist das für eine Beziehung und von was gehen Sie da im Augenblick aus?*
F: *Und das soll ich jetzt hier so sagen, ja?*
T: *Natürlich nicht so, aber vielleicht geht es ja auch anders?*
H: (Blick an die Decke) *Mir bleibt aber auch nichts erspart …*
F: (nervöser Seitenblick) *Jetzt guck nicht so, irgendwann muss man doch drüber reden … Also,* (atmet tief aus) *auf den Punkt gebracht: Der ist ziemlich gut im Bett. So, jetzt weißt du's; und ein zärtlicher Mensch, dem der Kontakt mit mir was bedeutet. Außerdem hat er noch nie Ansprüche gestellt …*
T: *Uns scheinen das ziemlich exklusive Ansprüche zu sein …*
F: *Nein, ich meine, auf eine Beziehung …*
T: *Was reden Sie denn da, Sie haben doch eine Beziehung mit ihm …*
F: *Aber keine richtige, ich meine, ich weiß auch nicht, wie ich das sagen soll …*
T: *Wie gut, dass der Mann nicht zuhören kann. Der würde sich jetzt unter Umständen ziemlich seltsam vorkommen (…) Aber wie gesagt, er ist ja nicht dabei. Deshalb mal eine grundlegende Frage zum Kons-*

trukt Ihrer Beziehungen: Wie kommt es, dass Sie die Sexualität, das Romantische und Zärtliche so ausgelagert leben, quasi im Dunkeln beleben, als Phantom?

F: *(…) Ich gebe es ungern zu. Aber, mir hat es nicht mehr ausgereicht, nur einen guten Partner zu haben, einen, den man vorzeigen kann, der für alles sorgt, dem man halt nichts nachsagen kann (…) und sexuell war tote Hose.* **(A3 ←)**

(B2 →) T: *Wir wissen nicht, ob das der richtige Zeitpunkt ist, aber wir möchten an der Stelle Ihre Phantasie mal auf eine andere Weise anregen und Sie auffordern, sich zurückzulehnen, die Augen zu schließen und Ihr privates Kino anzuwerfen …: Lassen Sie zunächst vor Ihrem inneren Auge eine Szene entstehen, die Sie als Paar zeigt, die prägnant Ihre Charakteristika als Paar abbildet, so, als würden Sie von außen auf sich schauen und eine Karikatur Ihrer selbst sehen (…) Sie wissen, es gibt liebevolle und bissige Karikaturen …*

Ich nehme an, Ihr Bild steht? Überblenden Sie jetzt langsam die Szene, in dem Sie alles austauschen, was sie verändern wollen. Verwandeln Sie das Paar in ein Paar, das Sie noch beabsichtigen zu werden … und wenn da nichts kommt, lösen Sie das Paar auf und lassen sich überraschen, was dann entsteht …

H: *Peinlich, peinlich. Das ist einfach nur peinlich! Ich schäme mich richtig … Zuerst habe ich mich als Hund gesehen, so Marke Golden Retriever, treu und ergeben neben meiner Herrin: hoch schauend, darauf achtend, was sie von mir verlangt; aber nicht ohne Würde (…) Sie, etwas zickig, du entschuldigst, schiebt den Kinderwagen vor sich her, zuppelt ständig an ihrem Rock, das machst du wirklich immer, und zickt schlecht gelaunt halt so durch die Gegend …*

(…) Dann, nach der Korrektur, ist mir auch peinlich, laufe ich neben ihr her, habe selbst den Kinderwagen vor mir (…) Sie, wie vorher, aber irgendwie selbstbewusster in sich ruhend, ruhig, mit so einem herausfordernden Blick; also, halt ziemlich attraktiv, nur nicht so verzickt … und Ich … wehe, jemand lacht!, habe so, wie heißen die, Worker-Jeans an, Drei-Tage-Bart, coole Klamotten und sexy der Typ, mein Gott, ist das peinlich … aber bin trotzdem der Gleiche, nur eben auch anders …

T: *Glauben Sie, Sie würden das hinkriegen, nicht immer, wenigstens ab und an, wenn Ihnen danach wäre?*

H: *Ab und an? Klar!*
F: *Schön wär's! … Nein, ich meine, ehrlich, ich gehe sofort in den Laden und kauf dir so Teile …*
T: *Unter uns Frauen: Sie unterstehen sich und lassen das schön bleiben!*
F: (?) *Ach so, ich verstehe …*
T: *Da bin ich mir nicht so sicher. Aber wenden wir uns doch Ihren Phantasien zu.*
F: *Es ist absurd, aber mein Bild war ähnlich …* (H. schaut erstaunt) … *Ja, ja, ist ja gut, da brauchst du dir gar nichts drauf einzubilden … nur, du warst kein Hund, sondern so ein ziemlich lieber, blasser, etwas steifer Familienvater, in der Reihenfolge … Und es stimmt, ich war schlecht gelaunt und nicht mit mir im Reinen … Im zweiten Teil saßen wir auf einer Bank und ich habe geheult, ich muss jetzt schon wieder heulen … weil, irgendwie habe ich plötzlich mein Herz gespürt … Das war … wie wieder angekommen zu sein … Und so komisch das klingt, mehr bei mir. Du hast dazu, wie soll ich sagen, gepasst … nein, du hast, so wie du da warst an meiner Seite, es mir ermöglicht, ja, das ist der passendere Ausdruck, dass ich das zulassen konnte … So würde es stimmen mit uns* (weint) … *Lass mich nicht allein! Versprich's mir!*
T: … *Er sieht Sie zwar noch etwas verschwommen,* (H. wischt sich die Augen) *aber er hat konzentriert zugehört, so wie Sie ihm vorhin ja auch. … Wir machen hier mal einen Punkt für heute und schlagen Ihnen vor, sich in einer ruhigen Stunde Teile des Ganzen vielleicht nochmal zu erzählen, sozusagen die besten Szenen zu wiederholen … Manche Filme muss man einfach mehrmals gesehen haben …* **(B2 ←)**

4. Leidenschaft und Übergänge

Ein Paar verändert im Laufe der Zeit seine Wahrnehmungen, Handlungen und Kommunikationsformen. Was sich aber wiederholt, ist die Art und Weise der Entwicklung. Dieser Unterschied entspricht dem Gegensatz von Form und Prozess der Erfahrung. Der Unterschied wird nachfolgend veranschaulicht.

Viele assoziieren mit *Leidenschaft* ausschließlich das heiße Begehren der erotischen Liebe. Andere Motivationen haben es dagegen schwer, sie besitzen im Kanon der Leidenschaften nicht denselben Stellenwert. Im direkten Vergleich mit dem Königsweg der sexuell entfesselten Liebe fällt die Wertschätzung für andere Beweggründe eher gering aus. Das wird dem engagierten Einsatz für eine soziale Aufgabe nicht gerecht, nicht tief empfundener Spiritualität oder sorgender Elternliebe; und das übersieht furiose Rachegelüste, den Enthusiasmus für Musik, die Begeisterung für ein Fußballspiel oder für befriedigende Arbeit. Am ehesten kann es noch der Drogenrausch mit der erotischen Liebe aufnehmen, wenngleich die Gefährdung hier größer eingeschätzt wird. Vielleicht liegt die Geringschätzung für andere Leidenschaften an einer Ahnung, dass wir die Liebe und sexuelle Lust eines anderen Menschen nicht erzwingen können. Sie teilen zu dürfen, ist ein Glück, das uns jenseits von Anstrengung und Gerechtigkeit zufällt.

Wie eingangs erwähnt, weist die sprachhistorische Wurzel des Begriffs Leidenschaft auf einen Übergangsprozess hin und leitet sich aus der Fortbewegung im Raum ab. Dies verweist auf den Zusammenhang zwischen Handlung und Erfahrung, also auf die systemische Relation von aktiver Grenzerweiterung und persönlicher Verwandlung. Zu Zeiten des begrifflichen Ursprungs stellte das Verlassen des Wohnorts ein Wagnis dar, das schlimmstenfalls mit dem Tod enden konnte. Wobei das Sterben einmal physisch konkret gemeint, aber auch metaphorisch als Umwandlung begriffen wurde. Wer wusste schon im Gehen, was ihm widerfahren würde und wo er dabei hinkam? In den frühen europäischen Gesellschaften endete die vertraute Welt einer kleinen Dorfgemeinschaft sprichwörtlich hinter dem nächsten angrenzenden Waldgebiet. Menschen, die gezwungen waren oder denen auferlegt wurde, sich weiter von der schutzgebenden Gemeinschaft zu entfernen, betraten *Terra incognita* und standen, entsprechend dem damals herrschenden dualistischen Weltbild, bereits mit einem Bein im Jenseits. Die unbekannte Welt, das unheimliche Terrain, in der das Unaussprechliche existierte, beherbergte Bedrohliches und war mit ungewöhnlichen und beängstigenden Erfahrungen verbunden. Das leibliche und seelische Wohl stand zur Disposition. Wer den Schritt wagte, konnte sein Seelenheil verlieren, konnte aber auch an Erfahrung gewinnen und gestärkt zurückkehren. Die Ansicht war, dass, ungeachtet eines guten oder schlechten Ausgangs des Unternehmens, niemand so ohne Weiteres bleiben konnte, was er vorher war. Dafür waren die Kräfteverhältnisse zwischen diesseitiger Menschen- und jenseitiger Geistwelt zu ungleich.

Der Vorgang aktiver Welterkundung wird heute wie damals als Herausforderung und Triebfeder der Selbstentwicklung angesehen und die unvermeidliche Auseinandersetzung mit ungebändigten und befremdlichen Umständen fungiert hierbei als Katalysator erhoffter oder befürchteter Transformationen. Viele Rituale und Mythen, pädagogische und therapeutische Ansätze zeugen auch heute noch von der Verbreitung der Vorstellung, dass Begegnungen mit dem Unbekannten eine leidvolle Voraussetzung für psychosozialen Wandel darstellen (van Gennep 1999, Turner 2000, Klöckner 2001).

Um in einen neuen Status überzugehen, muss man Altes hinter sich lassen und Unbekanntes erforschen.

Schon in der Frühzeit behandelte man notwendige Veränderungen als ein praktisch zu bewältigendes Problem, das spezielle Handlungen und Kommunikationen erfordert. Traditionale Gesellschaften legen daher überwiegend fest, wann etwas von Bedeutung eintreten möge, und organisieren, was dafür zu tun ist. Die Fragen, wie man Wandlungen in eine gewünschte Richtung steuert, unerwünschte Stagnationen wieder in Bewegung bringt, schlechte Entwicklungen korrigiert, krisenhafte Beziehungen in das richtige Verhältnis balanciert und Krisen überwindet, Konflikte löst, Initiationen, Heilungen und saisonale Übergänge ermöglicht, werden durch feststehende Gebräuche beantwortet. Gruppen mit einem rigiden Wirklichkeitshorizont lassen nicht einfach geschehen, was dem Willen oder der Natur des einzelnen Menschen entspringt. Sie entscheiden danach, was die Tradition vorschreibt, was daher vordringlich zu passieren hat und was vermieden werden muss. Diese Festlegungen sind Entscheidungen für das Ganze, respektive ihrer Funktionsträger, die stellvertretend für die Gemeinschaft in diesem Sinne handeln sollen. Das Schicksal des Einzelnen bleibt zweitrangig.

Bei den *Dogon* in Mali legt beispielsweise der *Hogon*, das religiöse Oberhaupt der Gemeinschaft, fest, wann die Zeit der Beschneidung gekommen ist und die Wandlung zum erwachsenen Mann erfolgen darf. Die Zeit der entsprechenden Zeremonie hängt von Fügungen ab, die ein weiser Hogon aus vielgestaltigen Naturerscheinungen abliest. Erst wenn er die richtigen Zeichen und Konstellationen wahrnimmt, führt er die Handlungen durch, die den Jungen zum Mann machen. Dann darf geheiratet werden. Vorher ist der junge Mann nicht befugt, eine Braut zu wählen und eine Familie zu gründen. Bis dahin ist ihm nicht vergönnt, einen Platz in der Welt der männlichen Erwachsenen einzunehmen und für seinen Lebensabend vorzusorgen, indem er möglichst viele Kinder zeugt. Manche jungen Männer müssen lange über die Pubertät hinaus warten, anderen ist es vergönnt, sehr früh, in einem Rutsch mit wesentlich Älteren, in den Genuss und die Plagen des Erwachsenseins zu kommen.

Persönliche Transformationen hängen davon ab, wann der Brauch den Übergang einleitet. Die Pubertät, eine *midlife crisis* oder andere subjektive Hinweise, die intrinsisch motivierte Veränderungsakte bewirken könnten, sind in diesem Kontext unbedeutsam (Wanono 1996). Konventionen des Statuswechsels haben den Vorteil, dass eine organisierte Handlung, die Zeremonie, die Veränderung von außen regelt, der Ritus die persönliche Entwicklung steuert. Derartige Bestimmungsweisen räumen dem Scheitern des Einzelnen weniger Platz ein. Man wird zu dem gemacht, was man werden soll. Wer den Übergang überlebt, ist das, was man von ihm verlangt. Eine Gemeinschaft bleibt so relativ unabhängig von den inneren, unkontrollierbaren Prozessen ihrer Mitglieder. Ob jemand dumm oder gescheit, kindischen oder reifen Gemüts ist, den körperlichen Zustand einer Frau oder noch den eines Mädchens aufweist, ist auf Grund der festlegenden Politik unwichtig. Für soziale Gruppen, in denen es zum Überleben wichtig ist, dass jeder verlässlich den erforderlichen Platz einnimmt, ist das eine ökonomische und sinnvolle Regelung.[5]

[5] Ich klammere die Machtproblematik hier aus, obwohl institutionalisierte Funktionen immer die Frage aufwerfen, für welche Zwecke Funktionsträger ihre Macht benutzen. Es gehört dazu, dass übertragene Befugnisse auch zur persönlichen Machterhaltung genutzt werden, und oft entwickelt es sich zur einzigen Motivation, wenn es keine Statuten gibt, die dies verhindern. So mutieren in Afrika regelmäßig soziale Revolutionäre zu altersstarren Diktatoren.

Die gestaltpsychologische Grundannahme, dass der Mensch *von Innen her bestimmt* wird, findet in traditionalen Gesellschaften keine soziale Entsprechung (Wertheimer 1925). Hier ist die Zukunft ein vorgeschriebener Ablauf. In der Moderne dominieren stattdessen Selbstermächtigungsprozesse über soziale Rituale, die individuelle Motivation über extrinsische Regelwerke. Der persönliche Werdegang bleibt unangetastet, wenn man nicht an einer Konfirmation teilnimmt, bei zukünftigen Schwiegereltern muss nicht zwangsläufig um die Hand der Tochter angehalten werden. Niemand muss heiraten und eine Familie gründen, wenn ihm mit dem achtzehnten Lebensjahr die Volljährigkeit erteilt wird, und niemand wird gezwungen, einen Führerschein zu erwerben. Prüfungen dürfen verweigert und wiederholt, soziale Rollen abgelehnt werden. Wer von sich glaubt, etwas zu können, darf vieles ausprobieren, und wer damit durchkommt, der kann so weiter machen.

Es kümmert die Gesellschaft wenig. Verantwortung und Entwicklung ist bei uns eine Privatsache, so lange es gelingt, sich gegenüber Institutionen, die überindividuelle Definitionen vornehmen – Schule, Sozialamt, Polizei, usw. –, unsichtbar zu machen. Die persönliche Lebensgestaltung berührt die Öffentlichkeit nicht, wenn sie in einem übersehbaren Maße unauffällig verläuft und in die vorgesehenen Nischen passt. Daran ändern auch die wissenschaftlichen Normierungsversuche wenig, die sozialpolitische Definitionsschwäche über den Umweg sachlicher Objektivierungen wieder mit Macht aufzuladen. Die ansteigende Zahl von Analphabeten und Menschen ohne Schulabschluss zeigt, wie man sich in anonymen Gesellschaftsgefügen erfolgreich an Lernen und Entwicklung vorbeimogeln kann, ohne durchs Netz zu fallen.

Offene Gesellschaften führen zur Steigerung der Selbstverantwortlichkeit und der kollektiven Verantwortungslosigkeit.

Für Paare gibt es erst recht keine Vorgaben. Sie sind nur sich und ihrer Leidenschaft verpflichtet. Nun stehen Paare aber dennoch vor der Aufgabe, ihre Beziehung im gemeinsamen Voranschreiten weiterzuentwickeln, da anhaltendes Miteinander nicht nur die Grenzen des gemeinsamen Umgangs und das Empfinden zueinander verschiebt, sondern auch die Atmosphäre und Perspektive einer Verbindung Veränderungen unterworfen ist. Manches weitet sich auf Dauer aus, manches überholt sich, Phasen intensiven Kontakts wechseln mit Zeiten flachen Nebeneinanders ab.

Schwankungen in der Beziehungsqualität sind normal, aber im Verlauf einer Beziehung kommt es früher oder später zu grundlegenden Veränderungen der Wahrnehmung und des Handelns. Paare kommen also nicht umhin, sich wiederholt die Frage zu beantworten, wohin und wie weit sie zusammen gehen wollen und wie das aussehen soll? Manche individuellen und manche gemeinsamen Transformationen können sich nur ereignen, wenn man in einer Beziehung verbleibt, andere ausschließlich, wenn immer wieder die Partner gewechselt werden. Um diese Unterschiede kommt niemand herum. Man wird also einiges erleben und anderes nicht, je nachdem, welche Weichen man sich selbst stellt, welche das Leben zufällig anbietet und aufbürdet und wie man diese Hürden nimmt oder ignoriert.

Ich habe bisher, ohne zu übertreiben, so um die fünfzig Liebhaber gehabt; alle immer nur ein paar Wochen, dann wurde es mir meist langweilig … Mir macht wahrscheinlich niemand etwas vor, wenn es um Sex geht. Ich bin verrückt danach, immer wieder was Neues auszuprobieren. Das ist wie ein nicht endender Rausch… Aber ich weiß gar nicht, wie das ist, wenn man jemanden ganz für sich hat über lange Zeit … und wie es einem damit geht? (…) Ich bin so allein.

Wissen Sie, es gibt in meinem Leben nur meine Frau. Ich gebe zu, ich hatte keine andere. Und ich will auch keine andere (…) Trotzdem liege ich in letzter Zeit oft wach und sehne mich nach anderen Frauen. Einmal eine andere spüren … Das ist ein richtiger Drang. Ich will mein Herz mal mit einer anderen spüren.

Ich habe das, was ich immer wollte: einen Mann, den ich liebe und der mich liebt, Kinder, die ich vergöttere, …einen aufregenden Beruf, ein Haus und viele Freunde (…) Aber ich bin völlig gestresst. Ich habe gar keine Kraft und Freude mehr und weiß nicht, woran es liegt. Ich will das doch alles, ich weiß aber nicht, wie lange das noch gut geht.

Ich will nur, dass es bleibt, wie es zwischen uns ist. Mir geht es gut damit … nur meine Freundin macht mir seit Monaten die Hölle heiß, weil sie auch noch will, dass wir zusammenziehen, doch noch Kinder kriegen, vielleicht in eine andere Stadt ziehen … Kann denn nicht einfach mal was bleiben? Muss denn alles dauernd umgemodelt werden?

Entwicklungsvorgänge erwecken oft den Anschein, als herrsche ein einziges Chaos, oder längerfristig betrachtet, als sorge die Zauberhand der Evolution unaufhaltsam dafür, die Dinge zur rechten Zeit so werden zu lassen, wie ihnen vorgegeben ist zu sein. Nun lässt sich nicht leugnen, dass der ewige Rhythmus des Werdens und Vergehens von Strukturen ein Agens des Lebens ist. Vieles verändert sich vor unseren Augen wie gedacht und dennoch zeigen diskontinuierliche Schritte, zufällige Abweichungen und das Ausbleiben erwarteter Phänomene, wie anfällig Entwicklungsvorgänge tatsächlich sind. Selbst genetisch angelegte Reifungsvorgänge verblüffen durch ihre Anfälligkeit und tatsächliche Unvorhersehbarkeit. Die Vorstellung, etwas entwickele sich einwandfrei zur erwartungskonformen Gestalt, so der paradigmatische Blickwinkel des biologischen Determinismus, ist systemischer Unsinn.

Zwischen dem Zugewinn und Verlust von Kompetenzen, zwischen Entwicklung und Behinderung steht immer das Leben.

Entwicklungen entscheiden sich durch die konkrete Formung der Lebenspraxis. Ausbleibende Entwicklungsgrade eines Menschen zeigen uns auf allen Systemebenen (biophysikalisch – sozial – psychisch), dass biologische Programme nur die *hardware* für die nachfolgenden Tatsachen der Erfahrungs-*software* eines Organismus sind. Was ist unsere biologisch angelegte Sprachkompetenz schon wert, wenn der Lebensverlauf mehr verhindert denn fördert? Was nutzt unsere Anlage zu reichhaltiger Emotionalität, wenn bestimmte Gefühle eine Unbekannte bleiben? Was haben wir von unseren motorischen Anlagen, wenn wir uns innerliche und äußerliche Unbeweglichkeiten antrainieren? Was nutzt uns die Leidenschaft, wenn wir nicht auf unser Herz hören? Wie sich das Leidenschaftliche im Zusammenhang mit den Entwicklungsparametern und Rhythmen einer Beziehung verändert, wird in den folgenden Unterkapiteln dargestellt.

4.1 Zur Logik des Übergangsprozesses

Übergangsprozesse vollziehen sich nach universalen Gesetzmäßigkeiten. Deshalb ähneln sich Modelle, die Veränderung beschreiben (Klöckner 2001).[6] Ich stelle ein kulturanthropologisches Schema in den Vordergrund, weil mich die pragmatische Ästhetik alter Gesellschaften beschäftigt, ihre Vorliebe für Inszenierungen, Atmosphären und das Augenmerk auf die Wechselwirkungen des Lebens.[7]

Auf den belgischen Ethnologen Arnold van Gennep geht eine Systematik persönlicher und zwischenmenschlicher Transformationen zurück (van Gennep 1999). Kern seiner Überlegungen ist die Auffassung, dass Veränderungsprozesse eine bestimmte Struktur aufweisen, die in allen Kulturen explizit oder implizit berücksichtigt wird und bewirkt, dass Erfahrungsunterschiede entstehen. Van Gennep vergleicht das Brauchtum verschiedener Gesellschaften und zeigt, dass trotz der enormen Vielfalt lokal begrenzter Vorstellungen und Praktiken vergleichbare Handlungsmerkmale zur Anwendung kommen.

---

[6] Die Modelle der Paarentwicklung nehmen dennoch unterschiedliche Gewichtungen vor. Einige Autoren beziehen sich mehr auf allgemeine Aspekte des Wandels (Wheeler & Backman 1994; Zinker 1997, Melnik & Nevis 1999), manche orientieren sich an psychologischen Parallelen zwischen der Paar- und Individualentwicklung (Bader/Pearson 1988; Willi 1975, 1985), andere setzen sich mit Zyklen auseinander (Schmid-Fahrner 1997; Revenstorf 1999; Retzer 2004). Ich erweitere diesen Kanon nur fakultativ, indem ich ein kulturanthropologisches Schema zum Fixpunkt mache.

[7] Die unsichtbaren Anteile einer Entwicklung – der innere Prozess der Beteiligten – durch Rahmenbedingungen und Anweisungen zu stimulieren, entspricht einem Interventionskonzept, das Handlungen vornimmt, um Erfahrung zu ermöglichen. Diese altehrwürdige Herangehensweise spiegelt sich auch in der Theorie George Spencer-Browns, der den menschlichen Erfahrungsprozess in eine Sammlung praktischer Anweisungen zerlegt hat (Spencer-Brown 1999). Metatheorien und Kochrezepte, die Rituale alter Gesellschaften und experimentelle Therapieansätze stehen sich näher als man glaubt.

Diese Erkenntnis hat er zu einem allgemeinen Schema der Dynamik von Transformationen verarbeitet (Schomburg-Scherff 1986).[8] Das Modell offenbart, wie Entwicklungsvorgänge in psychologischer, sozialer und raumzeitlicher Hinsicht in allen Gesellschaftsstufen als ein Problem von *Grenzüberschreitungen* aufgefasst werden, die mit Hilfe geeigneter Handlungen zu bewältigen sind (Retzer 2002). Wandlungen verlaufen hiernach in einer festliegenden linearen Choreographie. Ich erläutere nachfolgend den Übergangsprozess von einem alten in einen neuen Zustand, da er konstituierend ist für Störungen und Herausforderungen, die den Status einer Person oder die Beziehung von Personen zur Disposition stellen. Das Schema geht von drei einfachen Erfahrungswerten aus:

- Verstörungen der Strukturen eines Organismus oder Beziehungssystems rufen Reaktionen hervor, die Ausdruck einsetzender Erhaltungs- und Veränderungstendenzen sind.
- Personen und Beziehungen, die tief greifend genug verstört werden, geraten in eine existenzielle Krise.
- Damit sich die einsetzende Krise in einen Entwicklungsschritt verwandelt, muss sich die Selbst- beziehungsweise Beziehungsgrenze erweitern.

Was heißt das? Eine Grenze zu überschreiten, erfordert, die Systembedingungen so zu ändern, dass ein System neue Optionen erhält. Grenzerweiterungen laufen zwar psychologisch autonom ab, können aber durch soziale Handlungen angestoßen und gesteuert werden.

---

[8] Victor Turner hat Anfang der 60er Jahre zur soziologischen Vertiefung und Weiterentwicklung dieses Schemas beigetragen (Turner 1989). Beide Autoren widmen sich rituellen und symbolischen Handlungen und deren übergeordneten Zusammenhängen und Bedeutungen. Sie gehen dabei den Fragen nach, wie Gesellschaften die Entwicklung ihrer Mitglieder, die Heilung von Krankheiten und die Lösung von Konflikten angehen. Der Begriff *Ritual* bezeichnet Aktivitäten, die komplexes, spontanes Geschehen symbolisierend ausstatten. Rituale erfolgen zum Zweck einer routinemäßigen Verordnung und Vereinfachung ansonsten ungeregelter Verläufe. *Kultur* bildet in diesem Kontext die Basis kollektiver Wirklichkeitsmuster, das Ritual ist ihre Form gebende Praxis. Die aktive Form des lateinischen Wortes *Ritus*, ritualisieren, entspricht in der ursprünglichen Verwendung der Bedeutung, sich einen »Reim machen«.

Das ist die Intention von Ritualen. Van Gennep hat den Ablauf von Ritualhandlungen demgemäß in drei voneinander abhängige Phasen gegliedert (vgl. Abb. 3).[9] Um von einem aktuellen Status (Struktur I) zu einer transformierten Entwicklungsstufe (Struktur II) zu gelangen, sind bestimmte Schritte erforderlich, die in ansteigender Abfolge des dreiphasigen Schemas eine Ablösungs-, eine Übergangs- und eine Wiederangliederungsphase enthalten. Auf eine Trennungsphase, die vom angestammten Ort und psychosozialen Status quo löst, folgt eine Schwellen- bzw. Umwandlungsphase, in der sich die Probanden gleichsam zwischen den Welten befinden, und abschließend eine Angliederungsphase, die in den neuen psychosozialen Zustand integriert.

(1) Trennung (Ablösung):
Beabsichtigte und unerwünschte Transformationen beginnen überall damit, dass Hindernisse auftreten, die sich den gewohnten Erlebens- und Handlungsmustern quer stellen, oder man fordert nach einem festliegenden Plan zur Veränderung auf, weil die Zeit reif dafür ist. Man schickt die auserwählte(n) Person(en) auf innere oder äußere Reisen mit ungewissen Erlebnissen und unsicherem Ausgang. Das kann sich auf die Ablösung von einem alten Zustand beziehen, der überholt ist und ein Hemmnis für die weitere Entwicklung darstellt, oder es handelt sich um zufällige Ereignisse, die Erschütterungen erzeugen, beispielsweise die Liebe, der Tod von Angehörigen, alle Arten von Unheil (Krankheiten, soziale Verfehlungen und Konflikte) und andere unkalkulierbare Einflüsse.

Ablösungen werden durch kulturspezifische Formen der *Separation* markiert, zum Beispiel durch Kennzeichnungen des menschlichen Körpers (symbolische Bemalungen und Tätowierungen, körperliche Deformationen: Beschneidungen, Herausbrechen von Zähnen, Verlust der Haare usw.) und üblicherweise auch durch

[9] Das Phasenschema deckt sich mit den Prozessmodellen der Gestalttherapie. Der Unterschied liegt darin, dass van Genneps Modell von den Handlungen (Interventionen) ausgeht, die eine Veränderung bewirken sollen, während die gestalttherapeutischen Ansätze die intrinsische Perspektive des Subjekts beschreiben (Klöckner 2001).

räumliche Trennungen, die *Seklusion*. Hierzu werden Personen aus dem alltäglichen Umfeld entfernt und außergewöhnlichen Umständen, Orten und Kontakten ausgesetzt. In manchen Kulturen gibt es entsprechend abgegrenzte Seklusionsareale und Gebäude (für Wöchnerinnen, vorübergehend unreine oder dämonisierte Personen usw.), andere Gesellschaften lassen ihre Mitglieder magische Orte aufsuchen oder auf eine Wanderschaft gehen, die sogenannte *marge*, in der räumliche und kulturelle Schwellen überschritten werden müssen. Interventionen dieser Art manipulieren für zukünftige Aufgaben. Der Mensch wird über den Rand des bisher Bekannten in einen für ihn unerfahrenen Bereich geführt, in dem er sich von nun an bewähren soll.

STRUKTUR I ↓	Vorübergehender Status quo (Un)balancierte Erhaltungs- und Veränderungsmotive
ABLÖSUNG ↓	Abschied vom Status quo → Verstörung, Trennung
SCHWELLENPHASE (*Liminalität*, Victor Turner) ↓	Übergang als existenzielle Krise/ Anarchie, Strukturauflösung und nachfolgende Reanimation → Stütz- und Lotsenfunktion
WIEDERANGLIEDERUNG ↓	Rekommunikation, Integration im alten/ neuen Umfeld → Erlernen zusätzlicher Optionen
STRUKTUR II	So geht es weiter, solange es so geht. → Erhaltung des neuen Status bis ...

Abb. 3: Übergangsphasen nach Arnold van Gennep

Die Walz von Zimmermannsgesellen ist ein praktiziertes Überbleibsel der *marge* in unserer Gesellschaft. In letzter Zeit haben sich spontan neue Übergangsrituale etabliert. Abiturienten nutzen die Zeit vor der Aufnahme ihres neuen Lebensabschnitts für Fernreisen, auf denen sie sich, meist mit minimalen Mitteln ausgestattet, erstmals allein in der Fremde durchschlagen. Entsprechend beeindruckt und oft auch durcheinander kommen sie zurück. Manche brechen nach gefährlichen und psychotischen Erfahrungen wieder ab. Das Fremde war noch zu fremd.

Die Entfernung von der bislang vertrauten Umgebung soll die sinnliche Erfahrung bringen, über eine Schwelle in eine andere Welt einzutreten, die anderes verlangt und anderes geschehen lässt. Räumliche Durchquerungen werden so zu beeindruckenden Transformationsimpulsen. Symbolkräftige Verhaltensweisen dieser Art markieren die Loslösung von früheren Fixpunkten der Identität und den bisher bekannten Lebensbedingungen. Die gewohnte Ordnung und damit korrespondierende Rollen und Perspektiven gelten von nun an nicht mehr. Sie werden durch fremde, ungewohnte Elemente ersetzt, die spontane Krisenreaktionen hervorrufen. Die zukunftsgerichtete Botschaft der Behandlung lautet: *Es* ist danach für *Dich* nicht mehr so wie vorher und *Du* wirst ein anderer geworden sein.

Ein alter hinduistischer Brauch brachte Neugeborene in mehreren Schritten von der vorgeburtlichen Welt ins derzeitige Leben. Hierzu heftete man dem Kind zehn Tage nach der biologischen Geburt einen Talisman an und rezitierte einen Hymnus, der die Worte enthält: (…) ich bringe dir Atem und Leben, geh nicht zu den schwarzen Schatten, geh zum Licht der Lebenden vor dir (…) Das Kind erhielt dann zwei Namen, einen, der es der sozialen Gemeinschaft angliederte und einen, der nur der Familie bekannt war und an die Vorwelten erinnerte, aus der es kam. Nach vier Monaten folgte das erstmalige Verlassen des Hauses, später noch das erste Aufnehmen fester Nahrung. Im dritten Lebensjahr fand der traditionelle erste Haarschnitt statt. Da jede Familie nach der Religion des *Veda* eine eigene Frisur besaß, an der man die Familienmitglieder erkannte, bedeutete Trennung vom individuellen Haarwuchs auch gleichzeitig eine Angliederung an die kollektive Psyche des kommenden Lebens (Oldenberg 1894).

Frau L. ruft in heller Aufregung an und berichtet, ihr Freund sei verrückt geworden. Zumindest verhielte er sich absonderlich, um nicht zu sagen, nicht mehr als der, den sie vorher kannte. Der Freund, ein Engländer, hatte kurz zuvor sein Staatsexamen absolviert und war zum Lohn der Mühen einige Wochen nach Indien gefahren. Er wollte dort Orte aufsuchen, an denen sein Vater mit der Mutter gelebt hatte, bevor er geboren wurde. Frau L. hatte wegen ihrer beruflichen Unabkömmlichkeit schweren Herzens darauf verzichtet, ihn zu begleiten. Ihr Freund sei eigentlich ein ganz bodenständiger, fast ein wenig biederer Mensch, aber nun sei alles auf den Kopf gestellt. Er wäre in bunten Wallegewändern zurückgekommen, würde sich mit seltsamen Dingen umgeben und tagelang in Schweigen hüllen. Er käme ihr vor wie ein *Zombie*. Was war passiert?

Der Freund berichtete nun seinerseits von den Reiseerlebnissen: Auf einer Wanderung in Kaschmir sei er vom Weg abgekommen und lebensgefährlich abgestürzt. Einheimische hätten ihn ohnmächtig aufgefunden und ins nächstgelegene Dorf gebracht. Dort sei er wieder aufgewacht und man hätte ihn mit Knochenbrüchen in das nächste Krankenhaus transportiert. Auf diesem Weg habe er vor Schmerzen die Hölle ausgestanden und wäre vor Schwäche mehrmals in seltsam entrückte Zustände gefallen.

(2) Schwellenphase (Übergang)
Den Kern des Übergangsprozesses bildet der Mittelabschnitt, in dem die eigentliche *Metamorphose* erfolgt, die aufgrund der vorherigen Zumutungen und Verunsicherungen meist als dramatischer Ausnahmezustand (*Desorganisation*) erlebt wird und ein Jonglieren mit den Faktoren der Existenz beginnt. Der eigentliche Übergang von einem alten Dasein in einen neuen Selbstorganisationsgrad wird als riskant angesehen, weil er in der chaotischen Bruchstelle zwischen zwei Seins-Ebenen, zwischen zwei unterschiedlichen Wirklichkeiten statt-

findet. Alles scheint zur Disposition gestellt und es gilt, eine unbeherrschbare Situation zu überstehen. Der Mensch wird zum Spielball einer mächtigen Dynamik, die ihm Gefühle von Todesnähe und Erfahrungen tatsächlicher Lebensbedrohung bescheren. In dieser Phase können Wahnzustände, Halluzinationen, Depressionen und andere Symptome auftreten. Nicht: *Ich* habe genügend Macht über mich und meine Umwelt, vielmehr: *Es* macht mit mir, wäre eine treffende Umschreibung der Situation.

Der Erfahrungsbereich, der sich hier öffnet, ist kaum mit vergangenen oder zukünftigen Erfahrungen zu vergleichen. Die Eigenschaften dieses Zustands sind unbestimmt und von *Ambiguität* gekennzeichnet. Menschen im Übergang sind weder hier noch dort, weder das Eine noch das Andere. Sie befinden sich zwischen Positionen, sie sind existenziell gefährdet und, je nach der Art und dem Grad ihrer Aktiviertheit, andere gefährdend. Es ist, wie Victor Turner feststellt, *ein Augenblick in und außerhalb der Zeit, in und außerhalb der weltlichen Sozialstruktur* (Turner 1989, 96). Die existenzielle Grenzerfahrung der Auflösung polarer Alternativen und der Auflösung der gewohnten Ordnung wird augenscheinlich in allen traditionalen Kulturen als notwendiger Schritt für eine *Neuorganisation* betrachtet.

In diesem Abschnitt folgt, wenn es einen guten Verlauf nimmt, bereits eine Umwandlung und Reanimation, findet eine sich nach innen auswirkende Energetisierung und psychische Sammlung statt. Es kommt dann häufig zu Visionen und Träumen, also der Bereitschaft, neue Erkenntnisse, andere Kraftquellen anzunehmen. Im Gefolge dieser Umorientierung steht eine Weitergabe bisher unbekannter, in vielen Fällen heiliger Informationen bevor. Es beginnen *Wiederbelebungen* in Form von Reinigungszeremonien, lebensbekräftigender Speisung und anderen Pflegemaßnahmen, da der Proband noch nicht genügend wiederhergestellt wirkt und gepflegt werden muss. Aus dem losgelösten Grenzzustand einer Person oder der sozialen Anarchie einer Gruppe, dem verrückten Zwischenschritt, wird die Rückverwandlung eingeleitet. Aus *Desorganisation* wird *Neuorganisation*, aus einem todesgleichen Zustand neues Leben. Bei einigen Aboriginesstämmen in Australien gelten die Novizen während der

Zeit ihres Noviziats als tot. Das Noviziat zielt vordringlich auf psychophysiologische Schwächung, damit das Hier und Jetzt ungefiltert Besitz vom Einzelnen ergreifen kann. Erst, wenn sie das überstanden haben, folgt der aufbauende Teil der langwierigen Zeremonie (Dürr 1978).

> (ff.): Der Weg in das Krankenhaus, getragen von einer Gruppe ihm unbekannter Kaschmiris, sei ein Durchlauf durch sein vergangenes Leben im Zeitraffer gewesen. Vor seinem inneren Auge wären präzise wie im Kino Szenen abgelaufen, an die er sich kaum noch erinnert habe. Es tauchte manches auf, das ihm von Wert war und viel Ungutes, Unbewältigtes, dessen er sich schmerzlich wieder bewusst wurde. Die Intensität sei so stark gewesen, als müsse er im Erinnern die Vergangenheit ein zweites Mal durchleben. Manchmal hätte er sich im Labyrinth seiner Seele verloren, nichts mehr gefühlt. Dann hätte ihn eine Todesangst durchschossen: *Das bin gar nicht Ich, der hier herumgetragen wird, das ist nur zerstörtes Fleisch.* Manchmal habe er mit dem Leben abgeschlossen gehabt, sich verabschiedet und darauf gewartet, zu verschwinden. Er sei sich insgesamt vorgekommen wie in einer anderen Welt. Ab und an habe er aber für einen kurzen Moment Mut geschöpft in diesem ausgelieferten Zustand am seidenen Faden, habe sich an ein Licht geklammert, das ihn durchströmte, und gedacht: *Mein Leben ist noch nicht fertig! Ich schaffe es, zurück zu kommen, wenn ich mich nur an das Licht halte!*
>
> Endlich im Krankenhaus angekommen, nachdem seine Knochenbrüche versorgt waren und er in einem sauberen Bett mit weißen Laken lag, habe sich die ganze Anstrengung auf ihn gelegt und er habe nur noch geschlafen. Ab und an sei er geweckt worden, um Kleinigkeiten zu sich zu nehmen und gewaschen zu werden. Irgendwann habe sich dann eine große Erleichterung breit gemacht. Unter Glücksgefühlen habe er sich gesagt: *Du bist davongekommen.* Langsam sei ihm der Gedanke gekommen, das Leben ändern zu wollen. Nach alledem wäre es sinnlos gewesen, nur einfach weiter zu machen wie vorher.

(3.) Wiederangliederung

Probanden eines Übergangsritus, Menschen, die gravierende Veränderungen durchmachen, erleben sich unsicher, finden, je nachdem, was sie durchlebt haben, ihre Umwelt befremdlich. Eventuell büßen sie vorübergehend ihre psychosozialen Kompetenzen ein, sind sich ihrer Sprache nicht mehr mächtig und bewegen sich nach den Strapazen vorsichtig und tastend. Die Betreffenden sind jetzt auf Helfer angewiesen, die sie unterstützen, sich wieder an ihre Umwelt anzuschließen, und sie mit neuen Befugnissen vertraut machen, die von nun an Geltung besitzen. Die Gewöhnung an die veränderte Situation hat eine komplexe Funktion: Langsames Heranführen soll die Überwindung des Problems würdigen, die nun zur Verfügung stehenden Ressourcen entfalten und die Person vernehmlich aus der indifferenten Zwischenwelt herauslösen, die den Menschen im chaotischen Wandel dominiert hat. Es steht die Wiedereingliederung in die Gemeinschaft bevor als zum Teil anderer, als jemand, der nun auf Erfahrungen blickt, die er vorher nicht hatte. Dies geschieht durch Wiederkommensfeste, Taufen, die Verleihung von neuen Namen und Insignien, die feierliche Einführung in andere Rechte und Pflichten und anderes mehr.

Um von einer Krise des alten zur Etablierung eines neuen Status zu gelangen, ist die innere Wandlung Voraussetzung für die Akzeptanz der Umwelt. In alten Gesellschaften folgen an dieser Stelle deshalb eine Vielzahl feststehender Formalitäten und Zeremonien. Der veränderte Wiedereintritt in das alltägliche Leben demonstriert: So wird es von nun an mit der Person, mit uns allen weitergehen, solange es auf diese Weise geht. Sozial gesehen wird hier der in der Ablösungsphase *Exkommunizierte* rekommuniziert, psychophysiologisch quasi eine doppelte *Exkorporation* zu Ende gebracht. Eine ursächlich unheilvolle Macht oder ein überholter Seelenzustand wurde zunächst exorziert. Zwischenzeitlich bemächtigten sich höhere Kräfte der Person, die dann wieder durch eine kraftvollere Seele in demselben Körper abgelöst werden. Der/die Novizin, der/die jetzt Geheilte, Gereifte ist wieder in die Gemeinschaft eingefügt, mit neuen Rechten und Pflichten, als ein anderer Teil der Gemeinschaft. Von jetzt an darf wieder das Alltägliche das Kommando übernehmen, bis sich ein zukünftiges Problem in den Weg stellt, das eine nächste Strukturangleichung erforderlich macht.

(ff.): Als Frau L.s Freund im Krankenhaus wieder einigermaßen zu Sinnen und Kräften kam, verwickelten ihn die Krankenschwestern in Gespräche über seine Pläne und fragten ihn aus, wer zu Hause auf ihn warte und ob er nicht seine Angehörigen informieren wolle. Das wollte er noch nicht. Er begann mit schlurfenden Schritten um sein Bett zu gehen, bis er kleine Spaziergänge im Krankenhausgelände unternahm und seine Mitpatienten besuchte. Das Personal versorgte ihn mit einheimischer Kleidung, er hatte seine bei dem Unfall verloren, und bahnte einen Kontakt mit der deutschen Botschaft an, die ihm dann einen provisorischen Pass ausstellte und ihn mit Geld versah. Während der Zeit seiner Genesung freundete er sich mit einem Bettelmönch an, den er an einem nahe gelegenen Hindutempel kennen lernte und schwor sich, von nun an ein demütigeres und bewusstes Leben zu führen. Schließlich kam er wieder nach Hause, dankbar für die zweite Chance, mit einem Talisman des Mönches bewehrt und einem Namen, den ihm die Krankenschwestern verpasst hatten, da sie seinen wegen der deutschen Zischlaute nicht gut aussprechen konnten. Ihm gefiel der geliehene Name und er wollte ihn als Zweitnamen beibehalten. Nach seiner Rückkehr fragte er sich, ob er sein altes Leben wieder aufnehmen sollte und ob sein Berufswunsch noch der richtige sei. Er war auch unsicher, die Beziehung zu seiner Freundin weiterzuführen, obwohl er sie jetzt mehr liebte als vorher. Er zweifelte, ob das Vorherige noch zum Jetzigen passte. Dabei fühlte er sich aber relativ heiter und sorgenfrei. Das war zu viel für Frau L. Sie hatte nicht miterlebt, was er erlebt hatte, und die Resultate ängstigten sie. Er hielt sie wohl auch auf Distanz, darauf aus, Zeit zu gewinnen. Zeit, die er verstreichen ließ und die sie zunehmend aufregte und mit Misstrauen erfüllte. Das frühere Vertrauen war verschwunden. Frau L. überlegte: *Will ich ihn überhaupt so? Und wenn ja, heißt das, ich muss mich auch verändern? Mein Freund lächelt dazu nur stumm und seufzt manchmal so wissend vor sich hin. Er tut fast so, als hätte nicht er, sondern ich ein Problem.* Das Paar hat lange gebraucht, bevor sie einsahen, dass sie nicht mehr die gleiche Wellenlänge hatten. Der Riss war zu groß, sie hatten sich aufgegeben.

4.2 Übergänge können missraten

Übergänge sind keine positiven Selbstläufer. Daran kann eine Person oder ein Paar scheitern, vorerst und vielleicht sogar für immer. Entwicklungen sind kontextabhängig und es gibt für jedes Individuum und jede Beziehung Grenzen des Machbaren. Wo das nicht Überschreitbare, die Unmöglichkeit anfängt, erweist sich nur im Versuch, eigene Grenzen zu erweitern.

Nur im risikoreichen Ausprobieren zeigt sich, was es noch gibt. Wer nicht versucht, findet nicht heraus, was er erreichen kann und in Zukunft nicht mehr anrühren sollte. *Selbstexploration* erfüllt, isoliert betrachtet, allerdings noch keinen Sinn. Sie steht in enger Korrespondenz und Wechselwirkung mit *Selbstbewahrungskräften*. Der Gedanke ist simpel und müsste an dieser Stelle nicht wiederholt werden, wenn es sich dabei nicht um den Kulminationspunkt jedes Transformationsprozesses drehen würde, um den Moment, da eine Krise zur Chance changiert, Krisen sich als unlösbar herausstellen, Chancen zu Krisen mutieren und Chancen sich potenzieren.

Leidenschaft ist ein Mittel der Selbstveränderung.

Das Kernstück des skizzierten Übergangsprozesses bildet deshalb die mittlere Phase, das Chaos. Der Gestalttherapeut Fritz Perls hat den Moment der Ununterscheidbarkeit von Krise und Chance griffig einen *Engpass* genannt, *die entscheidende Stelle in der Therapie (...), deren Durchleben die destruktive psychische Stagnation überwindet und den Menschen wachsen lässt* (Frambach 1999, 625). Hier muss, topographisch gesprochen, durch, wer sich ändern will, und hier kann auch zurückschrecken, wer die Veränderung scheut, und stecken bleiben, wem es nicht gelingt, drüben anzukommen. Angesichts der vorausgegangenen Auflösungserscheinungen ist das eine existenzbedrohende Situation. So belastend das auch ist, strukturelle Übergänge kommen nicht ohne die Auflösung von Teilen des Ganzen zustande. Deshalb sind inmitten der Krise Begleiterscheinungen wie Angst, Leere, Katatonie, Verrücktheit, Ambivalenz usw. konstituierend.

Wandlungsvorgänge von Paarbeziehungen bieten ergo keine Gewähr für ein Gelingen, und sie lassen keine sichere Zukunftsbestimmung zu. Komplexe Systeme können nur verstört, *perpetuiert* werden (Maturana 1982). Wohin sie sich bewegen, hängt von den Kräfteverhältnissen des gesamten Feldes ab.[10] Wenn ich also nicht wissen kann, was ein Paar aus meinen Initiativen letztlich macht, muss das Konsequenzen für Beratung und Therapie haben. Therapeutische Beeinflussungen des Verhaltens beschränken sich deshalb auf anstoßende Einflussnahmen: *Einfluss versteht sich als Auslöser für Selbstregulationsprozesse* (Portele 1992, 210). Es genügt folglich, Menschen anzuregen, neue Antworten zu (ver)suchen. Mehr liegt nicht in der Hand der Paarberatung.

Die Wahrscheinlichkeit, innerhalb des Kontextes indigener Kulturen Veränderungen in eine gewünschte Richtung zu lotsen, liegt um einiges höher als bei den pädagogischen und psychotherapeutischen Interventionen in heterogenen Massengesellschaften. Das hängt mit der Dichte der kollektiven Wirklichkeitsmuster zusammen. Modernen multikulturellen Gesellschaften fehlt es an einheitlichen Überzeugungen und Wirksamkeitsparametern. Das Fachpersonal hier wie dort, *Schamanen* und *Psychotherapeuten*, stehen aber prinzipiell vor demselben Problem. Sie können nur Rahmenbedingungen festlegen und Handlungen anbieten innerhalb des kommunikativen Korridors, der ihnen zur Verfügung steht und auf den reagiert wird.

---

[10] Der Kybernetiker Heinz von Foerster bringt diesen Sachverhalt durch einen physikalischen Vergleich auf den Punkt: Er unterscheidet zwischen *trivialen* und *non trivialen Maschinen*. Triviale Maschinen funktionieren wie Fahrscheinautomaten nach einem einfachen Reiz-Reaktionsverhältnis: Gebe ich einen Euro ein, so erhalte ich einen Fahrschein. (Wenigstens ist das so vorgesehen.) Non triviale Maschinen, wie Menschen und soziale Systeme, *errechnen* für jeden Impuls die Effekte neu. Ist ein Impuls stark genug, eine Veränderung zu bewirken, folgt eine Veränderung; wenn nicht, nicht. Das konkrete Ergebnis ist wegen des zirkulären und autonomen Verarbeitungsmodus im Inneren des Systems (des Menschen, der Beziehung) nicht prognostizierbar (von Foerster 1985).

Medizinmänner der Sioux stehen mit anderen »Wirksamkeiten« in Verbindung als der Chefarzt der Frankfurter Uniklinik. Welchen (un)vorteilhaften Ausgang Interventionen und Entwicklungen nehmen, ist aber überall offen.

Frau W.: *Mein Mann ist nach außen der Erfolgreiche, der Traummann: immer charmant, eloquent, zuvorkommend oder zurückhaltend, wie die Situation es erfordert. Jeder beneidet mich um ihn. Wenn ich dann mal sage, dass bei uns gar nicht alles rosig ist, ernte ich Kritik: »Du bist nie zufrieden zu stellen.« »Wo du doch alles hast und diesen liiieeeben Mann!« Es ist aber so, dass er in unseren vier Wänden das ewige Kind ist. Er entscheidet selten etwas, ist dauernd müde, nörgelt rum und lässt mich alles machen. Ich kaufe, was er anzieht. Tue ich es nicht, läuft er immer mit denselben Klamotten herum. Ob das abgeschabte Hochwasserhosen sind oder völlig unmodische Pullover, ist ihm vollkommen egal! Sexuell genau so. Wenn ich nicht auf ihn zukomme, läuft gar nichts. Er macht sich's dann selbst. (…) Streike ich, geht er glatt zu seiner Mutter und isst sich da durch, bringt die Wäsche da hin, sitzt da auf der Veranda und lässt sich von ihr bemuttern. (…) Und wenn ich dann in die Luft gehe, piepst er nur zurück, mit so einer Kleinkindstimme …*
Er war früher ganz anders. Mich wundert nicht, dass wir noch keine Kinder haben, ich habe ja bereits eines! Seit kurzem ist er dazu noch depressiv. Er müsste längst aufgestiegen sein in der Firma, kann sich aber einfach nicht durchsetzen. Er selbst sagt dann, er wisse gar nicht, ob er Karriere machen will. Ich möchte aber einen Mann, der einen Willen hat und zeigt, dass er was von mir will. Früher hat er so getan, als hätte er viel vor im Leben. Heute erzählt er so Zeugs, er sei halt bescheidener geworden …

Frau B.: *Meine Freundin geht mir, je länger wir zusammen wohnen, immer mehr auf die Nerven. Als wir noch jede unsere eigene Wohnung hatten, konnte ich nicht genug kriegen von ihr. Da habe ich mich nach ihr verzehrt …*
Jetzt sehe ich sie mit anderen Augen. Ich denke, sie ist in Wahrheit ein verkappter Mann, wenn sie da so furzend und Bier trinkend vor dem

Fernseher sitzt und endlos Fußball guckt; natürlich Männerfußball! Und darüber kann sie mit mir nicht diskutieren, nur mit ihren Brüdern. Ich habe ja keine Ahnung! Dabei weiß ich besser, was Abseits ist als sie … Die ähnelt auch äußerlich ihren Brüdern. Ich weiß wirklich nicht, ob sie nicht in Wahrheit in der Pubertät hängen geblieben ist, ob da Mami nicht einfach vergessen hat, für das richtige Outfit zu sorgen. Wahrscheinlich musste sie alles von ihren Brüdern auftragen. Und das kommt dann heraus. Sie müssten uns mal spazieren gehen sehen! Sie in baggy pants, die hängen wie ein Kartoffelsack bis zu den Knöcheln, und ich im Businesskostüm. Das sieht aus! Da denken doch alle: Hier geht Mami mit Bubi spazieren. Das haut doch die stärkste Lesbe aus den Pumps! So geht das nicht weiter mit uns.

4.3 Ein Paar übersteht das Chaos

In diesem Beispiel synchronisieren sich persönliche Übergangsprobleme zu einem guten Ganzen. Ein gleichaltriges Paar lernt sich im Urlaub kennen:

Sie: *Ich habe schon im Urlaub gemerkt, das könnte er sein und dann wär's das mit meinem Mann. Mein damaliger Mann und ich passten nicht wirklich zusammen. Ich glaube, so richtig war ich nie für ihn entschieden. Ich bin danach nach Hause gekommen, habe meinem Mann erklärt, dass ich einen anderen habe und bin relativ schnell ausgezogen.*

Er: *Ich hatte auch gleich so ein vertrautes Gefühl und war sofort verliebt. Ich war mir gleich sicher, auch wenn das jetzt arrogant klingt, ihr Mann hat sie bereits verloren. Sie wirkte irgendwie nicht gebunden, obwohl sie ja verheiratet war. Außerdem war da dieses Gefühl entstanden, zusammenzugehören … Also, da war noch was anderes über das Verliebt-sein hinaus. Klingt esoterisch, ist es aber gar nicht. Ich meine so ein Gefühl von gleicher Seelenlage, wie miteinander aufgewachsen zu sein. Ich wusste sofort, ich brauche nicht mehr weiter zu suchen.*

Und so kam es. Man wurde wie selbstverständlich ein Paar, aber es mussten etliche Turbulenzen überstanden werden, bis man schließlich eine gemeinsame Wohnung teilte. Zunächst verdichtete sich die Intimität – *Wir kamen in der Anfangszeit gar nicht mehr aus dem Bett raus* –, bis der Alltag den Zauber nahm und intensive Grabenkämpfe um das richtige Leben begannen. Er schien sich argumentativ immer wieder durchzusetzen, sie entfernte sich schleichend von ihm. Er hatte sich ehrgeizig in sein Studium verbohrt und rang um mehr Eigenständigkeit, auch ihr gegenüber. In dieser für ihn stressigen und für sie entfremdenden Zeit haben sie sich entzweit. Er bemerkte nicht, dass sie nur oberflächlich in die zweite Reihe gerückt ist, sie spürte lange nur diffus, wie unglücklich sie geworden war. Sie ist unschlüssig, was sie mit der Situation anfangen soll und wird empfänglich für kritische Ratschläge und Flirts und auch mehr. Bei der erstbesten romantischen Gelegenheit verlässt sie ihn. Frau H. will wieder *ins Leben hinaus*, mit den unerprobten Seiten des Lebens experimentieren und ihre Freiheit genießen; besonders ihren sexuellen Horizont erweitern. Herr W. ist konsterniert, befindet sich mitten im Examen und fühlt sich *wie festgenagelt, unfähig zu kämpfen. Ich musste weiter machen, sonst wäre ich an den Prüfungen gescheitert*. Es trifft ihn wie aus heiterem Himmel. Er weint sich die Augen aus und arbeitet sich so durch. Sie lässt sich nicht aufhalten und geht ihrer Wege, die sie schon nach kurzer Zeit in eine neue Beziehung führen. Auf diese folgen weitere. Aus einer kurzen Liaison resultiert ein Kind.

Frau H. und Herr W. sind zwar einige Jahre getrennt, verlieren sich aber nie ganz aus den Augen. Sie bleiben lose in Kontakt. Er sammelt sich nach dem Prüfungsstress, beginnt mit einer Therapie und wagt es, trotz unguter Vorzeichen, eine neue Berufswahl ins Auge zu fassen. Ohne Netz und doppelten Boden fängt er noch mal von vorne an. Eines Tages beschließt man nach einem Treffen, eine gemeinsame Reise anzutreten, da die Urlaubswünsche zufälligerweise übereinstimmten. Die Vorstellung ist, einen Teil des Reisewegs zusammen zu bestreiten und dann jeder alleine weiter zu machen. Es kommt anders. Man reist bis zum Ende gemeinsam, das ehemals Vertraute kehrt zurück. Wieder zu Hause geht man dennoch auseinander, als sei nichts gewesen, taucht in den Alltag ein, aber vergisst sich nicht.

Eines Tages besucht sie ihn, mittlerweile ist man drei Jahre auseinander, die erotische Spannung zwischen ihnen steigt, man landet im

Bett und verbringt eine Nacht miteinander. Danach ist nichts mehr an seinem Platz. Er kommt sich vor, als hätte er mit einer Unbekannten geschlafen und ist völlig irritiert. Sie sei ihm so *vertraut und doch wieder nicht gewesen. Irgendwas ist anders an ihr, als ich es erinnert habe. Es war wunderschön und fast ein bisschen gespenstig. Als wir uns kennen lernten, schien sie mir so vertraut, was ja nicht stimmte. Jetzt ist es umgekehrt. Sie ist durch unsere Vergangenheit nachweislich ein Teil meines Herzens und doch irgendwie sonderbar.* Er habe ein glückliches Aufeinandertreffen mit einem Phantom erlebt und wisse nicht, wie ihm geschah. Sie erlebt Ähnliches und ist ebenso verwirrt.

Danach geht es hin und her. Mal distanziert man sich, mal erlebt man intensive Stunden miteinander. Mal kommt es zu Auseinandersetzungen mit Frau H.s damaligem Partner, mal macht sie ihm Szenen wegen seiner neuen Freundin. Der eine schläft schlecht und bekommt Essstörungen, weil er nicht weiß, ob er wirklich soll, die andere chaotisiert auf ihre Weise. Sie verliert mehrmals ihre Geldbörse mit allen Papieren und muss dann jedes Mal in langwierigen Behördengängen ihre Existenz rekonstruieren: *Ich war völlig außer Rand und Band. Ich dachte: Diese Chance musst du nutzen, und hatte gleichzeitig Angst, mich erneut in den Käfig zu setzen und auf dieselbe Art ein zweites Mal zu verkümmern. Dann womöglich endgültig.* Das Ganze kulminiert schließlich darin, dass sie sich die Pistole auf die Brust setzen: Entweder wir probieren es jetzt ernsthaft oder wir trennen uns endgültig! Sie sind am Ende ihrer Kräfte und entscheiden sich schließlich für einen Neuanfang. Der gelingt. In der Folge halten sie etliche Stürme aus, gehen durch schwierige und durch gute Phasen.

> Sie: *Wir sind zwar beide ziemliche Dickköpfe und fechten vieles miteinander aus. Wir machen es uns auch nicht unbedingt leicht, weil er immer alles so ernst nimmt und ich ein Verdränger bin. Ich meine, ich brauche einfach Luft um mich. Ich kann es nicht haben, mich für alles verantworten zu sollen, ich bin auch nicht so akribisch wie er …*
> Er: *Mit ihr zu streiten, ist grausam. Sie geht, wenn sie sich angegriffen fühlt, nie auf das ein, was gerade das Thema ist, sondern haut wie wild um sich und reizt auch noch richtig fies. Wenn man das ernst*

nehmen würde über den Tag hinaus, müsste man sich drei Mal im Monat scheiden lassen! Aber ich lerne ganz langsam, mit vielen Rückschlägen, die ich meiner Impulsivität und Verzweiflung verdanke, dass es völlig sinnlos ist, ihr was gegen ihren Willen abringen zu wollen. Im Gegenteil: Wenn man ihr so kommt, geht sie aufs Ganze. Dann riskiert sie Kopf und Kragen, auch wenn alles kaputt geht. Soviel Starrsinn! Man kann sich da nur abwenden … und muss den Mut haben, abzuwarten …

Ich muss mich damit abfinden, dass manche Dinge, die mir was bedeuten, nicht mit ihr zu teilen sind. Oft kommt sie auch von selbst auf was zurück, wovor sie sich wie der Teufel gewehrt hat. Sie lässt sich auch nicht retten, wenn sie sich verrennt … und mit so Erfahrungen wächst meine Überzeugung, dass man sie nur lassen kann. Deshalb besinne ich mich im Zweifelsfall immer mehr darauf, wie sehr ich sie in meinem Herzen trage. Das Leben ist viel zu kurz, um sich mit widersinnigen Auseinandersetzungen aufzureiben. Ich möchte auch nicht mit einer anderen neu beginnen. Die Vorstellung ist der Horror. Bis wir da wären, wo wir heute sind …

Sie: *Das geht mir auch so. Man kann ja schlecht Erfahrungen überspringen, um das zu erreichen, was uns heute eint … Das Beste ist aber, wir finden uns auch nach all den Jahren noch attraktiv, und zwar in einem viel tieferen Sinn als am Anfang. Da waren wir erotisch dermaßen aufgeladen, das konnte gar nicht so bleiben. Andererseits ist das Sinnliche eine potentielle Quelle für alles Gute, auch jetzt noch … Heute kann ich mir nicht mehr vorstellen, was uns auseinander bringen könnte. Außer, dass ich so im Hinterstübchen durchaus Befürchtungen habe, er könnte doch irgendwann eine andere gut finden und die ihn, weil, so gefühlsbetont wie er ist … Er ist ein hoffnungsloser Romantiker! Auf der anderen Seite, ich kann mich wirklich auf ihn verlassen. Der Mann kann zwar manchmal richtig ausflippen wegen mir, aber er ist treu wie Pech. Ich glaube, du leidest manchmal richtig unter mir.* (Sie lacht erst und weint dann, als sie sieht, wie ernst es ihm ist.) … *Also, unsere Midlife-Krisen stehen wir ja gerade durch, da bin ich mir relativ sicher. Er, indem er ganz intensiv und auch kreativ damit umgeht. Ich ziehe mich ja da mehr zurück und mache das mit mir aus. Ich muss ihm aber wenigstens verkünden,*

was mit mir passiert, sonst ist das auch nicht gut … Ich bin sicher, wir werden alt miteinander. Das wird noch ein Abenteuer …
Er: *Wir überstehen jedes Chaos, das steht mittlerweile fest …*
Sie: … *und diese Erfahrung gibt mir eine unglaubliche Kraft …, weil wir wissen, wir schaffen das schon; und wenn es uns doch schaffen sollte, was ich wirklich nicht denke, würden wir es auch alleine schaffen … Ja, komisch, ich denke nicht an eine weitere Beziehung.*

II. Phasen der Leidenschaft

Nachdem die Art und Weise von Übergangsprozessen beschrieben ist, die Uneindeutigkeit von Krise und Chance, wird nun die lineare Entwicklung von Paaren beleuchtet. Leidenschaftlicher Wandel, Veränderungen im Erleben und in der Kommunikation eines Paares sind eine Frage der Zeit.

So lange eine Beziehung anhält, verändert sie schrittweise ihre Anteile und ihr Wesen. Die Entwicklung von Paaren ist somit eine Frage der Dauer der Beziehung und damit auch eine Frage von Absichten, die mit der Liebe verbunden werden. Es ist keine Frage, dass Paare bestimmte Veränderungen durchleben, wenn sie zusammen bleiben. Diese lineare Entwicklungshierarchie ist unabhängig von Entscheidungen für oder gegen etwas und unabhängig davon, welche Stagnationen und Sprünge, Fortschritte und Rückschritte ein Paar im Detail durchmacht.

Ein Paar wandelt sich kontinuierlich, von innen heraus und durch äußere Anstöße.

Da der Verschmelzungswunsch der leidenschaftlichen Liebe am Anfang steht und nicht die Gewohnheit einer vertrauten Intimität, treten bestimmte Erlebens- und Umgangsweisen eines Paares in einer Reihenfolge auf, die unumkehrbar ist. Es macht einen Unterschied, ob die Liebe gerade frisch erwidert oder seit Jahren ein geregeltes Leben geteilt wird. Lineare Wandlungen beruhen auf Veränderungen der Wahrnehmung, die aus den Veränderungen der voranschreitenden Beziehungspraxis resultieren. Der Wandlungsvorgang selbst unterliegt in jeder einzelnen Phase der bereits skizzierten universellen Übergangslogik. Insofern wiederholt sich die gleiche Entwicklungsdynamik auf allen Entwicklungsstufen (Fuhr 1998).[11]

---

[11] Es gibt kleinschrittige Modelle der Paarentwicklung (Duvall 1977; Retzer 2004) und auf weniges reduzierte (Willi 1985; Bader/Pearson 1988; Schmid-

Lebenslange Monogamie hat starke Konkurrenz durch die Praxis der *seriellen Monogamie* erhalten, der Aneinanderreihung von mehreren Beziehungen. Das vervielfältigt intime Bekanntschaften und verhindert Erfahrungen, die nur macht, wer eine Beziehung über eine lange Zeit beibehält. Im Kontext einer Langzeitperspektive türmen sich automatisch Klippen auf, an denen ein Paar scheitern oder wachsen kann. Niemand kommt deshalb umhin, sich wiederholt zu fragen, wohin er mit wem geraten will? Manche persönliche und manche gemeinsame Transformationen sind nur erfahrbar, wenn man in einer Beziehung verbleibt, andere nur, wenn man immer wieder wechselt oder sich fern von Beziehungen aufhält. Um diese Unterschiede kommt niemand herum. Man wird im Leben also einiges oft, anderes weniger und vieles nicht erleben, je nachdem, welche Weichen man sich selbst stellt, und natürlich, welche das Leben zufällig anbietet und aufbürdet.

Ich gehe von fünf wesentlichen Transformationen des Paares aus (Abb. 4) (Klöckner 2005). Die drei ersten, bahnenden Phasen bezeichnen strukturelle Übergänge, die zur Etablierung eines Paarsystems gehören, die anschließende vierte Stufe baut auf den vorherigen Erfahrungen auf, wird aber von Gewohnheiten dominiert und ist insgesamt vielgestaltiger. Sie schließt ein Konglomerat von existenziellen Herausforderungen und Weiterentwicklungen mit ein, die sich je nach altersgemäßem Einstieg und Zusammensetzung des Paares zu gleichförmigen oder paradoxen Konstellationen figurieren. Die fünfte, finale Phase folgt nur, wenn eine entsprechende Langzeitbeziehung vorausgegangen ist, oder sich die Beziehungspartner erst spät kennen gelernt haben. Sie setzt sich nochmals von anderen Beziehungsstufen ab, weil altersbedingte *Degenerationen* und Ablösungsprozesse dazu kommen und besondere Eigenschaften und Themen entfalten.

Die fünfstufige Entwicklungsfolge entspricht dem gegenwärtigen okzidentalen Beziehungsklima, das die Liebe in das Zentrum der

---

Fahrner 1997). Mein Phasenmodell beschränkt sich auf vorhersehbare Wendungen, weil unter dem modernen Lebenshorizont die Bahnen der Sterne im Binnenverhältnis doch ziemlich durcheinander geraten können.

Paarbeziehung gerückt hat. Das Phasenmodell verfolgt also die Verwandlungen der Leidenschaft in einer Beziehung. Zweitens beruht das Schema auf den in Abschnitt I beschriebenen Veränderungsprinzipien und steht damit in Zusammenhang mit universalen Entwicklungszyklen (Nevis 1987, Perls et al. 1988, Gremmler-Fuhr 1999).

(Phase I) VERZAUBERUNG
Singulare Verliebtheit
→ mentaler Ausnahmezustand, Lust-Angst-Ambivalenz

(Phase II) OZEANIEN
Dyadische Verliebtheit
→ Verschmelzung, Jenseitige Intimität, Liebesanarchie

(Phase III) EINSCHLÜSSE UND AUSSCHLÜSSE
Das Paradox der Liebespartnerschaft
→ Re-Individuation, Liebespoesie und Gerechtigkeitsmotive

(Phase IV) INTIME DIALOGE
Gewohnheiten und Umbrüche, Freundschaft
→ Wiederverzauberung versus unromantische Fixierung

(Phase V) FÜRSORGLICHES FINALE
Komplementäre Vertrautheit und dyadische Dämmerung
→ Existenzfragen, Vermächtnis und Degeneration

Abb. 4: Phasen der Paarentwicklung

Unter einer Langzeitperspektive betrachtet wird ein Paar früher oder später, mehr oder minder alle fünf Transformationen durchlaufen. Es gilt zu beachten, dass Zufälle und schicksalhafte Verstrickungen, Trennungen und Wiedervereinigungen, Unfälle und Glücksfälle zu allen Zeiten der Beziehung Unvorhersehbares auslösen und Entwicklungen verschieben können. Die komplexe Verschlungenheit des Geschehens macht jedes Phasenmodell der Paarentwicklung unelegant. Aber in diesen Unebenheiten reflektieren sich die biographischen Optionen und Beziehungsbrechungen der Gegenwart. Es macht daher wenig Sinn, Paarentwicklung homogener oder in kleineren Schritten zu modellieren. In der Vergangenheit waren Familiennormen und Reproduktionsfaktoren ausschlaggebend, bis man im Alter, durch schwarze Kleidung markiert, in einen quasi jenseitigen Randstatus ohne diesseitige Beziehungschancen verschoben wurde. Das ist heute überholt. Soziologische Modelle, die dennoch an konservativ genormten Familienentwicklungen festhalten, propagieren Angestaubtes (Schneewind/Graf/Gerhard 2000). Die Leidenschaft setzt sich heute über alle Generationen in Beziehung, von der Jugend und vom Alter ausgehend.

5. Phase I: Verzauberung – Singulare Verliebtheit

→ mentaler Ausnahmezustand
→ Lust-Angst-Ambivalenz

Jedem Anfang wohnt ein Zauber inne.
(Hermann Hesse)

Was bewirkt die Leidenschaft der einsetzenden Liebe? Verlieben verläuft wie eine schleichende Infektion, bis dann Symptome ausbrechen, die das Wahrnehmungssystem des infizierten Menschen dramatisch verändern, Halluzinationen und einen ambivalenten Wunsch erzeugen.

Die begehrende Liebe überfällt gewaltig, wann, ist nicht vorauszusehen. Plötzlich ist sie da und dann ist für Verliebte nichts mehr, wie es vorher war. Der eintretende *mentale Ausnahmezustand* löst die Gleichförmigkeit, den Fluss der gewohnten Lebensführung auf. Unbändige Sehnsucht konzentriert sich auf eine bis dato unbekannte oder beiläufig wahrgenommene Person. Das Herz kennt nur noch schwarz oder weiß, alles oder nichts. Ein einziger Mensch, nicht schlechter und nicht besser als andere, entscheidet nun über Wohl und Wehe. Was bisher zählte, zählt kaum noch etwas. Wo *er* ist, ist das Leben. Wenn er *sie* erblickt, gerät er in Trance, seines Atems beraubt, wehrlos betört. Vorher brachte Schlaf Ruhe und Entspannung, jetzt stellen sich nachts Visionen von überirdischer Intensität ein. Die Wunschphantasien, die sich an das Objekt der Begierde richten, werden zu Lebensnektar, für manche für eine Weile ein zehrendes Nahrungsmittel. Eine Zeit lang schwebt der verliebte Mensch, engelsgleich und abseitig zum Alltagsgeschehen. Eine Zeit lang geht das so gut, eine Zeit lang ist es Erfüllung und Ansporn zugleich. Dann aber ist Handeln gefragt. Was folgen soll, entscheidet über Himmel oder Hölle: erhört oder abgewiesen? Trifft Begehren auf Begehren oder verhallt das Verlangen ohne Echo, verkehrt sich die Leidenschaft in Liebesleid?

Psychologisch ausgedrückt, führt die einsetzende Verliebtheit zu einer extremen Motivationslage, die inständig nach Kontaktgelegenheiten sucht, beinahe alles unternimmt, um Nähe zum Objekt herzustellen. In dem Moment, da eine Sehnsucht nach geteilter Liebe nicht mehr diffus schwelt, sondern an eine Person geheftet ist, gleichsam in einem Spiegel reflektiert wird, potenziert sich ein allgemeines Bedürfnis nach emotionaler Erlösung durch den Anderen zur konkreten Obsession. Der Verschmelzungswunsch treibt an und um. Es ist ein erster, isolierter Rauschzustand, eine mentale Erhitzung, die erhört werden will. Die Welt hat sich von innen heraus mit Zauber erfüllt, Zauber, der zum alleinigen Sinn wird.

Die persönliche Herausforderung besteht nun in mehrfacher Hinsicht darin, den zunehmend auseinander klaffenden Gegensatz von erregender Phantasie und ungelebter Wirklichkeit aufzulösen. In dieser Situation steht ein Akt der *Selbstüberwindung* bevor, der die Halluzinationen bestätigen soll. Es kommt darauf an, das entstandene Lustreservoir und die gleichzeitig anwachsende Angst vor Ablehnung in eine produktive Aggression zu verwandeln, Schritte ins Ungewisse zu wagen, den Versuch zu unternehmen, die gemeinte Person für sich einzunehmen. Viele Menschen schaffen diese Selbstveräußerung nur schlecht, scheuen das Risiko einer Ablehnung, das ihnen einer Vernichtung gleichkommt.

Abb. 5: Das Erleben der initialen Verliebtheit

Die noch isoliert verliebte Person empfindet sich abhängig und angewiesen (Abb. 5). Obwohl Subjekt, erlebt sie sich im Verhältnis zum Liebesobjekt nicht symmetrisch. Ihre Chance gründet darauf, trotz großer Befürchtungen handeln zu können, nicht auf der erhofften Eindeutigkeit, die noch herzustellen wäre. Es fühlt sich bedrohlich an, wenn die Knie weich werden. Insofern wird die Antwort auf die Frage, *liebt sie mich auch?*, zu einem Augenblick gefühlter Wahrheit. Verliebtheit macht abhängig von der Reaktion des Gegenübers. Die einen lähmt diese Prüfung, andere betreiben ein kunstvolles Spiel mit ihrer Lust und ihrer Angst.

Wer sich verliebt, liefert sich aus.

Anschauung liefert der französische Film *Die fabelhafte Welt der Amelie* (2002). Die Zuschauer verfolgen, wie eine junge Frau (Amelie: Audrey Tautou) ihre Umwelt und sich selbst durch allerlei Manipulationen in ein fabelhaftes Licht setzt. Sie kellnert in einem Bistro und fühlt sich von einem Mann (Mathieu Kassovitz) angezogen, der in einem Pornoladen arbeitet und als Zweitjob den Tod in einer Geisterbahn spielt. In der Person des Angebeteten vereinen sich beide Seiten der entflammten, aber noch ungeteilten Leidenschaft. Amelie macht ihn durch rätselhafte Hinweise, die sie überall in der Stadt auslegt, auf sich aufmerksam. Er setzt sich auf ihre Fährte, ohne zu wissen, wen er vor sich hat und jagt das Phantom. Sie hält ihn an der langen Leine anonymer Hinweise, bis sich die Schnitzeljagd soweit zuspitzt, dass sie kaum noch umgehen kann, die Karten auf den Tisch zu legen. Schließlich lotst sie ihn in ihr Bistro und will sich zu erkennen geben. Es verlässt sie aber im letzten Augenblick der Mut und die Spannung kann sich noch nicht auflösen. Die Sache droht zu kippen. Das kitzlige Spiel dreht sich für sie zur unüberwindbaren Hürde. Dann nimmt er die Angelegenheit in die Hand und geht forsch vor.

Die Geschichte ist eine Hommage an das Flirten. Flirten als Kunst des Spiels mit der verdeckten Leidenschaft, einem Spiel, das der Kanalisierung von Lust und Angst dient, um sich im lustvollen Aushalten ansteigender Erregung vergewissern zu können, ob die Offenlegung des geheimen Verlangens erwidert würde. Soll das Sehnen und beidseitige Bezaubern ein gutes Ende nehmen, ist es unbedingt notwendig, den Kontaktgrund aufzudecken, sich vor den anderen zu stellen und zu offenbaren, was man da miteinander treibt und voneinander will. Normalerweise verläuft die anfängliche Kommunikation der Liebe analog, werden Zeichen gesetzt, die hoffentlich verstanden werden und reiht sich Initiative an Initiative, bis die Absicht offensichtlich ist. Es kommt darauf an, in Versuchung zu führen, den Verführten zu animieren und nicht zu entmutigen.

Während die Erlebensintensität zunimmt, besteht das Wagnis nun in mehrfacher Hinsicht darin, den klaffenden Gegensatz von vorauseilender Phantasie und ungelebter Wirklichkeit zu verkleinern, das ambivalent erlebte Lust-Angst-Gemisch in eine attraktive Atmosphäre zu verwandeln, die beidseitig genügend Kraft erhält, sich auf mehr einzulassen. In dieser Situation sammelt die Psyche Energien für einen Akt der Selbstüberwindung. Das aufgewühlte und gleichermaßen geschwächte Selbsterleben muss früher oder später in eine kontraphobische, die Angst überwindende Aggression münden. Um der polarisierten Leidenschaft die richtige Richtung zu geben, ist der Trampelpfad vertrauter Alltagsgewohnheiten zu verlassen. Manche Flirtenden verstehen es, die Spannung über einen langen Zeitraum zu halten, bis eine Einlösung des Wunsches erfolgen kann und ein Wink angebracht ist, der erkennen lässt: Ich will mehr mit dir teilen als stumme Aufregungen und zufällige Kontakte.

Viele nehmen diese Hürde mit Bravour, halb in unbändiger Vorfreude, halb um den Verstand gebracht. Manche nehmen dutzendweise Anlauf und schaffen nicht, sich dem Risiko, abgewiesen zu werden, auszusetzen, vor Angst gelähmt, vor Stolz erstarrt.

Nun zeigt sich, wer sich darauf versteht, trotz des emotionalen Sturms selbstbewusst aufs Ganze zu gehen. Das unbedingte Wollen und Nicht-Scheitern-Dürfen frustrationsbereit in kreative Energie umzusetzen, erscheint manchen unmöglich zu bewältigen. Sie kommen äußerlich nicht vorwärts und können innerlich nicht zurück. Wenn sie Glück haben, werden sie erwählt, wenn sie weniger Glück haben, lassen sie sich bei passender Gelegenheit von einem Ungeliebten retten, ohne selbst zu wählen. So herum ist es ein schlechter Start. Es rächt sich meist schnell. Wenn jemand ganz verzagt und auch zukünftige Risiken scheut, schnappt die Falle zu, derjenige tritt nicht über sich hinaus, wie es erforderlich ist.

Wer der Liebe verfällt, verliert sein Gleichgewicht, der bangt um seine Integrität, als ginge es ums Leben.

Wer in dieser Phase mutig vorgeht und sich über eigene Schamgefühle und Verletzlichkeiten hinwegsetzt, zeigt die Wahrhaftigkeit seines Werbens, zeigt auch prägnant, dass ein ernster Wille vorhanden ist. Mehr kann man nicht wagen, als sich in seiner Lust und Not zu zeigen. Weniger ist schon zu Beginn zu lau und führt oft zu wankelmütigen Verhältnissen. Zwei, die sich mit Leidenschaft aufeinander zu bewegen, inne halten können und weiter gehen, wenn die eigene und die entgegenkommende Lust sie mitnehmen, treten seelisch über sich selbst hinaus. Sie schaffen, auf einer anderen Erfahrungsseite anzukommen und stehen sich fortan auf kräftigeren Beinen gegenüber, zumindest für den berauschenden Zusammenschluss, der folgt. Wer diesen Anstieg nicht schafft, dessen Selbstbewusstsein ist angekratzt, dessen Seele hebt nicht ab, der stürzt ins Leere. Manche werden an den eigenen Hemmungen krank. Die Psyche nimmt Feigheit krumm, sie vergisst nicht, was verpasst wurde. Ungelebte Gelegenheiten kontaminieren Nachkommendes, führen zu Selbstabwertung und zwiespältigen Haltungen gegenüber anderen Kontaktversuchen.

Wird Zuneigung mit Zuneigung erwidert und gelingt die leidenschaftliche Annäherung, bildet sich ein vorläufiges, spontanes Muster *konfluenter* Wahrnehmungen und Handlungen. Zwei verfallen ihrer Leidenschaft und teilen eine Wirklichkeit über vorerst noch bestehende psychosoziale Schranken hinweg. Die kaum steigerbare Kontaktintensität und überfliegende Intimität des Beginns entsprechen natürlich nicht der fehlenden Beziehungserfahrung. Das Gegenüber scheint dennoch sofort ein Teil von einem selbst zu werden, nicht mehr der Fremde zu sein, der er gestern Abend noch war. Man beansprucht ungleich mehr füreinander zu sein, als den Tatsachen entspricht. Die ausgestreckten Hände halten einen dünnen Faden, der jederzeit reißen kann. Je mehr die Lust miteinander genossen wird, desto größer ist die Furcht, es könne sich das am Vortag Erlebte als Illusion entpuppen, der angelebte Traum würde sich doch noch als Trugschluss erweisen.

Der initiale *mentale Ausnahmezustand* und *ozeanische Sog* ist ein Vorschuss auf unsicherem Terrain. Der ersten Zuwendung fehlt noch die Beziehungsgrundlage, die sich, im Vergleich zum leidenschaftlichen Kontaktverhalten, nur im Schneckentempo entwickelt. Leidenschaft spannt Passendes und Unpassendes über einen Abgrund purer Projektionen. Dermaßen Verzauberte wandeln luftig, getragen von einer fixen Idee und Ewigkeitsgelüsten. Die vorgezogenen Wonnen sind ebenso nicht von dieser Welt, wie die Verlustängste und Selbstzweifel bodenloser nicht sein könnten. Zwei sich entgegen kommende Leidenschaften geraten mitunter schnell in ein vertraut wirkendes Verhältnis, die märchenhaft verkehrten Kontakte transformieren die tatsächliche Unkenntnis voneinander aber nur langsam in einen Zusammenhang, der durch gemeinsame Erfahrungen gestützt ist. Das erste Miteinander fühlt sich manchmal an, als sei es schon immer so gewesen, obwohl das Gedächtnis noch keine klaren Bilder der anderen Person internalisiert haben kann. Die zeitliche Logik alltäglicher Erfahrungsprozesse ist außer Kraft gesetzt. Man weiß zwar: So kann es noch gar nicht sein und pendelt dennoch, von der Diskrepanz des Gefühls und der rationalen Tatsache beunruhigt, zwischen Ozeanien und Befremden, zwischen glücksstrotzender Größe und abgründigen Verlustängsten.

Aus dieser grenzüberschreitenden, polarisierenden Dynamik im luftleeren Raum, diesem katapultartigen Salto mortale der Emotionen, schematisiert sich eine vorläufige Beziehungsgestalt und zeigen sich bereits charakteristische Krisensymptome zwischen den Liebenden, noch rosa gefärbt und verwunschen wahrgenommen. Der Übergang von der anonymen, ungeteilten Verliebtheit zu einer spontanen Verbindung ist ein *Krisenprozess*, der die Einlösung des Gewinns im Auge hat, aber nicht die Symptome für spätere Konflikte. Deshalb übersieht man jetzt generös, was später wieder einfällt. Manche Probleme kommen zurück und erscheinen dann in einem dunkleren Licht, einiges hat mit dieser Person von Anfang an nicht stattgefunden. Das Bewusstsein ist dafür noch blind. Man sieht weitgehend das, was man hoffnungsschwanger sehen will. Es sei denn, zu vieles verhindert die Fata Morgana der Liebe bereits jetzt, dämmt die Leidenschaft und nährt den Zweifel, enttäuscht stehenden Fußes. Dann halten die Barrieren die Sehnsüchte auf: Man hat sich wohl geirrt und nimmt wieder Abstand, bevor so recht etwas entstehen konnte.

In der singularen Verliebtheit des Beginns steuert die Psyche unentschieden zwischen Traum und Trauma.

5.1 Fallvignetten zur Phase I

Nachdem wir uns das erste Mal angesprochen hatten, habe ich mich mit ihm getroffen, wann immer es sich einrichten ließ. Es war mir völlig egal, wo und wie lange. Für fünf Minuten Ihn-Sehen habe ich echte Anstrengungen auf mich genommen. … Nach ein paar Tagen wusste ich schon, wann er Zeit hat und wo er sein könnte. Wir haben uns praktisch immer, ohne Absprachen zu treffen, fast traumwandlerisch gefunden. … Dann hat er es eines Tages endlich gesagt, nein gefragt: Was machen wir hier eigentlich? Das ist doch kein Zufall mehr? Oder wünsche ich mir nur, dass unsere Treffen gewollt sind? … Dieser Moment, da war er so schüchtern und so schön in seiner Aufregung und mir schlug das Herz bis zum Hals. Diese Szene habe ich dann Tage lang in meiner Phantasie wiederholt … immer wieder habe ich mir das Gespräch laut nachgesprochen. Ich dachte, wenn ich es oft genug sage, wird es wahrer.

Also, ich sah sie auf einer Party und sie hat mir gleich gefallen. Am Schluss habe ich sie dann nach ihrer Telefonnummer gefragt, habe sie aber nicht bekommen… Das war nämlich so, dass sie verheiratet war, sich zwar scheiden lassen wollte, aber noch mit ihrem Mann in einer Wohnung lebte. Ich habe sie also nicht anrufen können. Das ging immer von ihr aus … Wir haben uns dann ein paar Mal nach der Arbeit getroffen. Ich hatte von Anfang an Angst, ob es überhaupt ein nächstes Mal gibt. Irgendwann hat sie sich nicht mehr gemeldet … Ich habe erst gar nicht versucht, weiter auf sie zuzugehen. Ich glaube, sie wollte nicht wirklich, obwohl, ich war richtig verliebt … Ich konnte dann Wochen lang nicht richtig arbeiten und habe kaum was gegessen … und gehofft, sie würde doch noch anrufen.

Er war Arzt aus dem Senegal, polyglott und um einiges älter als ich. Ich war jung und in Ausbildung und habe mich geschmeichelt gefühlt, dass er seine Freizeit mit mir verbrachte und mich sexuell begehrte. (…) Als ich merkte, dass er sich für mich interessierte, bin ich auf sein Flirten eingegangen. Aber ich weiß nicht, ob ich ihn geliebt habe. Es war halt auch exotisch und meine Freundinnen haben mich beneidet. (…) So haben wir uns ein paar Wochen heimlich bei ihm getroffen, Kaffee getrunken, aber mehr war nicht. Ich bin dann an ein anderes Krankenhaus und wir haben uns aus den Augen verloren. Er wollte mehr, jedenfalls hat er immer nach meinen Eltern gefragt und wollte, dass ich ihn mal vorstelle … Irgendwie habe ich mich nicht richtig getraut, das hat mich damals einfach überfordert.

Ich glaube, ich habe Monate lang gebaggert und ich weiß nicht, wo ich überall aufgetaucht bin, nur um an sie ran zu kommen. Sie war so unnahbar … sie hat mich überhaupt nicht wahrgenommen. Dann dachte ich, das hat keinen Wert und habe mich einer anderen zuge-

wandt. Ich habe aber schnell gemerkt, das ist doch nicht das Richtige … Ich konnte sie einfach nicht vergessen. Ja, und dann hat uns der Zufall zusammengeführt. Plötzlich hat sie auf mich reagiert … Sie wäre sich unsicher gewesen. Ich wäre so anders als ihre Bisherigen und sie hat nicht daran geglaubt, dass ich wirklich was von ihr will … Danach waren wir gleich ein Herz und eine Seele.

Ich habe mir vor Angst in die Hose gemacht, alle möglichen Ausflüchte gesucht, nicht auf ihn einzugehen. Ich hatte nie Zeit, habe mehrmals abgesagt … als wir uns das erste Mal geküsst haben, bin ich auf dem Absatz nach Hause, ohne mich mit ihm verabredet zu haben …Irgendwann hat er dann gesagt, er macht das nicht mehr mit, er käme sich vor wie ein Arsch und ich solle ihm jetzt sagen, dass ich nichts von ihm will … So verdrexelt ist das bis heute. Ich weiß auch nicht, warum ich so kompliziert bin, wenn es um ihn geht. Er ist doch das Liebste, was ich habe.

5.2 Vorübergehend oder entschieden Single?

Betrachtet man, wie aus Einsamkeit Zweisamkeit entsteht, das Thema der Phase I, kommt man nicht umhin, sich mit der Lebensorganisation Alleinstehender zu beschäftigen. *Singles* haben sich seit dem Wegfall ökonomisch begründeter Beziehungstraditionen als neue Lebensform etabliert und sind nicht mit einer beziehungslosen Situation zu verwechseln. Sie sind aber schwer einzunehmen.

Wer den vorübergehenden oder entschiedenen Status eines Singles beansprucht, ist in mehrfacher Hinsicht nicht alleine. Zwar bevorzugen *Singles* eine egozentrische und damit überblickbare Lebensorganisation, die sie relativ unabhängig macht, sie leben aber nicht zwangsläufig eremitär. Im Gegenteil, der typische Großstadtsingle verfügt über ein großes Netzwerk, das seine Bedürfnisse ganz gut bedient. Für jedes Anliegen und jede Aktivität greifen Singles auf geeignete Personen, Gruppen und Kontexte zurück. Entscheidend für diese Lebensform ist also nicht die Frage, ob eine Liebesbeziehung existiert, sondern vielmehr, ob einer Liebesbeziehung mehr zugebilligt wird als der Charakter einer wertvollen Freizeitbeschäftigung; und wenn ja, wie weit die Beziehung in den Alltag eingreifen darf.

Die Prioritäten von Singles neutralisieren das Verlangen, eine exklusive Beziehung einzugehen, sofern nicht leidenschaftliche Liebesgefühle das gewohnte Lebensgefühl über den Haufen rennen. Passiert letzteres, geraten Alleinlebende in ein Dilemma, denn mitreisende Leidenschaft stellt jede Lebensorganisation in Frage, auch das eingerichtete Single-Dasein. Zwei Menschen, die sich zu einem Liebespaar vereinen, stehen in einer Wechselwirkung ganz anderer Qualität zueinander als die Beteiligten halbherziger Techtelmechtel. In einer Liebesbeziehung kann man nicht mehr so tun, als sei man nur sich selbst verantwortlich. Jedes Nicht-Bedenken des anderen fällt auf. Ein Paar kommt nicht umhin, sich vorrangig vor anderen zu versprechen und zu verpflichten. Die Exklusivität der Liebesbeziehung vereint und konkurriert mit individuellen Perspektiven. Da wird es zum Problem, wenn der persönliche Horizont eine höhere Wertigkeit besitzt als der gemeinsame Himmel.

Die Tatsache, dass die leidenschaftliche Liebe zum Sinnmotiv des Lebens geworden ist, gefährdet die Lebensorganisation des Singles unentwegt, aber beeinträchtigt die Stabilität und Kontinuität von Paaren nicht minder. Wenn leidenschaftliche Empfindungen entstehen, bangt also der Single um sein Gleichgewicht, wenn sich das Leidenschaftliche abschwächt, geraten Paare in Not. Aufgrund des Siegeszugs der singulären Großstadtkultur existiert nur wenig, was Paare über das leidenschaftliche Beziehungsmotiv hinaus definiert und im Lot hält. Die Erfahrung emotionaler Verbundenheit ist aber nicht nur eine beziehungserhaltende Voraussetzung, die stets aufs Neue zu realisierende Versprechung, sondern auch eine Gefährdung der allein stehenden Lebensweise.

Wenn entflammte Leidenschaft ausschließlich das ist, was uns zum Anderen streben lässt, haben wir es mit einer paradoxen Relation von Selbst und Nicht-Selbst zu tun. Die Liebe greift nach dem Anderen und kommt ohne seine leidenschaftliche Bestätigung nicht aus. Das Sehnen reicht sich selbst nicht. Es will erkannt und geteilt werden und erfüllt sich nur durch die entgegenkommende Sehnsucht des Gemeinten. Hegel hat dies in dem Gedanken formuliert, dass zwei vorher für sich Seiende infolge der Liebe nur durch die Vermittlung der gegenseitigen exklusiven Anerkennung ihren Selbstwert zurückgewinnen (Hegel 1986). »Ich lege dir mein Herz zu Füßen« ist eine Metapher für die Auslieferung der Seele an die bezogene Person. Ohne liebgemeinte Behandlung geht der Liebende fortan ein Stück verloren. Infolge des historischen Verlusts ökonomischer Beziehungsgrundlagen kann der Einzelne nicht mehr anbieten und seinerseits auch nicht darauf verzichten, wenn eine Beziehung exklusiv werden und bleiben soll.

Der Beziehungsgrund heutiger Paare ist die permanent zu leistende Liebesbeschwörung, die im Widerstreit mit der Autonomiepolitik des Singles steht.

Der Niedergang der Familie als Beziehungsgrund und die davon durchdrungene Berechtigung zu erotischen Ad-hoc–Kontakten geht auf das Konto der sozialen Utopien und Reformbewegungen des vergangenen Jahrhunderts. Die in Leidenschaft verbundene Zweierbeziehung hat durch den zurückliegenden sozialen Wandel einen immensen Bedeutungszuwachs erhalten und ist durch die Zunahme individueller Freiheiten sogleich fragiler geworden. Wirklich sicher kann sich der einzelne Mensch seither nur mit sich selbst sein.

Singles navigieren sich wie Nomaden durch die Untiefen des modernen Alltags, stets darauf bedacht, allen Anfechtungen die Stirn zu bieten und sich nicht an Ungewisses zu verlieren. Sie haben vieles gemein mit den klassischen *Reisenden* der Literaturmoderne. Menschen, die es aus Abenteuerlust oder persönlichem Überdruss, von den Zeitläufen gehetzt, politisch verfolgt und aus wirtschaftlicher Not von einem Punkt der Welt zum nächsten verschlagen hat und die zwischendurch flüchtige, unterbrochene Beziehungen eingegangen sind. Viele dieser Getriebenen und Vertriebenen sind im psychischen Nirgendwo gestrandet. Das zwanzigste Jahrhundert hat die Vereinzelung von Lebensverläufen durch seine sozialen Verwerfungen und politischen Umbrüche notgedrungen provoziert. Die daraus hervorgehenden biographischen Ungereimtheiten vermitteln sich dem, der ein solches Leben zu leben hatte, in unvorhersehbaren Überraschungen und tragischen Verwerfungen. Erst in Rückblenden und

Verarbeitungen wird daraus ein verstehbares, wenn auch ungeplantes Ganzes. So hat man nicht vor zu leben. Das macht das Leben mit Einem.[12]

Singles sind die alltagsverträgliche Variante des *Reisenden*, das gezähmte Echo ehemaliger Flüchtlings- und Abenteurerdramen. Nur mit dem Unterschied, dass ihr Hongkong vor der eigenen Haustüre liegt. Die Restaurants, Garküchen, Änderungsschneidereien und Lebensmittelgeschäfte ihres städtischen Umfelds sind Enklaven von Migranten aus aller Herren Länder. Singles bewegen sich zu Hause inmitten einer polyglotten Schicksalsgemeinschaft. Sie haben dafür kein Schiff bestiegen, es braucht keine soziale Not und kein persönliches Drama. Die Struktur der modernen *polis* wird von Minoritäten aller nur denkbaren Abstammungen und sozialen Schichten gebildet. Jay Haley formuliert diesen Umstand in der Frage: *Wussten Sie, dass Los Angeles heute keine Bevölkerungsmehrheit mehr hat? Die Stadt setzt sich nur noch aus Minderheiten zusammen* (Haley 1996, 14). Was vor kurzem eine überraschende Erkenntnis für Los Angeles war, ist mittlerweile das Thema jeder Metropole.

Die Sozialform Single dominiert das babylonische Großstadtpanorama.

Alleinstehende leben nicht automatisch allein und ohne Liebesbeziehungen. Sie decken ihre Bedürfnisse nach sozialem Anschluss

---

[12] Vergleiche beispielsweise die Lebensläufe von Joseph Conrad (in Conrad, 1966–84), Somerset Maugham (in Maugham, 1972) oder Vladimir Nabokov (in Nabokov, 1991–2002). Nabokov ist ein intellektueller Vorläufer heutiger Singles. 1899 in St. Petersburg als Kind einer liberalen Aristokratenfamilie geboren, studierte er unter anderem in Prag und Cambridge und emigrierte nach der Oktoberrevolution nach England. Nach Beendigung seines Studiums lebte er mehrere Jahre in Berlin, wo sein Vater einem Attentat russischer Rechtsextremisten zum Opfer fiel. Nabokov schlug sich als Tennis- und Boxtrainer durch, bevor er begann, eigenes Material zu veröffentlichen. Er floh vor den Nazis über Frankreich in die USA und arbeitete dort nach seiner Einbürgerung als Professor für europäische Literatur und schrieb Romane in englischer Sprache. Anfang der 60er Jahre kehrte er dann nach Europa zurück und residierte bis zu seinem Tod mit seiner Frau im Palace Hotel am Genfer See. Nabokov zählt nicht nur zu den großen Stimmen seiner Epoche, er war auch ein anerkannter Schmetterlingskundler, der etliche vormals unbekannte Spezies entdeckt hat. Nabokov war kein Freund reibungsloser Lebensentwürfe.

über Wohngemeinschaften, Freundschaften, Freizeitbekanntschaften und ihre Berufskontakte ab und tasten sich zögerlich an die Möglichkeit einer exklusiven Zweisamkeit heran. Ein Liebespartner ist eine vorübergehende Verunsicherung, für die man zunächst nicht bereit ist, seine egozentrischen Gewohnheiten aufzugeben. Die meiste Zeit geht für Beruf und ausgedehnte Freizeitaktivitäten drauf. Überschneidungen privater und beruflicher Funktionen, privater und beruflicher Rollen sind die automatische Folge und das wiederum strapaziert das Autonomieempfinden derart Involvierter erheblich. Vermischungen mit professionellen Beziehungen vertragen sich auf Grund der Hierarchie- und Funktionsunterschiede nur bedingt. Insofern stehen Singles zwar allein, sie verwickeln sich aber durch das komplexe Netz ihrer Beziehungen permanent in Widersprüche und Unvereinbarkeiten.

Inwieweit es sich bei den stets paarungsgefährdeten Singles um die zentrale Lebensform der Zukunft handelt oder um ein gegenwärtiges Übergangsphänomen, ist nicht abzusehen. Die Sehnsucht nach einer sexuell und emotional erfüllten Liebe herrscht auch unter Singles vor, wird aber als fragiles und seltenes Gut misstrauisch behandelt. Singles haben trotz intensiver Ausübung vielerlei Partnerschaftsverhältnisse und Arbeitsgemeinschaften bisher keine sozialpolitische Vision entwickelt. Ideologisch betrachtet, handelt es sich weniger um einen revolutionären Lebensansatz, als vielmehr um ein pragmatisches *Grenzgängertum*. Singles stehen jederzeit parat, an Chancen anzudocken, ängstlich bemüht, sich von Krisenherden fern zu halten und immer auf der Hut, nicht zu tief in Abhängigkeiten und Verpflichtungen zu geraten. Wird eine leidenschaftliche *Dyade* versuchshalber zugelassen, destabilisiert sich das sorgfältig balancierte Lebensgerüst schlagartig. Will ein Single beibehalten, was er ist und hat, darf er sich nicht zu weit verlocken lassen, nie richtig ankommen und nie zu heimisch werden. Singles sind daher am eindrücklichsten auf öffentlichem Boden: in Kneipen, Fitnessstudios, auf Betriebsfeiern, bei Urlauben und als Teil von Ad-hoc-Gruppen. Es ist eine soziale Gratwanderung in Selbsttreue.

Kulturanthropologisch betrachtet, handelt es sich bei den heutigen, auf Alleinverantwortung zielenden Lebenskonstrukten um

Momentaufnahmen einer mehrdeutigen Übergangssituation, die Victor Turner *Liminalität* nennt (Turner 2000). Liminalität bezeichnet einen Schwebezustand, der offen und geschlossen zugleich ist, in seiner Qualität nicht greifbar. Dabei bleibt diffus, ob es sich um einen Endzustand oder eine Voraussetzung für weitergehende Entwicklungen handelt. Psychosoziale Transformationsprozesse geraten immer an diesen mehrdeutigen Wendepunkt, an dem etwas zu Ende gehen kann, stagniert oder gerade neu beginnt. Dieser Einordnung nach wäre die singuläre Lebensorganisation eine Momentaufnahme der andauernden Evolution in Richtung individualistischer Lebensoptionen. Die passende Sozialform, die den gesellschaftlichen Reproduktionsgedanken und den Willen zur Eigenständigkeit gleichwertig behandelt, ist noch nicht gefunden. Familien stehen gegenwärtig für das eine, Singles für das andere, Paare dazwischen.

5.3 Ambivalenzen (1): Entweder – Oder

Alle frisch Verliebten beten inständig, dass ihre Gefühle erwidert werden, und sie haben eine Heidenangst vor der möglichen Ablehnung. Der leidenschaftliche Grundkonflikt löst sich so schnell nicht auf, solange die Unsicherheit besteht, wie weit die Gefühle des anderen reichen werden. Mit dem Verlangen im Rücken und der Furcht im Auge geraten Verliebte in Phase I mit sich in Widerstreit.

Zur Genesis der modernen Paarbildung gehört die bedrängende Innerlichkeit. Das Bestreben nach *Autonomie* und das Begehren einer *Beziehung* geraten durch die leidenschaftlichen Energien der Liebe vorübergehend in eine verkehrte Relation. Jeder Mensch strebt in seiner persönlichen Entwicklung nach einem Zugewinn an sozialer Autonomie. Aber durch den Einbruch der Liebe relativiert sich die hart erkämpfte Eigenständigkeit des Erwachsenen wieder: Was bin ich noch ohne dich? Plötzlich drängt es nach süßer Selbstaufgabe. Für frisch Verliebte ist das kein Widerspruch und im Verlauf kontinuierlicher Beziehungen wendet sich abermals das Blatt. Später führt die anhaltende Bindung zu intensiven Versuchen der Distanzierung und Reorganisation verloren gegangener Eigenständigkeit. Verliebte oszillieren aber vorerst zwischen dem bekannten Eigenen und dem fremden Gemeinsamen, zwischen Beziehungswunsch und fehlender Paarrealität, changieren zwischen einem emotional bereits anwesenden Beziehungsjenseits und dem singularen Diesseits. Aus ethnologischer Sicht sind leidenschaftlich Entflammte eine verzauberte Alltagsverkörperung des grenzgängerischen *Schamanen*.

Ihre Wahrnehmung kreist um bedrängende Erscheinungen, ihr Handeln besteht aus getarnten Ausflügen zu dem begehrten Wesen aus einer scheinbar anderen Dimension, abgelöst von Atempausen in der sicheren Umgebung alltäglicher Verrichtungen, in die ein Traum eingebrochen ist. Wer auf den leidenschaftlichen Pfad gerät, für den gibt es kein beruhigendes Zurück mehr! Das Eigene ist nicht mehr sicher. Um dem Sehnen die erhoffte Nahrung zu geben, ist es notwendig, sich dem Unvorhersehbaren unterzuordnen. Es ist ein schwieriges Unterfangen, zwei Sphären gerecht zu werden, dem geordneten Leben und der Ungewissheit purer Emotionen.

Verliebte stehen vor der schwierigen Aufgabe, zwei Welten zu balancieren.

Der Verzauberte benötigt ein selbstbewusstes Repertoire zur Übersetzung ungleicher Situationen. Er muss aufrechterhalten, was neben der Leidenschaft weiter Bestand haben soll, auseinander halten, was wichtig werden könnte, und den Mut besitzen, negative Konsequenzen in Kauf zu nehmen. Es setzt ein feines Gespür voraus, diese mehrdimensionale Buchhaltung in Einklang zu halten, zu ahnen, was man wagen soll und was besser nicht? Schamanen und Verliebte wissen, dass es ihnen an Macht fehlt, die Dinge einseitig in ihre Richtung zu dirigieren. Ihre Fähigkeiten müssen aber ausreichen, sich gewaltigen Energien zu überlassen und zu sich zurückzufinden, wenn es darauf ankommt. Das verwunschene und gleichzeitig im diesseitigen Leben verankerte Selbst pendelt ambivalent zwischen der Poesie totaler Hingabe und vorsichtiger Unsicherheit:

Was erhoffe ich mir von einem Menschen an meiner Seite?
Habe ich eine Aussicht auf Erfolg?
Hält der Andere, was ich mir von ihm verspreche?
Soll ich mein eingerichtetes Leben dieser Illusion opfern?
Was wird aus mir, wenn es schief geht?

Only you can make this change in me
For it's true you are my destiny
When you hold my hand I understand
The magic that you do
You're my dream come true
My one and only you.
(The Platters: Only you)

Wer den Schritt zum Paar vor sich hat, spürt das Paradox der Selbstgefährdung. Das potentielle *Wir* der Liebe schließt mehr ein als andere Verhältnisse und vieles aus, was ich ohne mein eigen nenne. Dieses Wagnis anzugehen, dabei um die eigene Autonomie zu bangen, besitzt die Kraft schwerwiegender Existenzkrisen. Verliebtheit führt also nicht nur zu einem zeitweiligen Verfall der bisherigen Wahrnehmungsorganisation, sondern auch in einen Identitätskonflikt.

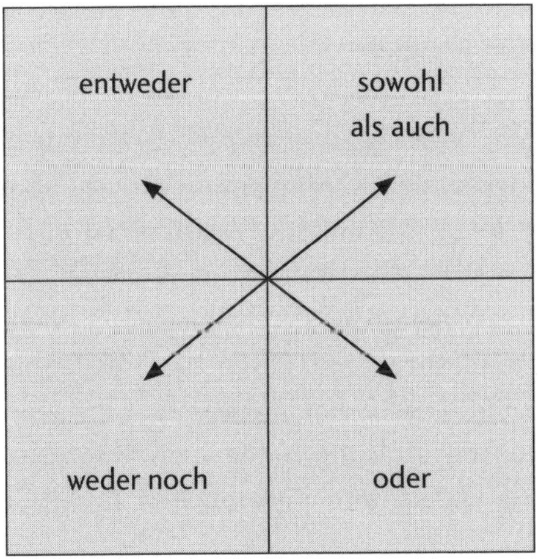

Abb. 6: Variationsbreite der Ambivalenz

Zur weiteren Vertiefung des Ambivalenzproblems in Phase I formalisiere ich die angesprochene Konfliktkonstellation. Die folgende Systematik von Gegensatzmustern zeigt die erfahrbaren Möglichkeiten einer Person (respektive eines Paares), verschiedenartige Motive und Herausforderungen in sich (oder zwischen zweien) in eine Konstellation zu bringen. Ich zeige damit, welche prinzipiellen Optionen zur Verfügung stehen, Problemstellungen in der Schwebe zu halten, sie zu lösen oder gar zu verstärken. Die einzelnen Varianten (Abb. 6 ff.) werden an Fallbeispielen illustriert.[13]

Ein flexibler, nach dem heutigen Wertekanon ein soweit als möglich unabhängiger Mensch, verfügt über genügend Tugenden zur Balancierung gegensätzlicher Anforderungen. Dennoch gibt es für jede Person und jede Beziehung Grenzen, so dass auch diejenigen, die über komplexe und elastische Kommunikationskompetenzen verfügen, undiskutierbare Haltungen einnehmen, vor manchem kneifen und an einigem scheitern. Das heißt, sie verfügen über eine fluide Ambivalenzkultur, die je nach Situation Standpunkte einnimmt, die einem *Entweder-oder*, *Sowohl-als-auch* und *Weder-noch* entsprechen. Mehr Flexibilität kann man nicht verlangen, da die Würde und Werte eines Menschen die Erfahrungsbereitschaft jedes einzelnen einschränken. Ein Beispiel:

> Frau S. definiert sich als *Single mit Abenteuercharakter*. Sie strotzt vor Gutmütigkeit und Optimismus. Wer sie als Freundin oder Kollegin hat, kann sich auf sie verlassen, hat eine attraktiv kommunizierende und selbstbewusste Frau an der Seite. Sie nimmt wenig krumm, verlangt die gleiche Nachsichtigkeit von Freunden, ist unternehmungslustig und in der Lage, Situationen von Grundsätzlichem zu unterscheiden und rationale mit emotionalen Reaktionen in Einklang zu bringen. Sie weiß, was sie vom Leben will und hat Spaß daran, ihre persönlichen Ambitionen mit ihren

---

[13] Das Schema dient der therapeutischen Balancierung von Konflikten. Es wird auch auf andere Ambivalenzmuster der Beziehungsentwicklung angewendet (vgl. Phase III und IV) und ist Teil des diagnostischen Instrumentariums für Paarberatungen am Gestalt-Institut Frankfurt/M (GIF) (Klöckner/Wilms-Klöckner 1997; 2001).

jeweiligen Partnerinnen abzustimmen. Es macht ihr auch nichts aus, wenn manches nicht so klappt, wie sie es sich erhofft. Meist wägt sie ihre Standpunkte ab und kommt für sich mal zu der (entweder), mal zu jener Antwort (oder), bedenkt Alternativen und manchmal bleibt auch etwas unentschieden (sowohl – als auch). Sie besitzt eine ausgeprägte Neugierde und Freude an Auseinandersetzungen und zärtlichem Austausch.
Frau S. ist lesbisch. Über eine Sache lässt sie diesbezüglich nicht mit sich reden. Sie verlangt sexuelle Treue und ein erhebliches Quantum an praktizierter Sexualität mit ihrer Partnerin. Seitensprünge sind nicht erlaubt (weder – noch) und wenn diese doch vorkommen sollten, was *unter aufgeklärten erwachsenen Menschen nicht ganz zu vermeiden ist*, möchte sie auf gar keinen Fall darüber reden. Das geht ihr zu nah. Sie habe die Erfahrung gemacht, dass über Veröffentlichungen nur Unheil entsteht. So weit so gut.
Durch die Setzung des Kommunikationstabus kann sie weder das Misstrauen ihrer eifersüchtigen Freundin steuern, noch kontrollieren, wie die Freundin ihrerseits Techtelmechtel handhabt. Es kam also vor, dass die Freundin Affären hatte, dazu zwar nichts sagte, aber wie ein wandelndes Schuldgefühl durch die gemeinsame Wohnung schlich. *Die Sache stand ihr quasi auf der Stirn geschrieben.* Passierte das, hat Frau S. sich bitterböse verkracht und mit Konsequenzen gedroht. Da die Stachel der unzulässigen Ausnahmen tief saßen, wurde eine Paarberatung beansprucht, ihr Latein war am Ende.

Die Sache zeigt, dass auch der flüssige Umgang mit Ambivalenzen nicht vor Problemen schützt und jedes System ultimative Grenzen hat. Im eben erwähnten Fall würde eine Änderung des an sich komplexen Verhaltensmusters kaum Gewinn erbringen. Frau S. verhält sich differenziert und sie ist anpassungsfähig. Sie gerät nur in Ausnahmefällen in Nöte. Hier ist es notwendig, über einen Krisenplan für unvorhergesehene Notlagen nachzudenken, den Umgang mit grenzüberschreitenden Erfahrungen zu experimentieren und über Konsequenzen im Einzelfall nachzudenken. Die nachstehenden Fragen geben einen Eindruck, welche Aspekte angedacht werden können, wenn an sich ausgeprägte Verarbeitungsmechanismen versagen:

- Da es ja prinzipiell hervorragend läuft zwischen Ihnen, wie viel Raum könnten Sie sich für die unlösbaren Dinge des Zusammenlebens eingestehen, der scheint nämlich zu knapp bemessen?
- Was wäre anders zwischen Ihnen, wenn Sie den Spezialfall eines Seitensprungs wie lästige Kopfschmerzen oder Menstruationsbeschwerden behandeln würden anstatt als Existenzbedrohung?
- Wie oft oder in welchen Abständen dürfte so was vorkommen, ohne dass sich eine von beiden besonders ängstigen oder von Schuldgefühlen geplagt sein müsste?
- Wenn Sie sich wirklich trennen wollten, wie würden Sie dazu vorgehen?

Nun aber zu den eigentlichen Konflikten der Phase I: Jeder weiß wahrscheinlich ein Lied davon zu singen, wie man aufgrund innerer Widersprüche mit sich und seiner Umwelt in Konflikt geraten kann und wie schwer es ist, Gleichmut zu bewahren. Wer könnte schon von sich behaupten, noch nie wachgelegen zu haben, weil ein Beziehungsproblem ebenso unlösbar erschien, wie es keinen Zweck hatte, davor zu flüchten? Im Kontext der Liebe generieren emotionale Zwiespälte dieser Art, insbesondere wenn eine Person vor akuten Herausforderungen steht, die ihre Phantasiewelt oder ihren realen Status ins Wanken bringen. Kurt Lewins Modell der Konfliktdynamik unterscheidet negative und positive Wertigkeiten, die als *semantische* Grundformen der Ambivalenz in dreierlei Weise in Widerstreit geraten können.[14] Es folgen kurze Vignetten typischer Dilemmata (Lewin 1981).

---

[14] Formal, also *syntaktisch*, handelt es sich um dieselbe entweder-oder-Konfiguration (siehe Abb.7), die in Phase I individuelle Konflikte spiegelt und in Phase III ein Beziehungsmuster zwischen den Polen Liebe und Partnerschaft erhitzt.

Konfliktkonstellation 1:
Die Ambivalenz zweier Kräfte mit positiven Vorzeichen, ein doppelter *Anziehungskonflikt*, beschreibt das innere Drama zwischen zwei nahezu gleich starken Bedürfnissen:

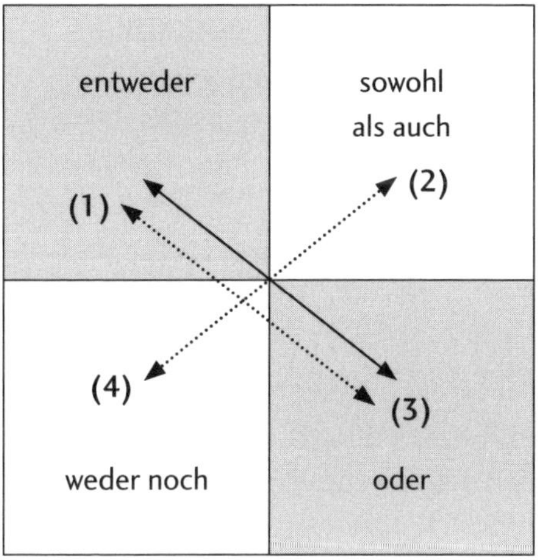

Abb. 7: Entweder-oder-Dynamik[15]

Frau W. weiß nicht mehr ein noch aus, da sie in zwei Männer verliebt sei. Sie führe seit drei Jahren eine glückliche Ehe, liebe ihren Mann, habe eine dreijährige Tochter und wünsche sich noch ein weiteres Kind. Auf einem Seminar habe sie einen anderen Mann kennen gelernt. Sie wären sich danach zufällig über den Weg gelaufen und hätten dies zum Anlass genommen, sich zu einem Glas Wein zu verabreden. Im Weinlokal sei man sich

[15] Die durchgezogenen Linien bezeichnen ein situatives oder gewohnheitsmäßiges Ambivalenzmuster einer Person oder eines Paares. Handelt es sich um ein Paar, kann das Muster auch in verteilten Rollen erzeugt werden. Einer besetzt dann den *entweder-Pol*, der andere den *oder*-Pol, vorübergehend oder durchgehend. Die gestrichelten Linien weisen auf die alternativen Optionen des Musters hin.

näher gekommen und da sei es um sie geschehen. Sie müsse seitdem ständig an den anderen denken und mit jedem neuerlichen Treffen würde ihr Problem immer größer. Zuerst dachte sie, *nach ein paar Malen wird sich das schon legen* und dann könnte sie wenigstens auf eine aufregende Episode zurückblicken. Nun aber weiß sie nicht mehr, was sie machen soll. Sie fühle sich zu ihm hingezogen, möchte aber auf keinen Fall ihre Familie verlassen. Ihr Mann wäre *ein ganz lieber* und würde nichts ahnen. Sie habe nie geglaubt, dass ihr einmal so was passieren würde. Jetzt stecke sie mitten drin.

Herr Y. trifft auf einer Geschäftsreise seinen früheren Schwarm wieder. Vor langen Jahren gab es bereits einen unglücklich verlaufenen Flirt, aber jetzt hat es richtig gefunkt. Beide sind Künstler und verstehen es, das Leben poetisch zu inszenieren. Sie nehmen die Liebe sehr ernst. Herr Y. und Frau YY. sind in einem Alter, in dem es Zeit wird, sich wegen des Kinderwunschs zu sputen. Sie möchten jetzt Kinder. Herr Y. steht kurz davor, ein lange und akribisch vorbereitetes Projekt durchzuführen, von dem er sich einiges für seine weitere künstlerische Karriere erwartet und das ihn über ein Jahr durch Europa führen würde. Das Projekt duldet keinen Aufschub. Sie schlafen miteinander, ohne zu verhüten, spielen mit der Möglichkeit einer Schwangerschaft und er verzweifelt langsam, wie er sich entscheiden soll: treu sorgender Familienvater oder Künstler auf Reisen.

Die Ausschnitte zeigen, dass sich ausschließende Leidenschaften, sofern man sie als zu sich gehörend empfindet und sie mit einer hohen Bedeutung aufgeladen sind, emotional nicht entschieden werden können, ohne sachliche Überlegungen anzustrengen und unterschiedsbildende Handlungen vorzunehmen. Erst eine Bewegung auf eine Seite, die eine spürbare und faktische Veränderung bewirkt, wird das Aushalten der Ambivalenz ins Schwanken bringen. Dann kann eine Erkenntnis entstehen, ob der Schritt *richtig* oder *falsch* war. Erst, wenn ein Unterschied wirkt, beruhigt sich der Konflikt, tritt eventuell ein Gefühl von Glück ein, oder es folgt handfestes

Unglück und der leidenschaftliche Versuch, den begangenen Fehler zu revidieren, sofern Gelegenheit bleibt.

Versuche, ein Dilemma zu lösen, entwickeln sich oft erst nach Zusammenbrüchen, wenn es nicht mehr auszuhalten ist, weil die Angst vor dem Verlust schwerer wiegt als die Aussicht auf Gewinn. Wer vorher wagt, eines von beiden Motiven aufzugeben, macht einen beängstigenden Schritt aus der Klammer des Zwiespalts. Ob es der befreiende ist, zeigt sich danach. Das ist die Ungewissheit, die die Ambivalenz vermeiden möchte. Der Weg aus einem Konflikt führt immer über das Aushalten gesteigerter Angst und andere unangenehme Erregungszustände. Ein akuter Ambivalenzkonflikt ist mit einem heißlaufenden Motor zu vergleichen. Menschen mit ausgeprägten Kontrollzwängen wissen, wovon die Rede ist. Sie können nicht das eine ohne das andere und beides zusammen hält sie in negativem Bann, ohne Richtung und endlos.

Konfliktkonstellation 2:
Der Konflikt zwischen positiver und negativer Wertigkeit, ein *Anziehungs-Vermeidungskonflikt*, spielt im Frühstadium der Liebe die Hauptrolle. Jeder hat anfänglich Angst davor, zu offenbaren, welche Absichten ihn treiben.

> *Er ist ein neuer Arbeitskollege und sitzt ein Zimmer weiter. Ich bin so verliebt in ihn, dass ich mich kaum noch auf meine Arbeit konzentrieren kann. Nachts habe ich sein Gesicht vor mir und kann nicht schlafen und tags muss ich mit ansehen, wie er von Kolleginnen angeflirtet wird. Wir arbeiten in verschiedenen Abteilungen und ich bin mir nicht ganz sicher, ob er auch schwul ist. Normalerweise weiß ich das einfach, bei ihm krieg' ich aber kein eindeutiges Gefühl. Jedenfalls, es hat sich keine richtige Gelegenheit ergeben und ich bekam Panik, dass er mir vor der Nase weggeschnappt wird. Seine private Telefonnummer hab ich nicht rausgekriegt und er hat auch so blöde Arbeitszeiten, dass er immer nach mir aus dem Haus kommt. Ich kann ihn also nur schlecht abpassen. (…)*
> *Tja, und da hab ich alles auf eine Karte gesetzt. Eines Morgens bin ich in sein Zimmer. Er sitzt da mit drei weiteren Kollegen. Ich dachte,*

ich falle sofort in Ohnmacht, habe ihn aber gefragt, ob ich ihn kurz unter vier Augen sprechen kann. Er guckt gleich so spöttisch und sagt, er hätte nichts zu verbergen vor den Kollegen, um was es denn gehen würde? Da hab ich gedacht, ein Abgrund tut sich auf und habe irgendwas Entschuldigendes gestammelt und bin wieder rausgestolpert. Hinter mir ging das Gekicher los. Es war so peinlich! Ich kann dem nicht mehr unter die Augen treten. Da kann man doch nur noch die Kündigung einreichen! Ich werde mich krank melden!

Frau A., eine in Deutschland aufgewachsene Muslimin, studiert Pädagogik. In der Uni trägt sie ein Kopftuch und ein langes, *besonders geräumiges Kleid,* weil ihr Bruder, der im selben Studienfach studiert, darauf achtet, dass sie außer Haus angemessen angezogen ist. Der Vater will es so, sonst dürfte sie gar nicht studieren. Die Eltern planen, in ihr Heimatland zurückzugehen, wenn der Vater pensioniert wird, und glauben, dass die Kinder mitkommen. Frau A. hat sich in einen deutschen Mitstudenten verliebt und ist deprimiert. Sie weiß nicht, wie sie sich bemerkbar machen soll. *Ich kann ihn ja nicht anmachen, weil mein Bruder aufpasst und S. nimmt mich in meinen Klamotten überhaupt nicht richtig wahr. Für den bin ich wahrscheinlich nur die öde Kopftuchtussi aus Kaputschistan. Wenn mein Bruder nicht dabei wäre, würde ich den nach allen Regeln verführen, dann würde ich aufs Ganze gehen.* (Lacht, dass daran kein Zweifel entsteht.) *Es ist doch lächerlich! Außer an der Uni ziehe ich mich doch sowieso an, wie ich will. (...) Ich bleibe in Deutschland, das steht fest. Alle meine arabischen Freundinnen denken so. Wenn ich das meinen Eltern so sagen würde, würde es ihnen das Herz brechen. Das will ich nicht. Ich kann mich aber auch nicht mehr so verleugnen.*

Bei Konflikten zwischen einer negativen und einer positiven Valenz steht auf dem Prüfstand, ob Befürchtungen vor unguten Konsequenzen zu einem Verzicht auf die positive Möglichkeit führen oder ob das Wagnis zum Guten über das drohende Unheil siegt. Jede Richtung ist doppelt verstellt. Nichts ist einfach nur gut oder nur schlecht. Es kommt für die Betroffenen darauf an, zu überprüfen, wieviel sie bereit sind zu wagen und darauf zu achten, welche Bewertungsunterschiede zwischen den Valenzen bestehen. Die Bewertungsgrade bleiben selten gleich, besonders wenn das Dilemma der Gegenwart in Richtung Zukunft gedacht wird. Zwischen Bangen und Hoffnung kann zunächst ein Spiel im Konjunktiv einsetzen: Wie würde es Ihnen jetzt gehen, wenn Sie sich für Alternative A entschieden? Welche Situation könnte sich Ihnen damit in fünf, zehn, … Jahren stellen?

Konfliktkonstellation 3:
Die Ambivalenz zweier abstoßender Vorzeichen, ein *doppelter Vermeidungskonflikt*, ist die Krux der Wahl zwischen Not und Elend. In traditionalen Kulturen finden Beziehungsanbahnungen oft unter diesen Vorzeichen statt. Hat die Familie eine Kandidatin für ihren Sohn auserkoren und er kann sich nicht für sie erwärmen, muss er sich entscheiden: Entweder er brüskiert seine und die Familie der potentiellen Braut, indem er eine Heirat ablehnt, oder er ergibt sich in sein Schicksal und darbt neben einer ungeliebten Ehefrau. Es ist nicht selten, dass dieser Konflikt mit unmoralischen Mitteln gelöst wird und letztlich die Braut die Dumme ist. Man heiratet beispielsweise, die Familie streicht das Brautgeld ein und fängt dann sukzessive an, weitere materielle Zuwendungen nachzufordern, bis die Brautfamilie ökonomisch ruiniert ist, nicht mehr zahlen kann und die Heirat daraufhin rückgängig gemacht wird. Oder man schaltet gleich einen Gang höher und behauptet, die Ehefrau käme ihren Pflichten nicht nach und verstößt sie wieder. Aus Indien sind auch tödliche Auswege bekannt. Manche Schwiegerfamilien scheuen nicht davor zurück, die Schwiegertochter zu verstümmeln, wenn sie nicht zurückgeht und viele Inderinnen lassen mittlerweile prophylaktisch abtreiben, wenn die Pränataldiagnostik ergibt, dass es ein Mädchen wird. Man hat nur Kosten, Ärger und Leid.

Herr O. aus dem Senegal studiert seit einigen Jahren in Frankfurt. Er hat sich, entgegen seinen früheren Absichten, gut eingewöhnt und verspürt wenig Ambitionen, nach Hause zurückzukehren. Im Senegal wartet eine arrangierte Hochzeit, vor der er sich drücken möchte. Er kennt seine Auserwählte nicht und möchte sie auch nicht kennen lernen, denn er hat eine deutsche Freundin, mit der er glücklich ist, wäre diese sich nur nicht so unsicher mit ihm. Herr O. ist deutlich jünger als sie und es macht ihr Sorgen, ob die Beziehung im Alter halten würde. Außerdem hat sie noch einen langjährigen Freund, der für sie an erster Stelle kommt. Was kann man da tun? Seine Familie drängt auf Heirat, denn mit jedem weiteren Jahr des Abwartens droht sie, das Gesicht zu verlieren. Er will seine deutsche Liebe aber nicht aufgeben und kann sie auch nicht als Alternative präsentieren, weil sie nicht gewillt ist, ihn zu heiraten. Eine aufschiebende Wirkung erzielt im Moment noch die Tatsache, dass er mit dem Studium nicht vorankommt. Was aber, wenn er so weit überzieht, dass ihn die Universität ohne Abschluss exmatrikuliert? Das kann er sich wiederum nicht leisten, da die Familie viel Geld investiert hat, um ihn nach Europa zu schicken. Von allen Geistern umstellt, ist für den armen Mann guter Rat teuer.

Frau S. ist spielsüchtig. Ihr Freund ahnt davon angeblich nichts. Sie hat ihn vor zwei Jahren kennen gelernt. Vor einiger Zeit haben sie sich entschieden zu heiraten. Vorher will der Freund noch ein berufliches Projekt in Südamerika abwickeln und ist daher fast ein Jahr im Ausland. Für die Zwischenzeit hat er ihr die Vollmacht über sämtliche Konten eingeräumt, damit sie bis zu seiner Rückkehr ein Haus kaufen und einrichten kann. Frau S. ist schwanger und deshalb wollte ihr Freund, dass sie möglichst vor der Geburt noch umzieht, um ihr Stress zu ersparen. Sie hat aber alle Ersparnisse verspielt. Frau S. sagt, sie könne ihm keinen reinen Wein einschenken und eigentlich sollte sie sofort abtreiben. Im Grunde könne sie sich nur noch das Leben nehmen.

Herr/Frau A. hat eine Affäre, die ihm/ihr mittlerweile viel bedeutet, würde sie ihm/ihr sexuell nur nicht so nachstellen. *Sie kann nicht genug bekommen, aber sie turnt mich nicht wirklich an. Ich ekele mich vor mir selbst, wenn sie so geil auf meinen Pimmel ist. Ich habe ein ziemliches Ding und kann damit überhaupt nichts anfangen. Ich will das weghaben. (…) Die Wahrheit ist, dass ich mich nicht als*

Mann fühle. Ich will endlich als Frau leben. Ich habe das Verfahren für eine Geschlechtsumwandlung eingeleitet, obwohl mir das unheimlich Angst macht. Ich weiß ja nicht wirklich, wie das sein wird? (...) Ich hätte sie gerne weiter als meine beste Freundin, aber ohne das Sexuelle, eben als Freundin. Sie wird mich bestimmt stehen lassen, wenn ich in Frauenklamotten rumlaufe und nach der Umwandlung sowieso.

In dem Film *Butch Cassidy and the Sundance Kid* gibt es eine Szene, die als Urtypus dieses Konfliktes gelten kann. Paul Newman und Robert Redford spielen ein Gangsterduo, das sich illuster von Überfall zu Überfall hangelt, bis das Glück sich neigt und sie von Jägern zu Gejagten werden. Ihre Fahnder sind gewieft und treiben sie, ungeachtet aller geschickten Täuschungsmanöver, immer mehr in die Enge. Schließlich werden die Flüchtenden am Rande eines Cañons gestellt. Die Situation ist ausweglos. Hinter ihnen erhebt sich der starke Arm des Gesetzes, vor ihnen gähnt der Abgrund. Im Rücken liegt das Ende ihrer desperaten Freiheit, vor ihnen der wahrscheinliche Tod. Bevor es zur Festnahme kommt, entschließen sie sich zum Sprung in die Tiefe. Diese Szene spiegelt, um was es in derlei Konflikten geht: Eine doppelte Existenzbedrohung verlangt eine aktive Lösung, die Bereitschaft, den bisherigen Status quo aufzugeben ohne Garantie auf ein unversehrtes Happy End.

Die doppelte Gefährdung ist kein Terrain für Zauderer und Verzagte, eher schon für den reziproken Optimismus der Bremer Stadtmusikanten: *Etwas Besseres als den Tod werden wir überall finden!* Die Übergangsriten indigener Völker jonglieren mit dieser Logik. Sie legen fest, dass eine Zeit gekommen ist, da man nicht bleiben kann, wie und was man lange genug war. Beispielsweise ein Kind, das zum Erwachsenen werden soll. Der Weg zu einer neuen Existenzform erfordert nicht weniger als den psychosozialen Tod des bisherigen Status, den Bruch eines Kontinuums. Dazu kommt das leibliche Überstehen einschneidender Interventionen. Initiationen ähnlicher Wucht sind uns im Laufe der Historie abhanden gekommen. Archaisch anmutende Übergänge vollziehen sich in den halsbrecherischen Mutproben Jugendlicher und der Katharsis Verliebter und enden heute oft in der Psychiatrie, in Kliniken und Gefängnissen.

5.4 Verliebtheit als mentaler Ausnahmezustand

Verliebtheit erzeugt Wahrnehmungen, die es mit den entrückten Zuständen in schamanistischen Übergangsritualen und den geistigen Ausflügen des Wahns locker aufnehmen. So gesehen gehört sie zu einer Form der Wirklichkeit, die Grenzen überwindet.

Verliebtheit ist ein mentaler Ausnahmezustand, der eine enge Verwandtschaft mit archaischen Trance- und Besessenheitspraktiken aufweist und mit Wahnerleben verglichen werden kann. Die Erlebnisse und Handlungen entfachter Liebesleidenschaft weisen alle Merkmale der spirituellen Ekstase und der Psychose auf. Der Liebeszauber geht eindeutig zu Lasten einer rationalen Alltagsökonomie. Verliebte glühen und zeigen ein zweites Gesicht. Sie sehen und empfinden Dinge, die sonst niemand sieht und fühlt. Ihre Welt dreht rosarot und hat keinen Platz für Einwände. Wie auch, wenn man Nächte nicht schlafen kann, weil Gefühle und Bilder von überirdischer Intensität Besitz von einem ergreifen? Wenn schon das kleinste Zeichen der Angebeteten, für Unerleuchtete unsichtbar, der Ohnmacht nahe bringt? Wenn man zu magischen Formeln und Überzeugungen neigt: *Er ist gestern Abend auch wieder erschienen, an diesem besonderen Ort, der wie für uns gemacht ist. Bestimmt wegen mir* … Diese Uhren ticken außergewöhnlich.

Verliebte berichten, dass sie das Objekt ihrer Begierde unversehens oft treffen, an Plätzen, die dafür nicht vorgesehen waren, und dass erhoffte oder beängstigende Ahnungen mit Ereignissen übereintreffen, von deren Existenz das Alltagsbewusstsein keine Kenntnis hatte. Jene träumerische, raumzeitliche *Synchronizität* tritt überzufällig oft im Kontext leidenschaftlicher Beziehungen auf, besonders, wenn ungewöhnliche Einflüsse die Betroffenen aus dem Gleichgewicht gebracht haben (Peat 1992).

Ein junger Mann reist alleine durch die griechische Inselwelt. Eines Nachts wacht er in seinem Hotelzimmer aus einem grässlichen Alptraum auf. In diesem Traum kämpft seine Freundin um ihr Leben und ruft nach ihm. Er hat Wochen nichts von ihr gehört und ist völlig aufgelöst. In großer Sorge telefoniert er am nächsten Tag nach Hause. Ihr Vater teilt ihm mit, dass sie am Vortag verunglückte und operiert wurde. Es sei schwierig gewesen, sie sei aber über den Berg.

Die Nerven von Verliebten liegen blank, ihre Wahrnehmung ist erweitert. Sie umkreisen einen Wirklichkeitsbereich, der sich vom Normalbewusstsein abhebt, und sensibilisieren Wahrnehmungskanäle, die uns sonst verschlossen bleiben. Verliebte verfügen über Sinne, die bis zum Anschlag geschärft sind und darüber hinaus. Sie sind gleichzeitig nicht recht zurechnungsfähig. So finden sie sich zum erfolgreichen *Folie à deux*, im Gegensatz zu den isolierten Meistern der Andersheit, die einsam und unerhört gegen eine bedrohliche Welt kämpfenden Verrückten. Ein Psychiatriepatient mit einem ausgewachsenen Verfolgungswahn berichtete von seiner frisch verliebten Schwester mit den Worten: *Die spinnt doch jetzt total! Und wenn das einer beurteilen kann, bin ich das! Der Typ soll der einzige sein, der sie jemals richtig verstanden hat. In Wahrheit kann der tun und lassen, was er will, alles ist nur süüüüß und vööölig irre!*

Verrückt oder *entrückt* ist eine Frage der Konvention. Psychopathologischen Definitionen hier das Feld zu überlassen, hieße, sich gegen ein Verständnis zu wenden, das in der *Magie* den Transformationsriemen für eine andere Dimension der Wahrnehmung sieht. Der Ethnologe Klaus E. Müller geht davon aus, dass Magie und ihre Spezialfälle sich auf vielfach bestätigte Erfahrungen gründen und als Gegenstand der Realwissenschaften ernst zu nehmen sind. *Die kulturhistorischen wie theoretischen Argumente dafür darf man jedenfalls als »stark« genug betrachten. Freilich setzt das eine gewisse »Remodifizierung« und Erweiterung des Natur- und Wissenschaftsverständnisses voraus, wie sie epistemologisch ohnehin längst fällig und geboten erscheint* (Müller 2002, 181). Kleidet man diesen Gedanken in ein kleineres Format, bedeutet es: Wer soziokulturell unabhängige, universale pathologische Kategorien unterstellt, wendet sich gegen Kontextdifferenzen, erdrückt die *Wiederverzauberung* profaner Lebensumstände und zerstört die Liebe (Becker 1997). Die der Magie beraubte Entrückung ist in Konsequenz nicht mehr seelische Erfüllung, sondern überproduktiver seelischer Ballast, eine *Plus-Symptomatik*, von der die Seele im Sinne der Psychiatrie befreit gehört.

Das Verständnis rational begründeter Gesundheitsmodelle entrümpelt, indem sie den Wahn als eine krankhafte Überschwemmung des Geistes erklärt, sperriges und historisch überholtes Seelenmaterial. Sie trennt von überflüssigen und unproduktiven Anreicherungen der Psyche und erniedrigt damit die *conditio humana* auf die Stufe ihrer ökonomischen Verwertbarkeit. Vorindustrielle Gesellschaften, die außergewöhnliche Erlebnisweisen und Handlungsrituale in spirituelles Denken einbetten, setzen einen komplexeren Überbau des Phänomens voraus. Sie kontrollieren aber ebenfalls das Außergewöhnliche, indem sie es als Interaktionskanal in eine Geistwelt, als Handelsweg zwischen Diesseits und Jenseits verorten, auf dem Botschaften hin und her gehen und Verhandlungen geführt werden.

Eine vergleichbare Erweiterung des Kontextes kann die mythologisch entkleidete Moderne erneut wagen, ohne den eingeschlagenen Weg der Rationalität aufzugeben. Der neue Schritt käme mit einer radikal offenen Feldtheorie zu Stande: *Ergeben sich Übereinstimmungen sowohl in einzel- als auch multidisziplinären (etwa ethnographischen und psychologischen) Untersuchungen, ließe sich daraus eine Art grundlegender Feldstruktur mit Dichtearealen, peripheren Zonen sowie Übergangs- und Leerräumen im Sinne einer typischen »Psi-Kultur« ermitteln. Die Summe aller Übereinstimmungen sollte es schließlich möglich machen, eine generelle »Psi-Feldtheorie« zu entwickeln, die entsprechend den Regeln einer eigenen »Psi-Logik« gehorchen müsste (Müller 2002, 178).*

Die leidenschaftliche Liebe ist der historische Tausch für den Verlust an göttlicher Macht.

Seltsam anmutende Erscheinungen und Erfahrungen erhalten in schamanistischen Kulturen unter gewissen, klar definierten Umständen den Rang funktionaler Kompetenzen. Der Betroffene versteht sich darauf, durchlässige Grenzen zum Jenseits zu überqueren oder wird als Befallener von der jenseitigen Welt, die ein Eigenleben führt, animiert. Die Fähigkeit zur Seelenwanderung beruht auf der Vorstellung einer *Freiseele*, die sich vom Körper lösen kann und wird stets als schwieriges und gefährliches Unterfangen verstanden. Man kann dabei seine frei gewordene Seele verlieren, wenn man sich nicht auf die Sprache und Physik der Geistseite versteht. Wer bei solchen Unternehmungen gegen zwingende Verhaltensvorschriften und Tabus verstößt, wird mit Krankheit und anderem Unheil bestraft, mit dem Tod und im schlimmsten Fall mit dem Verlust der Seele. Es ist somit keine Sonderkategorie, von Unglück bedroht zu werden. Mit Unglück sind alle problematisch empfundenen und existenzbedrohenden Ereignisse, alle unguten körperlichen und psychischen Manifestationen des Lebens gemeint. Unheil gehört zum Gesamtkontext des dualistischen Weltbildes, wo das Alltägliche vom Spirituellen gesteuert wird, wo Ungutes und Außerplanmäßiges ein Missverhältnis anzeigen, wenn diesseitiger Alltag und jenseitige Welt durch tugendloses Verhalten aus der Balance geraten sind. Dann bemächtigen sich bösartige und erzürnte gute Geister der Verfehlenden und Nachlässigen. Aus diesem Grund müssen die Mächte besänftigt und der vom Weg Abgekommene wieder auf den rechten Pfad geführt werden. Selbstheilungen sind nahezu ausgeschlossen. Es bedarf hilfreicher Geister und gewiefter Heiler, die sich als Lotsen auf den Transfer ins Jenseits und zurück verstehen und durch ihre Grenzgänge zwischen den Sphären Lösungsvorschläge übermitteln.

Von der Alltagsnormalität abweichende Phänomene werden in vormodernen Gesellschaften als Ausdruck einer zweiseitigen Realität verstanden, sie stehen in einem sakralen beziehungsweise alchemistischen Bewertungszusammenhang. Aufgrund des zweiseitigen Weltmaßstabes, den dazugehörigen Funktionen und Gesetzen, besitzen solche Gesellschaften eine hohe Identitätsdichte und rigorose Steuerungsmittel, die sie für den Bestand ihrer ethnozentrischen Strukturen benötigen. Die modernen bürgerlichen Gesellschaften haben den spirituellen Überbau an den Rand rationaler Lebensverbindlichkeiten zurückgedrängt, wo er als persönlicher Modus und Lebenshintergrund aufgegriffen werden darf, aber nicht muss.

Interessanterweise verfügen indigene Gruppierungen nicht über einen vergleichbaren Begriff von leidenschaftlicher Liebe, wie er uns selbstverständlich ist. Als Ergebnis der historischen Ermächtigung des Individuums fehlt der Moderne im Gegenzug die fundamentale

Erfahrung der Selbstauflösung und der Machtlosigkeit. Die Diagnose *Wahn* dreht uns den Kunstgriff, mit Leidenschaft einen Teil göttlicher Ungewissheit und Abhängigkeit zu retten, in eine banale Gewissheit. Aber auch nach dem Zeitalter der Aufklärung kommt der rationale Mensch nicht um die Anerkenntnis einer höheren Gewalt umhin. Auch das politisch autonome Individuum bleibt dem Leben ausgeliefert.

> *Ich dachte, ich überlebe es nicht, als sie mir eröffnete, sie werde sich nicht auf mich einlassen. Vor einem Augenblick schwebte ich noch im siebten Himmel und jetzt war nur noch Leere und Dunkelheit um mich herum. Mein Lebenswille war weg, pfutsch. Ich kroch, ehrlich, auf allen Vieren. Wer mich so gesehen hat, dachte, einen Zombie vor sich zu haben. Nicht mehr der, der ich vorher war. Ich vegetierte nur noch. Es war nur eine Frage der Zeit, Selbstmord unabwendbar … Ich weiß noch genau, wie es war, als sie danach wieder anrief. Ihre Stimme schaltete meine Lebensgeister erneut an. Um mich herum wurde es wieder Licht. Ich hörte, schmeckte, spürte und fühlte wieder und als sie mir sagte, wie sehr sie sich um mich gesorgt hat, war alle Sinnlosigkeit wie weggeblasen. Später hat sie mir gestanden, dass ihr mein Selbstmordversuch wie ein Liebesbeweis war, den sie von mir in anderer Form vermisst hatte. Es ist mir zwar im Nachhinein peinlich, aber gerade dieses Abenteuer verbindet uns zusätzlich.*

Die angefachte Liebe ist ein überbordendes und bedrohliches Stadium. Die Moderne bietet traumatisierten, verlorenen und entrückten Gemütern nur wenig zweckdienliche Betätigungsfelder und Rückzugsräume an. Verliebte und Verrückte benötigen ein Heer an Schutzengeln, sie fliegen ungesichert. Es gleicht einem ätherischen Schweben, das vorhält, bis die Wirkung des Elixiers nachzulassen beginnt. Ohne Illusionen, ohne Besessenheit ist die leidenschaftliche Liebe aber nicht zu haben.

6. Phase II: Ozeanien – Dyadische Verliebtheit

→ Verschmelzung
→ Jenseitige Intimität
→ Liebesanarchie

Im Anschluss an erfolgreiche Schritte aufeinander zu *verinnerlichen* und *veräußern* sich Verliebte als Paar, selbstvergessen im Hier und Jetzt, träumerisch der Zukunft zugewandt. Wenn die Leidenschaft nicht behindert wird, treiben Verliebte, von einer symbiotischen Aura ummantelt. Was vergangen ist, scheint vorerst Vergangenheit. Sie kreieren sich neu in einem radikalen Hier und Jetzt.

Hat man sich gestanden, was zueinander zieht und bewegt sich aufeinander zu, überlässt sich der Leidenschaft, bricht in der Regel eine Zeit orgiastischer Sinnlichkeit und unbeschwerter Spontaneität an. Die *Dyade* etabliert sich in der Verschmelzung zweierlei Sehnsüchte. Das junge Paar schottet sich gegen die Umwelt ab und geht auf eine geheime Expedition. Freunde verlieren an Bedeutung. Manche beobachten mit Freude, was sich da im Verborgenen tut, andere gehen frustriert in Opposition angesichts der entfesselten Konzentration, die um sich selbst kreist und die Welt, nun ganz ihre Welt, kannibalisch nach dem Stoff durchstöbert, der ihren Zauber noch steigert. Alle Antennen sind autistisch auf das Eine gerichtet, der profane Rest der Welt bleibt außen vor. Frisch Verliebte vagabundieren. Sie beuten ihre Umgebung heiter aus und sind eine ambivalente Störung, die gutmütige Beobachter selbst in Frühlingsgefühle versetzt und anderweitig zum Zuschauen verurteilte auf neidvolle Distanz hält, kalt bleibt niemand. Da sind zwei ausgiebig dabei, sich emotional zu ergründen, wenn es irgend geht, vom spröden Alltag fern zu halten, versenkt in ein warmes Nest entfesselter Lust (Abb. 8). Das junge Paar findet sich in einer Choreographie zusammenfließender Leidenschaft. Die Verankerung als Einheit in den diesseitigen Gestaden des Lebens steht noch aus. Das kommt mit der späteren sozialen Integration der neuen Beziehung. Erst einmal animieren sich Verliebte in einer flirrenden, der Alltagswirklichkeit abgewandten Atmosphäre.

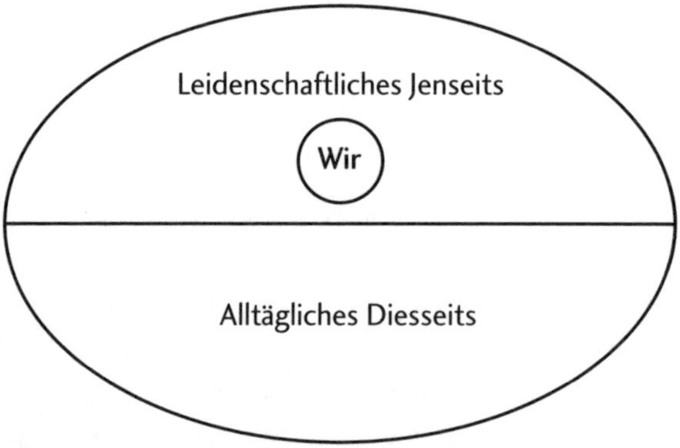

Abb. 8: Die ozeanische Verortung der dyadischen Verliebtheit

Frisch Verliebte pflegen ein entrücktes Verhältnis im Umgang mit Zeit und Raum. Anfangs steht die Zeit mitunter still, das Paar bewegt sich unbeeindruckt von den kommunalen Abläufen, pendelt zwischen den rigiden Takten unaufschiebbarer Alltagsverpflichtungen und der verschwommenen Zeitblase ihres ozeanischen Gleichklangs. Wer kann nicht auf Tage zurückschauen, die nahtlos in die Nacht übergingen, als der Rhythmus der Uhr an dem zerdehnten Empfinden eines einzigen zeitlosen Augenblicks vorbeiraste, nichts zählte außer das Spüren der Liebe und die herzoffene erotische Körperlichkeit das Zentrum der Welt bildete? Wenig anderes kann es mit diesen Schwingungen aufnehmen. Manche berichten, dass wichtige Ereignisse um sie herum, selbst Todesfälle Nahestehender nicht richtig auf sie gewirkt haben, weil sie in dieser Phase nur vordergründig auf andere Dinge reagiert haben.

Erst später besitzen Paare eine eigene Chronik und Kontaktrhythmen, die ihnen wieder genügend Platz einräumen für das, was sonst noch existiert und wichtig ist. Noch später finden sie weniger Zeit füreinander, verliert sich die Poesie des anfänglichen Treibens zwischen den Paragraphen des geregelten Lebens, zwischen Ansprüchen und Gewohnheiten, findet sich Erfüllung auch wieder woanders, mit anderem und anderen. Noch später verschwindet die Leidenschaft womöglich ganz, muss sie, wenn sie noch in Funken spürbar ist, weit herholend erinnert werden aus Zeiten, als Du und Wir uns alles bedeuteten. Dazwischen liegen Entwicklungen und Stillstände des Paares, Erfolge und Niederlagen, Euphorie und Resignation, wächst das Vergangene und türmen sich unumkehrbare Resultate, erfolgen Brüche, Neuanfänge und Abschiede. Ganz am Schluss kehrt alles noch einmal zurück, das Gute und das Schlechte, muss für einander gesorgt und aufeinander aufgepasst werden, zieht man Bilanz, trauert und genießt im Nachlassen der Kräfte. Dann heißt es Abschied nehmen …

Wie weit man aber jetzt gemeinsam kommen wird, ist das Abenteuer, auf dem die gemeinsame Zukunft ruht. Jetzt bildet sich eine spontane Rangordnung von Werten und Bedeutungen und es kristallisiert sich eine erste beziehungsinterne Ordnung heraus. Das Paar verbindet sich zu einem *konfluenten* Beziehungsmuster des Gleichen, die individuelle Autonomie steht vorerst in zweiter Reihe. Die Besonderheit des Anfangs befeuert ein zweiseitiges Verstärkungssystem, das die Gegenwart hochleben lässt und das zukünftige Wesen der Beziehung aus dem Rohling schnitzt. Das Schöne wird exzessiv gelebt, das Ungute, Lästige und Hinderliche lässig übersehen. Problematisches muss warten, schlummert noch, aber nistet sich bereits in den dunklen Ecken des Paares ein, bereit für eine Zeit, in der das Schöne nicht mehr das Störende überdeckt.

Eine bittersüße Aufführung der Anarchie des Beginns und seinen Folgen ist der Film *Der Liebhaber* nach dem autobiographischen Roman von Marguerite Duras (Duras 1985; Film 1991). Duras erzählt die Geschichte einer unmöglichen Liebe im kolonialen Indochina: Er (Tony Leung), der Ältere, ein chinesischer Geschäftsmann Anfang dreißig, stammt aus einem wohlhabenden Haus. Sie (Jane March), eine blutjunge französische Internatsschülerin, lebt mit ihrer verarmten Familie in Saigon. Er spricht sie auf einer Schiffspassage an und sie fühlt sich geschmeichelt. Zum ersten Mal reagiert ein Mann auf sie als Frau. Irgendwann gibt sie seinem Werben nach und von da an lässt er sie fast täglich von seinem Chauffeur abholen, wenn sie sich sehen wollen. Sie treffen sich auf neutralem Boden, in einer kleinen Wohnung im Chinesenviertel von Saigon. Die Wohnung, sein Junggesellenzimmer, bietet einen verdunkelten Schutz vor der Öffentlichkeit, vor der grellen Hitze des Tages und dem Lärm der Strasse, und ist ein ideales Versteck vor seiner Familie, die seine Affären stillschweigend hinnimmt. Das Junggesellenzimmer wurde eingerichtet, damit er sich die Hörner abstoßen kann. Seine arrangierte Ehe aber ist eine Angelegenheit von familiärem Rang und wird zwischen den Eltern ausgehandelt.

Es ist der immer gleiche Ablauf: Zuerst lieben sie sich selbstversunken, dann rauchen und reden sie, ruhen aus und lieben sich erneut. In einer Szene essen sie in einem Restaurant gemeinsam zu Abend, nachdem sie den Nachmittag über miteinander geschlafen haben. Da sagt sie ihm scherzhaft, nun, da er sie entjungfert habe, müsse er sie auch heiraten. Er antwortet ihr, er dürfe noch nicht einmal daran denken. Es sei ihm verboten. Er wisse natürlich, dass er ihr damit Unrecht antue, denn unter diesen Umständen sei sie nun keine gute Partie mehr für ernsthafte Gelegenheiten. Darauf schaut sie ihn spöttisch an und wirft nonchalant hin, das sei auch besser so, dass es mit ihnen nichts wird. Sie könne Chinesen sowieso nicht leiden. Es gelingt dem Paar nicht, ihre *jenseitige Intimität* gegen die sozialen Umstände zu etablieren. Sie geht enttäuscht nach Frankreich zurück. Er heiratet auf Veranlassung seines Vaters eine ausgesuchte Braut, die er traditionsgemäß am Hochzeitstag das erste Mal sehen wird.

Nach Jahrzehnten, mehreren Ehen, Kindern und Scheidungen auf ihrer Seite, ist er mit seiner Frau auf Europareise und ruft sie in Paris an. Man sieht sie an einem Schreibtisch sitzen, mit dem Rücken zum Betrachter, wie sie den Telefonhörer abhebt. Eine behutsame Off-Stimme kommentiert diese Szene: *Er hatte sie angerufen. Er war verschüchtert, seine Stimme zitterte. Und mit diesem Zittern hatte sie plötzlich den chinesischen Akzent wiedergefunden. Er wusste, dass sie begonnen hatte, Bücher zu schreiben. Er wusste auch um den Tod des kleinen Bruders. Er war traurig gewesen, um ihretwillen. Dann wusste er nicht mehr, was er sagen sollte. Und dann sagte er es. Er sagte ihr, dass es wie früher sei. Dass er sie noch immer liebe, dass er nie aufhören würde, sie zu lieben, bis zu seinem*

Tod. Sie hört zu. Schließlich legt sie den Hörer auf. Sie hat kein Wort gesprochen.

Es gehört zur Tragik der leidenschaftlichen Liebe, dass die Einlösung des Versprechens zu ihrer Verwandlung führt, auf lange Sicht eine Abschwächung oder gar ihr Verschwinden bewirkt, das aber das Uneingelöste, Unterbrochene sehnsuchtsvoll überdauern kann, jederzeit fähig, neu aufzubrechen. Eine in der ersten Verliebtheit auseinander gerissene Liebe konserviert sich nicht selten als ruhelose Wehmut, da der Verschmelzungswunsch nur angefacht wurde, sich aber nicht transformieren konnte. Der abgebrochene Prozess verhindert, dass die Akte geteilter Leidenschaft in Vereinigung aufgehen und sich das Begehren durch das gemeinsame Tun auf natürlichem Wege wieder abschwächt. Normalerweise führen Wiederholungen dazu, dass der anfängliche Verschmelzungsdrang nachlässt, weil er sich ausreichend ausleben durfte. Das gehört zum Paradox der gelingenden Leidenschaft. Je mehr man das Gleiche erfolgreich miteinander tut, desto mehr gewöhnt sich die Seele daran und umso weniger drängend wird es erlebt, das treibende Motiv verschwindet nach und nach im Hintergrund der Beziehung. Angelebte Leidenschaften muss man deshalb ernst nehmen. Es ist nicht selten, dass Liebesbeziehungen, die zu einem frühen Zeitpunkt gestört werden, einen zweiten Versuch starten.

In Phase II herrscht oft das Gefühl engelhafter Unbeschwertheit vor, und die Erotik vollzieht sich als schierer Selbstzweck. Die Bereitschaft, sich schrankenlos und mit offenem Herzen einzulassen, ist nie wieder ausgeprägter als jetzt. Das betrifft auch das Experimentieren mit vormals Unbeachtetem und Unbekanntem. Individuelle Bedürfnisse und Gewohnheiten fließen ineinander über, die Prämissen der bisherigen Lebensgestaltung erhalten einen ausgedehnten Freigang. Was *Ich* gestern noch langweilig fand, dem widme ich mich heute von ganzem Herzen, nur weil *Du* es schön findest. Das *Wir* ist unsere ganze Welt. Differenzen zwischen uns, sind, wenn überhaupt bemerkt, zu vernachlässigen. Man taucht in der Öffentlichkeit bevorzugt zusammen und auf sich bezogen auf, Nebenfreundschaften werden für eine Weile stillgelegt oder für egozentrische Monologe des Glücks missbraucht. Die Wahrnehmung linearer Abläufe ist empfindlich gestört. Ewige Telefonate vergehen wie im Fluge und kurze Zeiten des Getrenntseins werden zu quälend langen Geduldproben.

Das Paar errichtet sich eine Sphäre radikaler Begegnung und achtet auf eine Grenze zwischen sich und der profanen Umwelt. Über die entstehende *Dyade* stolpert das soziale Umfeld, bis die neue Beziehung eingeführt ist und toleriert wird. Was jetzt stattfindet, daran erinnert sich das Paar mit Glanz in den Augen, wenn es unbeschwert und erfüllt war. Auf dieser Leidenschaft baut die Paarkultur auf und an dieser Leidenschaft misst sich die folgende Entwicklung. War der Anfang ein wohltuender Rausch und ist es gelungen, die andere Person als Teil des Selbst zu verinnerlichen, hält die Beziehung Konflikte und schwierige Zeiten eher aus. Dann entsteht ein tragfähiges Netz für kommende Prüfungen. Verlief die Zeit läppisch, unentschieden oder kompliziert, fällt die Beziehung in der Folge rascher in sich zusammen. Wenn der Vereinigungsdrang unbefriedigend hängenblieb, mitunter nur eine schwache Flamme loderte, viele Ungereimtheiten im Weg lagen, bekommt die Beziehung rascher Schlagseiten. Das Unausgelebte und Frustrierende, die kantigen Unterschiede, werden zu Untiefen im ozeanischen Becken, die immer dann ihr Unwesen treiben, wenn die Liebenden in der Folge gegeneinander antreten oder die Beziehung schwierigen Anfechtungen ausgesetzt ist. Es kommt eine Zeit, da sich die psychische Aneignung des Liebespartners nicht mehr nur ins Füreinander empor schwingt, sondern als abwärts ziehendes Anhängsel wahrgenommen wird, wenn in den Niederungen des trivialen Alltags um das richtige Leben und individuellen Spielraum gestritten wird.

6.1 Fallvignetten zur Phase II

Wir haben in Phantasien unserer Zukunft gebadet, nur geschwankt, ob wir ohne Kinder die ganze Welt erkunden wollen oder uns mit mindestens fünf Kindern an einem schönen Ort niederlassen. Wir waren abwechselnd so richtig verspielt wie junge Hunde und dann wieder geschäftige Nestbauer. Wir sind nur auseinander, um zu arbeiten und in jeder freien Minute haben wir gevögelt und rumgesponnen. Ich glaube, das war die schönste Zeit meines Lebens. Für unsere Freunde muss das hart gewesen sein.

Mir war das so scheißegal, dass sie schlecht deutsch sprach und ich kein portugiesisch. Ich hatte vorher noch nie erlebt, wie man sich so eins sein kann, obwohl unsere Gespräche ziemlich anstrengend waren und sie vieles missverstand. Ich natürlich auch. Wir fanden das aber lustig unter unserer Gefühlsglocke. Mich hat nur gestört, dass ihre Eltern so abweisend waren. Für die war das ganz schwer, dass sie wegen mir kaum noch zu Hause war … das Wundervollste war, dass wir uns gegenseitig intime Geheimnisse zeigten. Ich meine, wir waren erotisch ganz unterschiedlich sozialisiert, aber seeehr lernwillig! Und wir haben uns auch sprachlich immer besser verständigen können. Sie hat unglaublich schnell deutsch gelernt und dabei wurde sie irgendwie auch immer deutscher, in ihrem Verhalten, im Tonfall …

Wir haben das erste Jahr völlig für uns gelebt, ganz abgekapselt. Weil, wie hätten wir zwei Männer uns sonst ungestört ausleben können. Ich habe immer so Geschichten erfunden, weshalb ich angeblich gerade keine Wohnung habe und so… Unsere Familien haben danach ganz schön Rabatz gemacht. Für meine Mutter brach eine Welt zusammen, als sie erfuhr, dass ich mit einem Mann lebe …Wir dachten auch daran auszuwandern, nach Kalifornien oder so, irgendwohin, wo wir weit genug weg von seiner spießigen Amifamilie und meiner Frankfurter Mischpoke gewesen wären … Ging aber dann auch so, weil, mein kleiner Neffe hat darunter gelitten, dass ich nicht mehr so für ihn da sein konnte wie vorher und da haben sie sich dann doch Mühe gegeben, uns zu akzeptieren. Wir hatten eben einen langen Atem in unserem Liebesnest. Hat sich für damals gelohnt, auch wenn wir uns wegen des Stresses, der um uns gemacht wurde, wieder getrennt haben. So ständig auf dem Servierteller, das konnte nicht gut gehen.

Im Grunde war er von Anfang an so zurückhaltend. Er konnte schon in den ersten Monaten nicht fünf gerade sein lassen. Immer war sein

Beruf ausschlaggebend. Einmal ist er mitten drin aus dem Bett gesprungen, nur weil er vergessen hatte, der Sekretärin Bescheid zu sagen, dass er eine halbe Stunde später ins Büro kommt. Da hätte ich es eigentlich merken müssen, dass er sich nicht fallen lassen kann … Er hat mich immer an die zweite Stelle gesetzt: 1. der Job, dann lange nichts, 2. die Beziehung. Aber man muss doch ein Gefühl kriegen, geliebt zu werden. Er sagt, er kann sich nicht so gehen lassen, das fände er abartig …

Ich wollte es in meiner Verliebtheit einfach nicht wahr haben, aber wir waren nichts füreinander im Bett. Das hat einfach nicht geklappt. Er war völlig unromantisch. Ich dachte, weil er ja Schwarzer ist, da müsste doch irgendwann mehr kommen, sagt man doch immer so, aber Pustekuchen, der dachte nur an sich. Ein Mal hin und her und das war's. Wenn ich mal zaghaft Andeutungen gemacht habe, dass ich mehr verlange, war er stinke beleidigt und hat gesagt, das wäre typisch: nie zufrieden, immer nur am Nörgeln. Ich habe das zu lange mitgemacht. Das war deutlich zu einseitig. Er hat mit mir angegeben und ich hatte den Frust. Irgendwann hat's mir gelangt.

Sie: *Wir sind dermaßen aufeinander abgefahren! Ich kriege gleich wieder rote Backen, wenn ich an die Zeit zurückdenke. Als wir uns ineinander verliebt haben, hat sich eine Spannung aufgebaut, das ging über Monate und hat sich immer mehr gesteigert, bis ich kaum noch in seiner Nähe stehen konnte, ohne beinahe wahnsinnig zu werden.*
Er: *… Das hat dann so geknistert, dass ich nicht den Mund aufbekommen habe und dachte mich trifft ein Stromschlag, wenn wir uns zufällig berührt haben. Eines Tages standen wir so nebeneinander, unsere Blicke treffen sich, und wir kommen nicht mehr voneinander los. Da höre ich mich plötzlich sagen: »Ich halte das nicht länger aus.« Wir sind uns in die Arme gefallen und das war dann, als wäre ein Damm gebrochen, der das Herz überströmt, … endlich gefunden. Es war alles fremd und doch gleichzeitig ganz vertraut …*
Sie: *Ich bin mit zu ihm und erst nach einer Woche wieder in meine WG zurück. Danach war alles anders … Wir haben die ersten Jahre*

in zwei Welten verbracht, hauptsächlich auf einem anderen Stern und nur so rasch, rasch mal schnell in den Alltag eingetaucht, alles erledigt und nichts wie wieder weg …
Er: *Ich habe seitdem das Gefühl, uns kann nicht wirklich was passieren, ich meine jetzt Trennung. Ich könnte dich wegen dieser Jahre nie verlassen. Deshalb vielleicht tut es auch so weh, dass wir im Moment einfach keinen Draht zueinander finden, weil ich dann Angst kriege, dass unsere Liebe endgültig aufgebraucht ist und wir nur noch von der Vergangenheit leben dürfen …*

6.2 Kleines Brevier der leidenschaftlichen Anarchie

Leidenschaft ist für den Menschen
die letzte Möglichkeit, sich auszusprechen,
so wie der Himmel für den Sturmwind
die einzige Möglichkeit zu sein.
(Marina Zwetajewa)

Die Radikalität des Anfangs verwirbelt zwei Menschen zu einem Bündel emotionaler Anarchie. Grenzüberschreitungen und Verstörungen gehoren zur leidenschaftlichen Liebe. Sie sind Ausdruck der Loslösung aus dem alltäglichen Getriebe. Die *Mythen* der Völker berichten in unzähligen Varianten von leidenschaftlichen Wandlungsprozessen, in denen mehrdeutige Situationen überwunden werden müssen.

Auffällig an Mythen ist, dass sie immer auf Verwandlungen des Selbst und die Kreuzung von Erfahrungskontexten hinweisen, dass die Geschichten also eine Wirklichkeit ansteuern, die erst durch leidenschaftliche Prozesse zum Vorschein kommt. Persönliche Transformationen werden überall mit befremdlichen und zwielichtigen Erlebnissen in Zusammenhang gebracht. Eine große Rolle im Kontext (zwischen)menschlicher Begehrlichkeiten spielt dabei die Erfahrung von Scham und Schuld. Schamempfinden ist eine Reaktion zum Schutz der Integrität der Person, eine Aufforderung innezuhalten und unverhältnismäßiges Geschehen zu verhindern. Handlungen, die eine Schamgrenze überschreiten, bringen ethisch genormte Schuldempfinden in Schwingung. Etwas war nicht angemessen, ohne Vorsicht geschehen, rücksichtslos und entwürdigend im Ergebnis. Die Moralmerkmale Scham und Schuld markieren das Terrain der leidenschaftlichen Liebe in Form einer doppelten Aufforderung: Einerseits geben sich zwei frei für gemeinsame Grenzüberschreitungen, andererseits steht das Gegenüber dennoch nicht zur freien Verfügung. Je nachdem, wie schamhaft man sich zu diesem geteilten Territorium verhält und welche schamlosen Erfahrungen man miteinander zum beiderseitigen Wohl oder Elend macht, wird der Selbstwert gemeinsam auf- oder abgewertet, erfahren sich beide freier oder scham- und schuldbehafteter als vorher.

Liebesmythen übertragen das Verhältnis von Anreiz und Rücksichtnahme ins Allgemeine. Eine ernst gemeinte und erwiderte Leidenschaft beflügelt Liebende. Gelingen Akte der Annäherung und Beanspruchung, vollzieht sich die Liebe im *Auffliegen* aus den Niederungen der Existenz. Das vormals rational gebremste, sinnlich gehemmte Selbst löst seine Begrenzung durch die gemeinsame Enthemmung auf. *Die Liebe ist das Mittel, den Sturz in Flug zu verwandeln* (Retzer 2002a, 30). Für die kleineren Sünden nebenher, den Rausch im Kontext des Alltäglichen, etwa Drogenkonsum, Nötigung und andere Übergriffe, die sich nicht gehören, hält der Aberglaube eine umgedrehte Metapher bereit. Der so handelnde Mensch ist als *gefallener Engel* abgestürzt. Er kann sich, quasi in vorauseilendem Gehorsam für seine Taten, die Absolution als Büßer erteilen. Wiederholungstäter und Schwerenöter bacchantischer Verfehlungen sind durch das resignierte Präfix »Es ist ja nicht anders zu erwarten« gebrandmarkt.

Sünde versinnbildlicht die Verbannung selbstentgrenzender Motive und Handlungen in den Bereich der niederen Lüste, die im Höllenfeuer enden. Eine diesbezügliche Größenphantasie, die sich sämtliche irdischen und göttlichen Areale untertan macht, lautet deshalb auch: »Ich fürchte weder Liebe, Tod noch Teufel.« Der so Bezichtigte ist ein mit allen Wassern gewaschener *Argonaut*. Einer, der sich überall auskennt, ein Entdecker, den nichts aufhalten kann. Die Sünde ist nach diesem Verständnis ein Missgriff, kein Missbrauch. Ein Mensch hat sich mit etwas, das unter bestimmten Bedingungen zugelassen ist, vertan, so wie man nach deutschem Verständnis während einer Opernaufführung, obwohl angeregt, nicht lauthals mitsingen soll. Alles zu seiner Zeit und im richtigen Verhältnis. Die Kunst der Leidenschaft, in Analogie zur ethischen Praxis, besteht darin, Verhalten so zu bahnen, dass es nach Möglichkeit in den Rahmen geltender Regeln passt, zu denen auch gehört, dass Gelegenheiten für die anarchistische Nichteinhaltung des Konventionellen zur Verfügung stehen.

Eine durchgängig akzeptierte Ethik ist die utilitaristische. Der *Utilitarismus* zielt darauf ab, dass es dem Einzelnen dann gut gehe, wenn eine Optimierung des Glückes aller Beteiligten erreicht wird. Das in etwa würde Foucault als eine kultivierte Lebensform betrachten, als *Ästhetik* der Leidenschaft (Foucault 1986). Aber was bedeutet das Glück der größten Zahl auf dem Schauplatz extremer Erregungen? Wer sind, wenn es um Liebe geht, die zugelassenen Beteiligten? Wer ist wann der Berechtigte und wer der Buhle?

> Eine Frau gab ihrem Mann zu verstehen, dass sie nach der Geburt der Kinder an einer Weiterführung der gemeinsamen Sexualität nicht interessiert war. Daraufhin unterhielt der Ehemann eine Beziehung zu einer Prostituierten. Das ging so lange gut und wurde auch von ihr geduldet, bis sich Unzufriedenheit mit dem Arrangement einschlich. Sie wurde eifersüchtig, er aggressiv, weil zu Hause nicht das stattfand, was er bei der Prostituierten bekam. Man fasste den Entschluss, mit Hilfe von Paarberatung eine Lösung des Problems zu finden. Lösung bedeutete für Frau und Mann die Beseitigung der Kränkungsherde und die Wiederherstellung einer erotischen Atmosphäre zwischen den Eheleuten. Das Paar trennte sich im Anschluss an die Paarberatung, da es diese Vorgaben nicht umgesetzt hat und in den alten Grenzen nicht weitermachen wollte.

Die *Sexualität* ist das Kardinalproblem auf dem Prüfstand der Moral, wie das *Mitleid* nach Schopenhauer das Urphänomen der Ethik darstellt (Schopenhauer 1997). Schopenhauer ging davon aus, dass ein Wert immer relativ ist, ein Wert in Bezug zu einer zweiten Größe steht, aber keinen losgelösten Eigenwert entfalten kann. So betrachtet, kann eine sexuelle Praxis, welche die herrschende Moral negiert, nicht zu einem Werteverfall führen, sondern bleibt ein Ausrutscher von der bestehenden Regel beziehungsweise weist den Weg zu neuen Werten, wenn ihn genügend Menschen gehen. Wert ist das, was wir dafür halten und dazu machen. Etliche außereuropäische Kulturen halten die Jungfräulichkeit unverheirateter Frauen und Beschneidungen der Sexualorgane für unverzichtbar. In der westlichen Welt gilt außereheliche Sexualabstinenz als hinterwäldlerisch und Genitalverstümmelungen sind ein Verbrechen. Es empfiehlt sich demnach eine gewisse Vorsicht in der Beurteilung von Werten und Unwerten einer fremden Sexualkultur (Levinas 1989).

Empfänglichkeit für die Wirklichkeit des anderen kommt durch Hinsehen und Hinhören (Hauskeller 2001). Schauen wir also auf unsere eigene Sexualpraxis: Die Unterschiedsbarrieren in den leidenschaftlichen Vorlieben sind hier gegenwärtig weniger groß als der Zwiespalt von Phantasie und praktischer Umsetzung. Zwischen der Vorstellungswelt und der Tat vermitteln wirksame Massenmedien, wobei der leichte Zugang zu pornographischem Material neuerdings das Sexualverständnis sozialisiert. Bevor Jugendliche sich selbst und einen Geschlechtspartner entdeckt haben, haben sie bereits etliche vorgetäuschte Orgasmen in *slow motion* und standardisierter Ausführung gesehen. Medien des häuslichen Konsums, so Günter Amendts Hypothese, tragen zur Normierung, in dem Fall zur *Pornographisierung* der sexuellen Leidenschaft und zur Verarmung der Phantasie bei (Amendt 2004).

Populäre Vorbilder heizen das Oberflächliche an der Erotik zusehends an. Die nachgeahmten Anstrengungen um erotische Geltung und schönen Schein werden aber zu Unrecht mit fehlendem Selbstbewusstsein in Verbindung gebracht. Es gehört zum Spiel der Reize, dass man seine Attraktivität in den Vordergrund rückt und sich an dem misst, was man zu sehen vorgehalten bekommt. Sich attraktiv machen, ist ein Ausdruck der Selbstliebe, auch eine Anstrengung um Anerkennung derer, denen man sich wert erweisen will. Dass dieses Spiel nicht vor chirurgischen Eingriffen zurückschreckt, ist das Phänomen einer grenzenlosen Zeit, die als letzte Barrikade den Schutz der eigenen Unversehrtheit aufgegeben hat. Es ist kein Ausdruck von Liberalität, wenn sich Menschen aus Gründen der Körperästhetik zum chirurgischen Ausschlachten oder Auffüllen anbieten. Dass es auf dem überquellenden Schrottplatz kurzfristiger Eitelkeiten und anhaltender Selbstunsicherheit keine klaren Grenzen gibt, hat mit öffentlicher Gleichgültigkeit zu tun. Die forcierte Manipulation der eigenen Morphologie ist ein Negativ anarchischer Glücksverheißung. Ihr fehlt die Leidenschaft der Hingabe, es ist eine Form modischer Selbstknechtung.

Wahr ist, dass Erfahrungen das Selbst formen und wahlfähiger machen. Man ist nur so lange an seine Verhältnisse gebunden, wie Unerfahrenes unzugänglich bleibt. Wahr ist auch, dass körperliche Manipulationen in allen Kulturen ein Ausdruck des Statuswandels sind. Hinter jeder Erfahrungsgrenze liegen somit Selbsterfahrungsdefizite. Es gibt aber gute Gründe, über Vertrautes nicht hinauszugehen. Sexuelle *Treue* basiert etwa auf freiwilliger Begrenzung. Treue im Verbund mit einer erfüllten Sexualität ist ein erheblicher Stabilisierungsfaktor eines Paares und erhöht das Empfinden, das nichts fehlt und alles am richtigen Platz ist. Darum geben auch viele, die sich sexuell falsch behandelt fühlen, ihre Beziehung wieder auf, ist Eifersucht auf Nebenbuhler und sexuell Erfahrenere kein Hirngespinst. Tauglich im Sinne einer selbst gesteckten Grenze der Leidenschaft ist in letzter Konsequenz, was als wohltuend empfunden wird, worin auch immer es bestehen mag (Clement 2004).

Entfesselte Leidenschaft und durchdachter Lebenssinn sind gegenläufige Prinzipien.

Kierkegaard postuliert deshalb eine Antithese zum erwähnten utilitaristischen Glück der möglichst großen Zahl Beglückter. Für Kierkegaard besteht kein qualitativer Zusammenhang zwischen Ästhetik und Ethik, sondern ein prozessualer. Beide Begriffe markieren Phasen der Lebensentwicklung, wobei der ethische den im Laufe eines langen Lebens erworbene reifere Modus darstellt. Das Ästhetische meint hier, getreu des griechischen Wortursprungs *aisthesis*, die Wahrnehmung unter dem Primat des Sinnlichen. Der

Fokus liegt auf dem Genießen des Lebens und ist im Wesentlichen dem Ergreifen und Spielen mit Möglichkeiten unterworfen. Ästhetik kennt kaum mehr als das begehrende ausgreifende Selbst. Es ist zunächst ein schönes Spiel und wird nach Kierkegaard zum schlechten Spiel, wenn es unendlich und gleichgültig zu den anderen Dingen des Lebens beibehalten wird. Dem Herz nachzugeben, führt zu fröhlicher Anarchie und bedarf zum guten Gelingen einer höherrangigen Ernsthaftigkeit (Kierkegaard 1988). Der Ernst dieser Ethik reguliert durch die Pflicht zur sinnvollen Lebenshaltung das Leben sozusagen zu einem tragfähigen Ganzen nach. Hierbei entscheidet nicht, ob es mir gut geht, vielmehr, ob ich für einen bestimmten Standpunkt der menschlichen Existenz eintrete. Der Unterschied besteht in etwa darin, spontanen Liebesbedürfnissen nachzugehen oder mich für den Erhalt einer kontinuierlichen Liebesbeziehung einzusetzen. Die Ambivalenz zwischen einengender Moral und der Freiheit des Handelns ist für die Praxis der Liebe essentiell.

Das Durchdachte ist nicht das Fluidum der Phase II. Der Ewigkeitsanspruch gerade entfesselter Leidenschaft trägt zum Mythos der spontanen und daher *wahren Liebe* bei. Der Versuch ihrer Umsetzung garantiert aber in erster Linie Paradoxa. Es sorgt für die Endlichkeit des ersten Sturms, bewirkt mithin den zukünftigen Gestaltwandel der Beziehung und führt bestenfalls zu einem kultivierten Grenzgängertum zwischen Rausch und Moral.

6.3 Kanalisierte Anarchie

Schönheit ist der Glanz der Wahrheit.
(Joseph Beuys)

Die relative Kurzfristigkeit losgelöster Leidenschaft ist nicht zufällig. Neben der Erklärung, dass die leidenschaftliche Praxis zu ihrer eigenen Verwandlung beiträgt, spielt eine Rolle, dass Gesellschaften ihren Mitgliedern aus Erhaltungsgründen unreglementierte Ausschweifungen nicht ohne weiteres erlauben.

Überall dort, wo die Idee des selbstverantwortlichen Individuums präferiert wird, trifft man auf Versuche, radikale Vorstellungen der Liebe in die Tat umzusetzen und beinahe immer erweisen sich Episoden, die der freien Ausübung der Liebe gewidmet sind, im Nachhinein als enttäuschend kurzfristige Lebensabschnitte, in denen sich Suchbewegungen nach Glück zeigen. Weniger oft gerinnen aus dieser Politik der Leidenschaft überdauernde Haltungen und überdauernde Beziehungen.

Wie mehrfach erwähnt, steuern alte Kulturen die Entwicklungsschritte ihrer Mitglieder gezielter als moderne. Dort arbeitet man mit unvermeidbaren Vorgaben, hier wahlfreier. Initianden, die entsprechende Rituale über sich ergehen lassen müssen, werden strapaziösen Behandlungen unterworfen und mit den unbeherrschbaren Seiten der Existenz in Kontakt gebracht. In der einsetzenden Krise, während der die althergebrachten Unterschiede und Regeln eingeebnet sind, ergreift die Natur in Gestalt unkontrollierbarer Energien Besitz von den Betroffenen. Der geprüfte Mensch verliert zeitweise die Verantwortung für sein Erleben und Tun, hat also einen Opferstatus und muss Opfer bringen, wird für krank, unrein, verrückt, zeitweise gestorben oder anderweitig abhanden gekommen erklärt. Diese Krise muss als Akt der Selbstüberwindung gemeistert werden, um einen neuen Status zu erwerben, der fortan trägt, bis eine weitere Änderung erforderlich wird. Eine funktionierende Gesellschaft achtet darauf, entsprechende Gelegenheiten für solche Erfahrungen anzubieten.

Wandlungen und die »wilden« Anteile des Lebens werden auch in modernen Gesellschaften über archaische Inszenierungen kanalisiert. Allerdings wird hier weniger Energieaufwand betrieben, die Bedeutung ist geringer, die Teilnahme unverbindlich. Die meisten Bräuche haben saisonale Gründe oder sind Ausdruck einer Initiation (Konfirmation, Kommunion, das Erreichen der Volljährigkeit, Abitur usw.). Der Brautraub auf einer Hochzeitsfeier, anzügliche *Bachelor Partys*, Polterabende, Karneval und dergleichen sind Beispiele für Umkehrungs- und Umwandlungsfestivitäten, in denen die sonst gültigen Regeln ausgesetzt sind und sich das kulturell Gezähmte ungezügelt ausleben darf. Manche Ferienorte an Europas und Amerikas Küsten bilden die Kulisse für sommerliche Massenorgien, in die sich ein junges internationales Publikum einjettet, um die Nacht zum Tag zu machen. Erlaubt ist fast alles. Wer ohne Drogendelirium und unberührt nach Hause fährt, glaubt, etwas falsch gemacht zu haben. Nach der saisonalen Ausschweifung taucht man wieder am Arbeitsplatz auf, als wäre nichts geschehen. Herr A. zuckte über die Ausschweifungen seiner Frau schmunzelnd die Achseln. Er wisse genau, was sie und ihre Freundinnen jedes Frühjahr in Spanien treiben. So lange sie wieder zurückkam, war es ihm egal.

Das Risiko rauschhafter Grenzgänge besteht darin, dass Körper, Psyche und sozialer Status in Mitleidenschaft gezogen werden. Es ist deshalb ein sinnvoller Widerspruch, dass Ausnahmen reglementiert sind. Der sprichwörtliche rheinische Frohsinn, der einmal im Jahr das öffentliche Leben lahm legen darf, erteilt sich für die Zeit des Karnevals eine kollektive Absolution. Die Teilnahme ist obligatorisch. Verfehlungen liegen im Bereich des allzu Möglichen und werden wirksam vertuscht, in dem fast jeder auf der orgiastischen Woge mitschwimmt. Das transgenerative Karnevalsritual ist eine verlässliche moralische Freiheitszone. *Wir sind alle kleine Sünderlein, 's war immer so, 's war immer so* (Willi Millowitsch). Als Willi Millowitsch starb, spielte der Domorganist zum Schluss des Trauergottesdienstes *Ich ben ne kölsche Jung,* die anrührende Hymne der rheinischen Selbstvergebung. Die Trauergemeinde lag sich bei den Klängen in den Armen und versank in ein Tränenmeer. Es war eine besondere Liebeserklärung an die Ikone kleinbürgerlicher Ausschweifungen, die sofort verstand, wer rheinisch sozialisiert war. Das waren alle vor Ort.[16]

Niemand kommt ohne Schuld durch die Höhen und Tiefen der Begehrlichkeit.

[16] Der Katholizismus weiß, im Gegensatz zur evangelischen Kirche, wann und wie die Zügel schleifen müssen. Der der Welt zugewandtere Protestantismus, der die unmittelbarere Sprache pflegt, kann sich nur schlecht dazu verhalten, weil er seine Rituale und Steuerungselemente bereits im großen Umfang aufgegeben hat. Ihm mangelt es an einer jenseitig ausgerichteten Kultur, um an der richtigen Stelle vor den Unabänderlichkeiten der menschlichen Leidenschaften zu kapitulieren. Was an ideologischer Dualität bereits verloren ist, kann sich schlecht öffnen. Wohin auch?

Unter Sonderbedingungen begangene Sünden werden zwar nicht unbedingt gebilligt, aber hinter vorgehaltener Hand versteht man sie doch und nimmt sie augenzwinkernd in Kauf, wenn ihre Zeit gekommen ist. Der Kölner Karneval endet mit dem archaischen Ritual der *Nubbelverbrennung*. Nubbel sind Strohpuppen, die am Faschingsdienstag durch die Straßen gezogen und zum Ende der närrischen Tage auf Scheiterhaufen verbrannt werden. Vorher befragt ein verkleideter Priester die umstehenden Narren mehrfach, wer Schuld sei an den Ausschweifungen der letzten Tage und die Menge brüllt begeistert zurück: Der Nubbel ist schuld! Der Nubbel muss brennen! Die Verbrennung befreit von den Sünden und gibt die armen Sünder gereinigt dem Alltag zurück.

Meines Erachtens gelingt der Aufbau einer selbstverantwortlichen Ethik der Leidenschaft nur durch die Erfahrung leidenschaftlicher Grenzgänge. Nur wer selbst forscht und selbst in zweifelhafte Erfahrungsbereiche gerät, erfährt ihre Ästhetik. So pflügt die Leidenschaft unter Scham- und Schuldgefühlen der Beteiligten den Acker des Guten und Unguten immer weiter um. Wie man nicht von A nach B kommen kann, ohne sich von etwas zu trennen, kommt man nicht zu leidenschaftlicher Erfahrung ohne Aufgabe seiner Unschuld. Die Erforschung des Lebens verlangt ein Quantum unbedachter Spontaneität, die lustvolle Neugier, hinter den Spiegel schauen zu wollen. Etwaige Dilemmata lösen sich deshalb nicht in erster Linie, weil man vermeidet, Fehler zu begehen, sondern vielmehr durch Sühne, um die brüchige Integrität des Handelnden und die Würde schlecht Behandelter wieder herzustellen. Für die Praxis der Liebe kommt es mehr auf eine Kultur der Entschuldung an als auf tugendhafte Fehlerfreiheit. Da sind der kreativen Selbstkasteiung keine Grenzen gesetzt.

Ein junger Mann hatte sich von seiner ersten Freundin getrennt, obwohl man sich geschworen hatte, ein Leben treu zu bleiben. Was er nicht wusste, war, dass sich Menschen verändern und nicht auf ewig zueinander passen, gerade in jungen Jahren. Er war so deprimiert über seinen Rückzug, dass es ihm unmöglich erschien, eine Beziehung mit einem Mädchen einzugehen, in das er sich nachfolgend verliebte. Er konnte sich niemandem anvertrauen und war wie gelähmt, zerrissen zwischen Schuldgefühlen und Sehnsüchten. Die potentielle Nachfolgerin, die ihre Absichten offen aussprach und von ihm fadenscheinig abgewiesen wurde, unterlag der Täuschung, nicht genügt zu haben. Seine Passivität im Augenblick der Möglichkeit war ein Tribut an den vorausgegangenen Treuebruch. Erst das Auslassen eines greifbar nahen Glücks machte ihn wieder frei für zukünftige Chancen.

So unterschiedlich das Erleben der Liebe vom Bestreben nach Liebe ist, ist auch ein offenes Herz verschieden von seiner Zähmung in einem abgesteckten Beziehungsgehege. Die gegenüber der Öffentlichkeit und Fremden errichtete Intimsphäre verändert nicht nur die Umstände der Liebe, sondern auch ihr Wesen. Die alltäglich gewordene Liebesbeziehung funktioniert nach anderen Kriterien als die eben entfachte, noch ungewisse Leidenschaft. Vom Anderen unvertauschbar behandelt zu werden, ist ein Merkmal der Umwandlung der chaotischen Initiative in die Übersichtlichkeit einer geregelten Beziehung. Paarkonstruktionen, welcher Art auch immer, justieren das Gemeinsame. Sie sind ein Versuch, Liebe und Gewohnheit zu versammeln, Rauschhaftes in den geregelten Alltag zu integrieren.

Die prinzipielle Frage lautet, wie vereinbar sind leidenschaftliche Energien und die Gewohnheitsmuster einer Zweierbeziehung? Jede Zweisamkeit droht, durch Kinder in komplexere Eltern- und Familiengestalten aufzugehen und ist unplanbaren Anfechtungen und abstumpfenden Regelmäßigkeiten ausgesetzt. Meine Eltern, Eltern von vier Kindern, kämpften in entspannten Zeiten um spärliche Restbestände ihrer Intimität, indem sie die seltene Gelegenheit nutzten, auf Bälle zu gehen. Wir Kinder spürten am Frühstückstisch das Besondere der Atmosphäre des vergangenen Abends. Man ließ uns durch spröde Berichte und den offenkundigen Unwillen, mehr mitzuteilen, an der Pforte ihrer nächtlichen Vergnügung stehen. Die gehörten ihnen allein. Es gehörte zu dem wenigen, was sie für sich

> Leidenschaft will verwandeln, Moral ungehörige Motive regulieren.

beanspruchten und gegen ihre Kinder verteidigten. Auch wenn der Gedanke beim Anblick alter Paare manchmal schwer fällt, hinter jeder vordergründigen Leblosigkeit und trockenen Routine verbirgt sich eine verschüttete Sinnlichkeit. Hinter aufgereihten Sofakissen und gebügelten Hemden stecken überall zerwühlte Bettlaken und hingebungsvolle Nächte. Die aufgehende Sonne im Arm des Geliebten entdecken vor den Töchtern immer die Mütter. Die Einbildung, dass dies einzigartig, sozusagen anders herum sein könnte, zählt zu den himmlischen Blendungen derer, die noch dabei sind, das Leidenschaftliche für sich zu entdecken.

6.4 Hermetische Sprachen

Die sprachliche Einschwörung des Paares ist Teil seiner leidenschaftlichen Beschließung. Liebevolle Worte und ein Kanon überzogener Versprechungen erfüllen die taumelnden Sinne, das zärtliche Spiel wächst sich zu einer hermetischen Sprache aus. So bleibt es nicht nur eine Spielerei, die neu beschämt, es generiert auch Unvereinbares.

Ich werde Dich niemals enttäuschen, mein einziger Schatz! Die Vertrauens- und Verlässlichkeitsadressen des verliebten Paares neigen zum Größenwahn. Ultimative Gewissheiten gehören einfach dazu, nebulöse *Ich weiß nicht recht* – Äußerungen hören Verliebte ungern. Bedenken und Relativierungen sind nicht die Sprache der Leidenschaft, die Schwankenden und Zaudernden werden auf der Bühne der Liebe nicht gerne gesehen. Erwartet wird Unmissverständlichkeit. Die schlimmste Zumutung ist daher der nüchterne Kommentar, man lerne den anderen von Tag zu Tag ein klein wenig mehr lieben. Dort, wo Ehen noch von Familien versprochen werden, mag das eine unerwartete Glücksverheißung sein, im Normalfall wird eine solche Aussage aber als Entwertung des Liebesangebots betrachtet. Damit wendet sich jemand weder ab noch zu. Wer darauf eingeht, gerät automatisch eine Etage tiefer und die folgenden Bewährungsanstrengungen desavouieren das Ansinnen, Liebe teilen zu wollen. Liebe wird hier zur Dressur des Beziehungspartners, nur bei gutem Betragen gewährt. Leidenschaft findet so nicht statt.

Hier und jetzt drängt es nach Bestätigung und werden diesbezügliche Dummheiten und kleine Lügen eher verkraftet als ein Spiel auf Zeit mit Ausflüchten und Relativierungen. Die Liebe verengt die Kommunikation zu einem Turnier auf Leben und Tod. Tatsächlich steht nichts auf dem Spiel als das mögliche Scheitern ihrer Einlösung, die Verkehrung des himmlischen Versprechens in Enttäuschung. *Ohne dich kann ich nicht sein* kündet von erheblichen Autonomieverlusten, von der zeitweiligen Auslieferung an den süßen Tod, für den sich zu sterben lohnt. Die Liebe als Kommunikationscode und Erfahrungsmodus besitzt neben ihrem entfesselnden und sinnstiftenden Wert auch eine fesselnde Kraft.

Eindrücklich und unverstellt zeigt sich die Sprache Liebender im intimen Geflüster. Außenstehende sind da ungebetene Zaungäste. Das *Liebesgeflüster* ist ein Austausch schamloser Botschaften mit gesenkter Stimme, der nicht für fremde Ohren gedacht ist. Es ist durchsetzt von *Neologismen* und kosenden Analogien, die das Wesen einer Geheimsprache annehmen. Paare erschaffen sich auf diesem Weg ein kommunikatives Terrain von Übereinstimmungen und Geheimnissen, das von Uneingeweihten nicht mehr dechiffriert werden kann. Die Kunstsprache erzeugt fühlbare Exklusivität und errichtet eine neue Schambarriere nach außen. Darin erfüllt sich ihr Zweck. Turteln erzeugt einen geschlossenen Kosmos, der anderen nicht offen steht, das Paar will nicht belauscht und nicht gesehen werden. Um niemanden unnütz zu beschämen, spricht zur Illustration Kurt Tucholsky. Tucholskys Romanze *Rheinsberg* wurde nach ihrer Veröffentlichung 1912 zur erotischen Vorlage ganzer Generationen, die sich ihre Liebe nach Claires und Wolfgangs Vorbild sozusagen vom Blatt zuflüsterten:

> *Wolfgang, Wolfgang! Flüstere schnell noch mal was Frivoles in Clairchens Ohr! Schnell, schnell, gleicht kommt die Straßenbahn um die Ecke … Aaaaach, Wolfgang! (…)*
>
> Sie schwatzten, fortwährend. Die Claire am heftigsten. Ihr Deutsch war ein wenig aus der Art geschlagen. Sie hatte sich da eine Sprache zurechtgemacht, die im Prinzip an das Idiom

erinnerte, in dem kleine Kinder ihre ersten Verbindungen zur Außenwelt herzustellen suchen. Dass sie Medizinerin war, wie sie zu sein vorgab, war kaum glaubhaft, jedoch mit der Wahrheit übereinstimmend. Sie spielte immer, gab stets einer lebenden oder erdachten Gestalt für Augenblicke Wirklichkeit. (…)

»Wölfchen, du hass noch niemanns eine Andere geliebt vor mir?«
»Niieee!« (Tucholsky 2001, 3)

»Mein Papa, Wölfchen, sagt immer, ich spräche keinen guten Deutsch, wie?« (ebd., 5)

»Wolfgang!«
»Claire?«
»Erlaubstes mir? Nur einmaa, bütte, bütte ….«
»Na, wat denn wat denn, Kinn?«
»Erlaubs mirs doch. Nie nich erlaubs dus mir wen. Ich möchte doch sooo gern.«
»Ja, aber wat denn?«
»Nun? Wolfgang, ich möchte ein Mal …«
»Ein Mal?«
»… in das Wasser spucken! Erlaubstes mir, jaa?« (ebd., 10)

Manche Paare nähern sich präverbalen Gefilden, bis nur noch gepiepste und gejaulte Töne ausgetauscht werden und der Intellekt einen ausgedehnten Freigang erhält. Die Künstlichkeit eines niedlichen Geheimcodes bekräftigt den Zusammenhalt aber stärker als sachliche Beteuerungen. Das Paar webt flüsternd und glucksend am gemeinsamen Nest. Problematisch wird es, wenn die Transferfähigkeit zur Sprache der Erwachsenen verloren geht und es nicht gelingt, die Atmosphären und Glücksverheißungen des Liebescodes einzulösen. Ozeanische Regressionen sind an ein Echolot gebunden, das die emotionale Tauchtiefe und die Strecke zur öffentlichen Küste bemisst. Die Übersetzung intimer Botschaften und der Umstieg in konventionelle Sprachsysteme sollte den Beteiligten jederzeit gelingen, ansonsten koppelt sich die Paarwelt vom übrigen Leben ab. Spätestens dann gerät die gemeinsame Anreicherung zur verarmenden Umarmung. Gekappte Übertragungskanäle und Außenantennen verkümmern den Horizont eines Paares. Es privatisiert dann gegen eine immer anonymer ausfallende Lebensumwelt.

Die sprachliche Errichtung einer kuscheligen Intimsphäre darf nicht zur Selbstausgrenzung führen. Liebende sind alsbald aufgerufen, auf Durchlässigkeit umzuschalten. Es reicht heute auch nicht, wenn einer stellvertretend den Kontakt in die feindliche Umwelt aufrechterhält. Die zurückgelassenen, kommunikativ amputierten Witwer meiner Elterngeneration legen ein beredtes Zeugnis davon ab. Ebenso traurig sind Witwen, die nicht wissen, wie der Ehemann das Leben vormals geregelt hatte, und die eine Steuererklärung nicht von einem Kreuzworträtsel unterscheiden können. Peinlich sind auch *Vatis*, die von *Mutti* zum Kleidereinkauf geschleift und ohne Mitspracherecht ausstaffiert werden. Loriot hat diese Spezies erstarrter Intimität in seinen Sketchen schonungslos zur Besichtigung freigegeben (Loriot 1992).

In der Vergangenheit, als Verhaltensinventare Öffentliches und Privates strikt unterschieden und der Umgang zwischen den Geschlechtern eindeutig geregelt war, wäre das autistische Auftreten heutiger Zeitgenossen in der Öffentlichkeit undenkbar gewesen. Kultiviert, das hieß auch, attraktiv war, wer kommunikative Nuancen beherrschte und sich auf dem Parkett zu bewegen wusste, wer wusste, wo sich was gehörte. Die Etikette der bürgerlichen Aufbruchsphase des neunzehnten Jahrhunderts würde unser Kommunikationsvermögen überfordern. Theodor Fontanes Frauenromane sind Variationen der Fallstricke preußischer Lebensverhältnisse und der emanzipatorischen Gefahr, die vorhandenen Handlungsspielräume schludrig auszulegen (Fontane 1995). Wenn in einem Fontaneroman gesagt wird, man habe sich zu einem *Circle Intime* verabredet, so handelte es sich nicht um ein *tête-à-tête* zweier Liebender, sondern um eine private Gesellschaft, die sich ohne die

Die hermetisierte Überanspruchung der Leidenschaft befördert inzestuöse Atmosphären.

steifen Zwänge des bourgeoisen Protokolls zusammenfand, unter Ausschluss nicht eingeführter Gesprächspartner. Es blieb ein quasi-öffentliches Terrain hinter verschlossenen Türen, das einen persönlichen Ton zuließ, aber nicht zum Austausch von Intimitäten arrangiert wurde. Man blieb bei aller Jovialität per Sie.

Gegenwärtig beanspruchen wir, überall so zu sein, wie es uns beliebt. Das hat zwar Kontaktschwellen gesenkt und befördert die Spontaneität, aber es erschwert den Weg zu einer bedeutungsvollen Intimität. Wo kein Unterschied gemacht wird, fehlen wertvolle Unterscheidungshilfen. *One night stands* suggerieren eine Zugehörigkeitsatmosphäre auf die Schnelle, da sie aber voreilig stattfinden, führen sie im Nachhinein oft zu allerlei Verleugnungen der zu rasch bewilligten Intimität. Die gemeinsam verbrachte Nacht war dann eine einmalige Grenzüberschreitung, kein zukünftiges Versprechen. Aber wer will das schon wissen während eines trunkenen Quickies? Welche Verbindlichkeiten geht die *fast-food*-Hingabe ein, welche begehrlichen Phantasien werden dadurch geweckt und wie werden die überstürzten Protagonisten das beschämt nachregeln? Die Zuneigung eines anderen Menschen kann man sich nicht salopp aneignen, *Anerkennung* findet, wem sie erkennbar und wiederholt gewidmet wird. Eine exklusive Beziehung kommt nicht als einseitige Machtübernahme zustande. Deshalb werden auch die zukunftsträchtigen Versprechungen und Schwüre junger Paare, die im Liebesgeflüster abgegeben werden, als wertvolles Gut gehandhabt.

Das Gelingen oder Misslingen einer intimen Beziehung hängt davon ab, wie man Schamgefühle besänftigt und miteinander neu aufbaut.

Liebe verlangt soziale Kompetenz. Manche beherrschen den Code der Liebe traumwandlerisch. Sie wissen, Geflüster stiftet Verbindung, man darf es nicht 1:1 übersetzen, und es muss sich in vielen analogen Schleifen wiederholen, um der Gewissheit eines Beziehungsvertrags zu entsprechen. Wer blind der einmalig geäußerten Zuneigung vertraut, reibt sich am Ende verwundert die Augen. Der voreilige Übersetzungsfehler entpuppt sich bei manchen als systematischer *Bias*. Es ist ein psychosoziales Defizit, nicht abwarten zu können und vorausgegangene Enttäuschungen zu ignorieren. Wer schnell zu viel verspricht, strickt an einer kritischen Schieflage. Der sich anfangs verausgabende, alles ermöglichende Mann beweist nicht seine Liebe. Er ist dabei, sich Verdienste zu erwerben, die ihm nur unter Mühen abgeschlagen werden können. Das Manöver dient der eigenen Vergrößerung und Kontrolle des Beziehungspartners. Es gibt Menschen, die glauben, je mehr sie tun, desto mehr werden sie geliebt. Sie verwechseln Leidenschaft mit Gebraucht-werden. Wer zu wenig einbringt, produziert ein Ungleichgewicht anderer Art. Der verweigert das Besondere am Anderen, gleicht an, was unterschieden werden muss. Es ist die angestrengte Neutralität derer, die unabhängig bleiben wollen: Ich gebe wenig, dann kann mir auch nicht viel genommen werden. Dem Liebespartner wird das Herz nicht in die Hände gelegt. Das Zuviel und Zuwenig des Austauschs sind Einladungen zu einer *komplementären Beziehung* mit Rollenverteilungen, die nicht in die moderne Beziehungslandschaft passen. Im ersten Fall ist es die Aufforderung, sich im Tausch mit Umsorgung ruhig zu verhalten, und im zweiten Fall die defensive Warnung, bei angemahnten Verpflichtungen wieder auf Distanz zu gehen.

Der kommunikative Vorgang der Intimisierung enthält den Stoff, aus dem sich über die Zeit eine besondere *Liebesgeschichte* ventiliert. Die geronnene Erzählung ist ein Gehäuse praktizierter Liebespädagogik, der dramatische und magische Schlüssel zur persönlichen Traumwelt (Krechel 2000). Sie führt in die Verheißungen und Untiefen gelebter Leidenschaft ein. Die eigene Liebesgeschichte hält eine Liebe am Leben oder tötet sie ab und beschreibt das Individuelle im Kontext allgemeiner Erfahrungen. Sie präferiert Leidenschaftliches und warnt vor Schwierigkeiten. Geschichten sind Vor- und Nachbereitungen von Erfahrungen, um viele Grade phantastischer als die Wirklichkeit. Die magische Verwandlung einer vormals alltäglichen Wahrnehmung bildet den Kern jeder Liebesgeschichte, der geschützt und tradiert wird. Erzählungen kanalisieren Herzenswünsche und die Identifikation mit den Potentialen der Liebe. So legiert eine Beziehung ihr individuelles Schicksal mit poetischen Erzählschablonen, preist an und moralisiert, konterkariert oder unterstützt mit diesem Material die intime Erfahrung.

Diesbezüglich ist eine Liebesgeschichte nicht nur Ausdruck der Reanimation zweier durch Erziehung, Politik und Ökonomie beschämten und kontrollierten Seelen, in einer Geschichte spiegelt sich die flüchtige Urenergie des Paares. Eine Erzählung der eigenen Leidenschaft zu pflegen, bedeutet daher, sich erinnernd als Grenzgänger zu präsentieren, zu versuchen, mit einem Bein das profane und mit dem zweiten das verzauberte Leben zu balancieren. In Vergessenheit geratene Quellen entfremden von der persönlichen Leidenschaft und sind sinnentleerend, sie demonstrieren die emotionale Abschottung gegenüber dem Leben (Perls/Hefferline/Goodman 1981). Wer sich gegen die Konservierung des Zaubers sperrt, verspielt das kostbarste Gut einer Beziehung.

6.5 Intime Identifikationen

Gelingt die intime Rahmung der Leidenschaft, teilen Liebespartner früher oder später mehr *Geheimnisse* miteinander als mit irgendwem sonst. Womit sie sich hinter ihren jenseitigen Türen identifizieren, geht niemand etwas an außer das Paar. *Transparenz* der Kommunikation erweist sich hier als moderner Aberglaube.

Wer leichtfertig die eigene Intimsphäre ausplaudert, weicht die sensible Membran des Vertrauens auf. Das Kommunikationstabu des Paares nach außen ist unverzichtbar. Zur Vermeidung möglicher Verfehlungen hilft neben den geschlossenen Lippen auch die *Eifersucht*, die eine vorausschauende Wächterfunktion übernimmt. Eifersucht treibt zur Überprüfung der Versprechungen und Treuegelöbnisse. Mit kühlem Verstand betrachtet, ist sie nur eine leidenschaftliche Variante zur Einlösung der exklusiven Funktion der Liebe. Wieviel Bewegungsfreiheit im Handeln und in der Kommunikation sich Paare zugestehen, womit sie sich identifizieren und was sie als Gefährdung und Sicherung ihres Innenlebens wahrnehmen, ist ihre Sache. Die gefundenen Lösungen entscheiden mit darüber, ob das irgendwann wieder einsetzende Autonomiestreben und die Bindungsmotive der Beteiligten in ein unterstützendes und wohltuendes Verhältnis geraten, das heißt, ob ihre Umgangsweisen und Grenzziehungen ihre Liebe befördern.

Je mehr es langfristig passt, desto eingestimmter sind zwei, desto mehr ähneln sie sich auch auf Dauer. Die Ähnlichkeitshypothese wird von Paaren, die sich lange kennen, selten geteilt. Der verinnerlichte Blick auf die eigene Beziehung nimmt eher die kleinen und großen Unterschiede und Unvereinbarkeiten wahr als die Übereinstimmungen. Nach den Erkenntnissen der Gestaltpsychologie bewirkt diskrepantes Seelenmaterial, dass die Psyche nicht aufhört, sich mit diesem Konfliktherd zu beschäftigen, bis dieser einigermaßen harmonisiert ist (Zeigarnick 1927). Bei Paaren schwingt darüber hinaus noch eine Suchbewegung mit, die danach forscht, ob sich für den Einzelnen in dieser speziellen Verbindung Heimatgefühle entwickeln lassen. Es geht dabei um den notwendigen Widerhall vom Partner und um das Wiedererkennen im Partner, damit eine gemeinsame psychische Heimat entstehen kann. Aus der zusammenführenden Grenzüberschreitung der Phase II kristallisieren sich daher früher oder später Fragestellungen an die Beziehung:

- Was ist anders an dem Anderen?
- Werde ich verstanden und fühle ich mich aufgehoben?
- Spürt mein Partner, was mich ausmacht?
- Teilt mein Partner, wonach mir verlangt?
- Hat für ihn Bedeutung, was für mich Bedeutung hat?

Befremdungsfragen treten meist erst nach Krisen auf. Da es bei Liebesbeziehungen um ganzheitliche und auf Harmonie zielende *Identifikationsprozesse* geht, die sich gegen primäre Erfahrungsmuster behaupten müssen, kommen Befremdungsgefühle erst in Gang, nachdem Unvereinbares entdeckt wurde. Das hinter dieser Erkenntnis liegende Identifikationsmotiv verträgt sich nur bedingt mit Kompromissen. Es ist mit tröstenden Krümeln auf Dauer nicht abzuspeisen. Das Ich richtet sich neben einem fremd bleibenden Du nicht vorbehaltlos ein. Gelingt es nicht, sich im Anderen wiederzuerkennen und bei ihm aufgehoben zu fühlen, lebt die Beziehung nicht von innen und braucht nie versiegende äußere Attraktoren. Die Person, die Summe ihrer Identifikationsprozesse, kommt entweder richtig an oder bleibt zehrend außen vor. Darin ähneln wir als Organismus einem unserer Teilsysteme, unserem Geruchssinn. Im Riechen unterscheiden wir nur zwischen Anziehung oder Abwehr. Neutrales Riechen gibt es nicht. Können wir unsere Partner nicht riechen, wird es kritisch (Ebberfeld 1998, 2001). Gelingt aber eine Angleichung, finden sich zwei Seelen über ihre ursprüngliche Sozialisation hinweg, haben wir sozusagen ein gutes Näschen bewiesen und fühlen uns zu Hause.

Bereits triviale Alltagsverwerfungen können zu erheblichen Irritationen beitragen, Unstimmigkeiten zwischen zentralen Aspekten der Identität gehen aber weit darüber hinaus. Da geht es nicht um die richtige Ordnung der Zahnbürsten im Badezimmer, da dreht es sich um die Frage, ob überhaupt ein Bad existiert, in das beide eintauchen und einen Spiegel, in den beide schauen? Das leidenschaftliche *Wir*, um das es für die Zukunft des Paares geht, ist die gelungene Summe zweier Identifikationsleistungen, die ein rein additives Nebeneinander unverbundener Seelen nicht zustande bringt. Die angesprochene Abweichung macht sich häufig bei deutsch-amerikanischen Paaren bemerkbar. Deutsche sprechen davon, wie abgekapselt und leidenschaftslos sie ihre Partner empfinden. Umgekehrt beschweren sich Amerikaner darüber, ihre deutschen Partner seien emotional viel zu anstrengend und zu fordernd.

Eine intime Beziehung braucht eine Brücke vergleichbarer Erfahrungsquellen, die den Fortbestand des Selbstkerns auf der relationalen Ebene sichert. Der größte Teil dieser unsichtbaren Gemeinsamkeit besteht aus blinden Flecken unseres Bewusstseins, aus den Gewohnheiten, die unser Leben zu dem machen, was es in unseren Augen schon immer war, und aus Wahrnehmungen, die uns ähnliche Gefühlsreaktionen und Träume ermöglichen. Weil wir bereits Gewordene sind, bevor wir uns getroffen haben, ist es unmöglich, ganz in eine andere Wirklichkeitskonstruktion einzutauchen. Zumindest ist das Spiel, so zu tun, als könne man sich auf lange Sicht im Kern vernachlässigen, nicht zu spielen, ohne psychische Kosten davonzutragen. Unverwurzelte Geister, polyglotte Dauerreisende und Emigranten stehen vor dem gleichen Problem, wie sie neben der äußerlichen Niederlassung auch innerlich ankommen.

Hierzu die südafrikanische Schriftstellerin Nadine Gordimer. Ihr Roman *A World of Strangers* beginnt mit einer Hafenszene (Gordimer, 1956. Deutsch: Fremdling unter Fremden, 1991). Europäische Touristen kommen mit dem Schiff in Kenia an und schildern sich beim Ausschiffen in Mombasa ihre Eindrücke. So erfährt man einiges über die Reisenden und ihre ersten Schritte auf fremdem Boden, liest Einschätzungen der Mitpassagiere aus der Sicht der Erzählfigur – der Roman ist in der Ich-Form geschrieben –, bis eine ältere Mitreisende zur Erzählerin eine Bemerkung über erotische Träume macht. Dabei nimmt sie eine Einschätzung vor, die nur an einen Mann gerichtet sein kann. Im ersten Augenblick tritt Verwirrung ein wegen der Geschlechterverwechslung, vielleicht ein Druckfehler? Dann vergleicht man das Personal des Romans, bis man schließlich gewahr wird, dass sich hinter der vermeintlichen Ich-Erzählerin tatsächlich die Figur eines heterosexuellen Mannes verbirgt. Die Autorin beschreibt die Welt aus den Augen des anderen Geschlechts. Die automatisch ablaufenden Geschlechtszuweisungen des Lesers stimmen nicht, Verstörung und Verunsicherung stellen sich ein, bis sich das Rätsel auflöst und von da an die Geschichte eine ganz andere wird. Zuerst lotst Gordimer in eine falsche Richtung, dann desillusioniert sie ohne Vorwarnung, *en passant*. Der ästhetische Kunstgriff der Autorin verdeutlicht, wie einschneidend unser subjektives Erleben von stillen Vorannahmen abhängt.

Wenn wesentliche Wirklichkeitskonstrukte der Partner auseinander klaffen, sind Verbindungen aus Leidenschaft ein Kunststück, das mehr Untiefen ansammelt, als es intimen Beziehungen im Allgemeinen gut tut. Die zu Grunde liegenden Erfahrungen und Wahrnehmungen, auf die es ankommt, brauchen eine verständige Seele auf der anderen Seite, damit man auf den Kanälen der Leidenschaft eine Welt bereist. Man muss sich finden, um sich in dem übereinander gelegten Spiegel einer Beziehung zusammen neu zu sehen. Daher ist es eine Voraussetzung, sich an entscheidender Stelle, nicht im gesamten Puzzle zu ähneln. Wie viel es davon braucht, merkt jeder für sich, der leidenschaftlich Bereicherte, der auf der Suche fündig geworden ist, und der Unerlöste, dessen Seele auf einen ziellosen

Der Kern einer Person kann in einer Liebesbeziehung nur begrenzt verhandelt oder ad acta gelegt werden.

Leidensweg geraten ist. Paare kommen ohne die interpersonale Stütze zusammenfließender Erfahrungsstränge nicht aus, Beziehungen auf dem heutigen Anspruchsniveau vertragen elementare Unterschiede auf Dauer nicht. Sie brauchen eine Wirklichkeits- und Sprachbasis, die mehr ist als ein praktikabler *Kommunikationscode* (Retzer 2002a, b). Es wäre ein dramatischer Trugschluss, zu glauben, die Liebe trage gegen alle Unterschiede. Die Liebe überbrückt anfangs nur tiefgehende Gräben. Später schaut man sich um, wo man hingeraten ist und was man zurückgelassen hat. Arbeitsbeziehungen, Freundschaften, Bekanntschaften und Verwandtschaften kommen fragmentarischer aus.

Seelisch unbehaustes Ausharren, die tapfere Verleugnung des eigenen Wesens macht krank. Eine unerkannte Seele friert. Der vielleicht traurigste Grund fehlschlagender Beziehungen ist entfremdetes Nebeneinander, die Untröstlichkeit psychosozialer Entwurzelung. Auf alten Hochzeitsfotos blicken uns oft Augen an in einer Mischung aus ängstlicher Skepsis und hoffnungsvollem Stolz. Da war eine Vorahnung auf das, was kommen sollte. Im Ausdruck der Braut schwang oft schon die Gewissheit der Selbstaufgabe neben ihrem fernen, stoischen Mann.

Die Heilungsfunktion der Liebe wird weit überschätzt. An *bikulturellen* Beziehungen lässt sich eindrücklich studieren, dass sie nicht reicht, Entfremdung aufzuhalten. Einer muss immer seine Heimat verlassen und der andere ist mit Fremdartigkeit in seiner Heimat kontaminiert. Menschen mit dem Erfahrungsschatz einer bikulturellen Lebensweise und Exilsuchende berichten von Depression, Getriebenheit und der schmerzvollen Sehnsucht nach der verloren gegangenen Vertrautheit des früheren Lebenszusammenhangs. Eine Beziehung jenseits des Selbstverständlichen zu leben, bedeutet angewiesen zu sein. Wer nach Jahren konstatieren muss, es hat nicht gefruchtet, sich der Einladung der Leidenschaft überlassen zu haben, steht vor dem Dilemma, zum falschen Zeitpunkt weder hier noch dahin zu gehören. Die Frage ist, wie dieses Problem in einer globalisierten Welt in den Griff genommen werden kann. Stark differierende Erfahrungshintergründe von Paaren werden den Normalfall bilden, in einer Umwelt, in der nicht jeder die einfache Frage nach dem Weg beantworten kann, geschweige den Begriff von Intimität teilt. Jeder Mensch empfindet sein Leben auf der Basis seiner prägenden Erfahrungen. Was nach der Adoleszenz kommt, um eine grobe Markierung zu setzen, ist psychosoziale Aufstockung, sind die Selbstbehinderungen und Selbstentfaltungen, die wir dem weiteren Gang des Lebens abringen, sind die Beziehungen, die bereichern oder verarmen.[17]

7. Phase III: Einschlüsse und Ausschlüsse – Das Paradox der Liebespartnerschaft

→ Re-Individuation
→ Liebespoesie
→ Gerechtigkeitsmotive

Der Vorsatz, für ewig auf verliebten Schwingen zu gleiten, lässt sich nicht halten, der Blick bleibt nicht verschleiert. Zwischen der Poesie der Liebe und dem hereinbrechenden Alltag ernüchtert sich die Wahrnehmung und es erwachsen Auseinandersetzungen über die weitere Zukunft und die Form der Beziehung. Wenn das Paar wieder Bodenhaftung bekommt, spielen sich individuelle Unterschiede in den Vordergrund.

Die konfluente Energie lässt irgendwann nach. Aus der ozeanischen Einswerdung und dem Wunsch, das Leben endlos im Hier und Jetzt treiben zu lassen, erwachsen Auseinandersetzungen um die passende Form der Beziehung und die Organisation des Zukünftigen. Der Alltag, andere Verpflichtungen und Bedürfnisse sind nicht länger ignorierbar, bringen in Erinnerung, was in der Zeit davor vernachlässigt wurde. Langsam gewinnen die Unterschiede

---

[17] Die Biographien Asylsuchender und Vertriebener zeigen die Schwierigkeit, eine neue psychosoziale Heimstatt zu errichten, die nicht nur Veränderung einfordert, sondern auch genug des Alten rettet. Das Unterfangen geht massenhaft schlecht aus (vgl. stellvertretend Mann, K. 1976, 1981, 1985). Würde die Exilliteratur mehr in den Vordergrund des kollektiven Bewusstseins gerückt, wäre sie ein wertvoller Beitrag zum Verständnis der Leidenschaft.

des Paares an Bedeutung und es deutet sich an, wie man in Zukunft auch noch miteinander umgeht. Persönliche Vorlieben, Verpflichtungen und Abneigungen führen zu Streitereien um das Wichtige und Unwichtige, Richtige und Falsche im Leben. Die Entwicklung fordert den Liebenden ab, über Rollen und Funktionen in der Beziehung nachzudenken. Das würde bedeuten, sich in manche Richtungen zu potenzieren und in andere Verzicht zu üben. Das will aber keiner.

Das Paar ist nun angehalten, einen Beziehungs- und Lebensstil zu kreieren, der die künftigen Möglichkeiten und Verpflichtungen in ein geeignetes Verhältnis setzt. Es ist eine ziemlich unwahrscheinliche Ausnahme, dass die Überführung der Liebe in einen partnerschaftlichen Alltag ohne Konflikte und Auseinandersetzungen verläuft. Im Grunde stellt sich nur die Frage, worin sich der Definitionswille des Paares ausdrückt und was dabei auf den Prüfstand gerät. Kommen Kinder ins Spiel, folgen auch noch ernsthafte Intimitäts- und Bedeutungsverluste für die Partner. Das Liebespaar wird dann zum größeren Familiensystem, die ursprüngliche Dyade egozentrischer Lust zu einer verantwortlichen Elterntriade. Wandlungen im Schatten der Kinderfreude und des Elternstresses werden oftmals übersehen, für manche ist die Geburt eines Kindes aber ein Tag beklagenswerten Liebesverlusts.

Wenn die Liebenden eine Zeitlang zusammen sind, denken und handeln sie auch irgendwann wieder egozentrischer. Die etablierte Beziehung verändert die Wahrnehmung, eine *Re-Individualisierung* bleibt nicht aus. Die Energien, die vorher zusammenflossen, werden jetzt auch wieder verstärkt für sich selbst und für die Organisation des Alltags eingesetzt. Teils kühlt das Feuer, teils entstehen neue dramatische Inszenierungen um die weniger poetischen Seiten des Lebens, es wird um Übereinstimmung und individuellen Freiraum gerungen. Zwei grundlegend verschiedene Beziehungs- und Selbsterfahrungsdimensionen geraten sich ins Gehege: Liebe und Partnerschaft. Die *Liebe* ist absolut und ungerecht. Man folgt ihr leidenschaftlich. *Partnerschaft* arbeitet mit Aufgaben und begegnet sich auf der Ebene von Kooperation, die sich im Licht der Gerechtigkeit entscheidet. Mit der puren Liebe war das anders. Die Liebe kann nichts dafür, was durch sie entsteht. Man kann deshalb auch nichts für die Liebe verlangen, man kann sich ihr nur unterwerfen. Partnerschaft stellt berechtigte Forderungen und registriert die Ausgewogenheit oder Unausgewogenheit einer Beziehung. Die jenseitige Liebe und die diesseitige Partnerschaft führen deshalb unabänderlich zu Verwicklungen, denn sie sind zwar grundverschieden, begegnen sich aber nicht in gesonderten Räumen. Was da mit unterschiedlicher Leidenschaft aufeinanderprallt, passt nicht.

Jedes Paar reagiert und stolpert anders über diesen Unterschied. Die darauf anhebenden Differenzierungsversuche betonen die eigene Individualität und verzweifeln gleichzeitig an der Andersartigkeit des Partners. Auseinandersetzungen nehmen ideologische Züge an, es kommt zu angespannten Anpassungsleistungen und Revolten. Kleinigkeiten erhalten einen übersteigerten Anstrich, Kämpfe um materielle Besitzrechte, das richtige Verständnis und den rechten Umgang mit Putzmitteln und anderen Alltagssymbolen verstellen die ehemalige Erleuchtung. Der partielle Abstieg vom schwebenden Olymp der Sinnlichkeit in die Niederungen, die Arbeit machen, führt zu heftigen Ambivalenzen.

Distanzierungsgefühle und Eifersüchteleien halten Einzug, Autonomieimpulse und Bestrebungen, mit dem Anderen wieder eins zu werden, polarisieren sich. Kontrollversuche des Partners und Definitionsversuche der Beziehung folgen auf zuvorkommende Behandlung und herzlichsten Einklang. Die linke Hälfte der Person weiß öfter nicht mehr, was der rechten wichtig ist, die anarchistische Liebe weigert sich, das Relative und Zweideutige an der Partnerschaft anzuerkennen. Es kommt zu vielerlei Rettungs- und Ausbruchsversuchen. Die deprimierende Erkenntnis, dass sich zum arkadischen Glück der blaue Montag gesellt, signalisiert die Rückkehr in die profane Welt. Wenn sich der himmlische Horizont mit dem irdischen vermischt, wird das oft als drohendes Ende der Liebe interpretiert, als sei die Liebe durch den Einzug des Alltags beschmutzt. Die Liebe ist aber nicht vorbei. Die Verliebtheit schwächt sich nur ab und verliert ihre Leichtigkeit, sie ist mühsamer geworden.

Die Leidenschaften der romantischen Liebe und der funktionalen Partnerschaft treten als Antipoden im selben Drama auf. Sie erweisen sich gegenüber dem Versuch einer harmonischen Lösung resistent, weil hier verschiedenartige Seins-Qualitäten – *Individualität* und *Gemeinschaft* (Hondrich 2004), *Liebes-* und *Funktionsbeziehung* (Retzer 2004) – sich nicht nur nicht verstehen, sondern auch zwischen den beiden Personen und in den beiden Personen gegeneinander antreten. Die große Herausforderung besteht darin, wie die zwei Erfahrungsfelder nebeneinander existieren können, wie ein Sowohl-als-auch zu praktizieren ist. Der Versuch der Gleichschaltung misslingt unweigerlich. Es lässt sich nicht vermischen, was nicht zusammengehört. Aber Hund und Katze können miteinander, solange Raum für sie bleibt. Die qualitative Unvereinbarkeit dieser verschiedenartigen Lebensqualitäten zwingt zu doppelter Buchhaltung und zu Integrationsschritten, die auf Verzicht hinauslaufen. Das Paar steht vor der langfristigen Aufgabe, das Paradox zwischen absolutistischer Liebe und relativierender Partnerschaft in einen wohltuenden Kompromiss zu verwandeln (vgl. Abb. 9).

Liebe →	oder/und	← Partnerschaft
Einsamkeit oder Zweisamkeit		Selbstbehauptung und Kooperation

Abb. 9: Das Liebes- und Partnerschaftsparadox

Längere Zeit entsteht kein Ausgleich, der den Widerspruch befrieden würde, denn Liebende bewerten ihre Beziehung radikal und kämpfen um elementare Inhalte, jeder auf seine Weise. Dadurch eskaliert das Problem und es kommt zu Krisen, die das Konfliktmanagement der jungen Beziehung überfordern. Manche Reaktionen zielen auf Dominanz, andere spalten zwischen erotischer Liebe und Geborgenheit, Infragestellungen der Beziehung vermischen sich mit herzlicher Verbundenheit. Die entstandene Lage provoziert einseitige Lösungsversuche und das verzweifelte Paar ist angehalten, einen

Mittelweg zu finden, der gemeinsame und individuelle Perspektiven in ein handhabbares und gerechtes Verhältnis setzt. Wie kooperiert man und wie besteht man auf eigenen Absichten? Wie ist man dem Partner und wie sich selbst treu?

Kann es nicht einfach so unbeschwert bleiben, wie es angefangen hat? Nein, das Paar kann nicht hinter die angewachsene Beziehungskomplexität zurücktreten. Da niemand gerne auf den Himmel verzichtet, eröffnet sich ein Grabenkampf um das Richtige und das Falsche, das *Exklusive* und *Inklusive* der Beziehung (Retzer 2004). Der Gegner ist gleichzeitig mein Geliebter, Ich und Du sind mal vereint, mal in sich und zwischen sich zerstritten, und es finden fulminante Koalitionswechsel statt, die auch auf außenstehende Personen übergreifen. Die Konflikte generalisieren. Koffer werden schnell gepackt und auch flugs wieder ausgepackt, Drohungen und Versöhnungen, Verheimlichungen und Selbstbezichtigungen, Aufstiege und Abstiege in der Gunst wechseln in rascher Reihenfolge. Es wird viel Kraft mobilisiert, das Ruder der Beziehung in die Hand zu bekommen oder im Versuch einer Selbstrettung vom Floß abzuspringen. Die Energien, die vorher harmonisch in die Liebe einflossen, werden jetzt auch für kränkende und desillusionierende Angriffe verwendet. Der vormals hell erstrahlende Spiegel ist an manchen Stellen abgestumpft.

Dennoch klammern sich Paare an das Wunder ihrer Anfangsverliebtheit: *Verweile doch, du bist so schön!* Sie akzeptieren selten den Preis der zweiten Beziehungsebene, doch das Universum hat sich verdoppelt und bleibt von nun an janusköpfig. Einerseits ist da noch der emotionale Sog der Liebe, die Gnade, in den Augen des Anderen zu erstrahlen, von ihm begehrt und angenommen zu sein. Indessen übertüncht die langsame Sättigung der anfänglichen Leidenschaft fortan nicht länger Kontraste und Widersprüche. Die Wahrnehmung pendelt wieder zwischen Anziehung und Distanz, zwischen Weiter-Wollen und Aufhören. Am schwersten wiegt, dass Partnerschaftliches nach Prämissen funktioniert, die der anfängliche Rausch nicht kannte. Jetzt werden die ineinander verschränkten Bedürfnisse und Verantwortlichkeiten abgewogen.

Liebesbeziehungen finden derzeit auf einer ungeheuer komplizierten Grundlage statt. Jede und jeder beansprucht potentiell fast alles für sich und vom Partner und sucht nach passenden Strukturen, die helfen, diese Uferlosigkeit zu realisieren. Geschlechtsrollen bedingte Unterschiede haben sich soweit verflüssigt, dass die früheren Generationen geläufige funktionale Aufsplittung des Paares nicht mehr automatisch zu haben ist. Die gebotene *Symmetrie* zwischen den Beziehungspartnern erschwert jeden Kompromiss und jede Rollenaufteilung, die festlegen würde, wie weit individuelle Ansprüche und Verantwortlichkeiten reichen und welche Freiräume und Gemeinsamkeiten zur Verfügung stehen. Der Anspruch auf eine erschöpfende Selbstentfaltung verschafft Liebespaaren unendliche Möglichkeiten und bläht die Erwartungshaltungen an den Partner und sich selbst zu einem unerfüllbaren Anspruchskatalog auf, führt zu permanentem Leistungsdruck, sofern es nicht gelingt, zu verzichten und sich auch auf komplementäre Vereinfachungen einzulassen.

Das Paar sieht nicht mehr dasselbe und will jetzt mehr als nur das Eine.

Persönliche Unterschiede werden natürlich erkannt, aber viel zu selten als konstruktive Differenzierungsmöglichkeit verstanden. Unterschiedswahrnehmungen verwandeln sich vorwiegend in enttäuschte Kritik am Partner. Paare quälen sich ausdauernd damit, dem Anderen Unvermögen und Unwillen nachzuweisen und seine Vertrauenswürdigkeit in Frage zu stellen.

Ich sehe partout nicht ein, warum er sich regelmäßig mit seinen blöden Kumpels treffen muss! (…) Ich setze ihm da ganz schön zu, obwohl ich meine Freundinnen selbst viel sehe und sogar einen Freund habe, der, na ja, ein bisschen mehr ist als ein Freund … Jedenfalls, ich bin nicht halb so treu, wie ich es von ihm verlange und trotzdem könnte ich die Wand hochgehen, wenn er das ohne Diskussion einfach so tun will.

Die Hybris der Erwartungshaltungen ist nur noch schwer steigerbar. Unter dem Druck der Widersprüche begegnen sich Liebe und Partnerschaft als nahezu unlösbares Rätsel. Mit Aggression und partiellem Rückzug ist die Situation nicht in den Griff zu kriegen. Angesichts der verfahrenen Situation in Phase III handeln beide sozusagen in Notwehr, sie stehen dem Anderen nah und sich wieder selbst am Nächsten. Es ist ein Dilemma, die eigene Würde und die gemeinsame Liebe retten zu wollen. Dieser leidenschaftliche Knoten erschwert die Angelegenheit vollends, der ehemalige Gleichklang wird von rabiater Egozentrik niedergerungen.

Beiläufig gerät das verclinchte Paar in einen Strudel offener und verdeckter Rechnungsstellungen. Die Saldierung der *Beziehungsarithmetik* ist schwierig zu durchschauen, aber das kampfeslustige und frustrierte Gedächtnis vermerkt peinlich genau, was in der Beziehung passiert, ob die Lage ausgeglichen ist. Auf dem Erdboden begegnet man sich kleinherzig und nachtragend, ist auch sein eigener Anwalt und weiß sich nicht besser zu behelfen, als auf alte Konfliktmuster zu rekrutieren. Jetzt, da das Gute aneinander gewöhnt ist, besitzt das Unpassende viel Sprengkraft. Gestaltpsychologisch ist diese Wahrnehmungsverschiebung unvermeidlich. Paare sind darüber regelmäßig schockiert und unvorbereitet. Dabei kommt nur die graue Probebühne des Lebens zum Vorschein, die das junge System aus der Bahn wirft. Anhaltende Zwiste und Zweifel erwecken den Gedanken, die Flinte ins Korn zu werfen. Vieles steigert sich zum Extrem, und die Beziehungsintensität fühlt sich während des freien Kräfteringens mal heiß, mal eiskalt an und ist oft nicht zum Aushalten.

Nicht jeder beansprucht alles und nicht alles, was beansprucht wird, kann jeder.

Die Lektion, die es zu lernen gilt, ernüchtert. Um das Liebes- und Partnerschaftsproblem zu jonglieren, erscheint es unerlässlich, die zwei Beziehungsdimensionen zu tolerieren, eine Anerkennung mit der *Logik des Paradoxons: der ausgehaltenen Spannung zwischen antagonistischen Kräften* anzustreben (Benjamin 1990, 214). Da das Partnerschaftliche historisch im Hintertreffen ist, also noch nicht genügend etabliert, gelingt dem Paar eine Überwindung der kontroversen Verwicklung am ehesten, wenn eine Zeitlang die partnerschaftliche Seite die Hauptrolle spielen darf, wenn, ästhetisch ausgedrückt, vorübergehend eine Kultur der fürsorglichen Verbiederung zugelassen wird, bis die Beziehung genügend Ankerung für Zerreißproben erhalten hat. Diese Hierarchie tritt nach einer Weile automatisch auf, wenn der erste Schmelz vorüber, die heißesten Auseinandersetzungen ausgefochten sind und sich nicht getrennt wurde. Das Eintauschen der anarchischen Leidenschaft zugunsten einer herzlichen Zugewandtheit löst das Dilemma vorläufig und ebnet den Weg für eine weitere Transformation des Paares. Zumindest erhöht es die Wahrscheinlichkeit, dass die ursprüngliche Liebe in verändertem Gewand zurückkehren kann und nicht unwiederbringlich verloren ist. »Vorläufig« kann in diesem Zusammenhang aber auch »quälend lange Jahre« bedeuten.

Viele verstehen den Rückzug der Verliebtheit als untrüglichen Hinweis, dass sich die Liebe zwischen beruflicher Beanspruchung, Alltagsstreitereien, Babywindeln und Hypothekenzinsen aufgelöst hat. Manche ergeben sich dann in ihr Schicksal, manche erheischen, anderweitig zurückzugewinnen, was in der Beziehung in die zweite Reihe geraten ist. Es gibt viele Trennungen und Triadenbildungen während dieser Zeit, leidenschaftliche Doppelexistenzen werden ins Leben gerufen: Zu Hause waltet die treusorgende und verlässliche Hausfrau, außerhalb wandelt sie unerkannt auf erotischen Abwegen. Die weiteren Zukunftschancen alternieren zwischen der Beendigung der Beziehung, einem gespaltenen Zusammensein, der Fixierung des unromantischen Verzichts und der Bereitschaft zum kritischen Dialog.

Das Paradies ist verloren und zur Balancierung der auftretenden Unterschiede mangelt es noch an Bereitschaft und gemeinsamer Krisenkultur.

Dr. Shiwago ist ein radikaler Roman über die Liebe und die Verantwortung des Individuums und war deshalb in der Sowjetunion lange verboten (Pasternak 1992). In David Leans Verfilmung (1965) gibt es eine Szenenfolge, welche die Gegensätzlichkeit der Phase III an der Person Juri Shiwagos (Omar Sharif) zeigt: Auf der einen Seite sorgt er sich um seine Familie und die erneut schwangere Ehefrau (Geraldine Chaplin), im Nachbarort wartet die Geliebte auf ihn. Mit Lara (Julie Christie) verbindet ihn die zügellose Leidenschaft, die den Eheleuten abhanden gekommen ist. Shiwago fühlt sich zwischen beiden Beziehungen hin und her gerrissen und macht einen folgenschweren Schritt. Er befreit sich vordergründig aus dem Drama, in dem er Lara eröffnet, dass er sie nicht mehr wiedersehen wird. Als er sie auf das Ende einschwören will und sie fragt: *Glaubst du mir das?*, schüttelt sie verneinend den Kopf. Er ist bemüht, die Zukunft in ihre Richtung abzuschneiden und sich willentlich für die ältere Beziehung, seine Kinder und die Familie zu entscheiden. Es ist ein gehandelter, kein empfundener Verzicht auf die Geliebte, der Versuch, dem älteren Versprechen eine neue Chance zu geben. Die Radikalität der Geschichte wird daran deutlich, dass Shiwago in der Folge Familie und Geliebte verliert. Pasternak gibt damit der Liebe in der modernen Gesellschaft die höchste Bedeutung, stellt aber dem Einzelnen keinen Freifahrtschein zum Glück aus, sondern überlässt ihn seinem selbst zu verantwortenden leidenschaftlichen Schicksal.

Das Glück spielt in Phase III nicht umsonst zur Musik auf. Nun werden Quittungen vergeben, für das, wozu das Paar sich entscheidet, und muss verantwortet werden, wohin man zusammen oder alleine gerät.

7.1 Fallvignetten zur Phase III

Wir sind dann zusammengezogen. Ich fand die Wohnung gleich so trübe, er fand sie genau richtig. Ich wollte sie renovieren, er hat nur Angst um sein Geld gehabt. Ich wollte ein gemeinsames Schlafzimmer, er so die WG-Einteilung: Jeder sein eigenes Zimmer mit Bett, Arbeitstisch und Bücherregal … Und ich Idiot habe das alles mitgemacht. Bis es mir zuviel wurde. Es ging ja nur noch nach seinem Kopf. Dann hatten wir Kämpfe, das kann man sich nicht vorstellen: Eine Woche bin ich ausgezogen, die andere hat er bei einem Freund übernachtet … Wir dürften eine ganze Porzellankollektion vernichtet haben während dieser Jahre …

Als er dann seinen zweiten Ausbildungsabschnitt angefangen hatte, ich war ja längst fertig, ging alles drunter und drüber. Da passte nix mehr. Er hat gebüffelt und ich habe mich gelangweilt. Für uns beide war ja kein Platz mehr. Wenn ich Vorschläge für was Neues machte, hat er das alles abgewehrt. Ich war dann die, die immer so komische Hirngespinste hatte und nie Verständnis für ihn … Damals habe ich begonnen, alleine meinen Sachen nachzugehen und habe mich langsam entliebt. Ich habe mich dann getrennt und bin wieder in meine Wohnung zurück.

So nach zwei, drei Jahren hat sich rausgestellt, dass sie in Wahrheit ganz konservative Vorstellungen vom Zusammenleben hatte. Plötzlich war sie nicht mehr scharf drauf, Karriere zu machen. Nun sollte ich für uns beide im Beruf vorankommen … Sie hat dann schon Babysachen auf Vorrat gekauft und ist ganz in dieser Scheinwelt aufgegangen. Wir hatten ja noch kein Kind … Ich kam mir vor wie Ken und Barbie. Den Vergleich hat sie mir ungeheuer verübelt, weil sie in ihrer Kindheit mit diesen Puppen gespielt hat. Sie kommt ja aus den Staaten … Im Grunde verstehen wir uns immer noch gut, aber es haben sich Welten aufgetan zwischen uns. Sie versteht nicht, dass ich außer ihr Freunde und Freundinnen habe, mit denen mich viel verbindet. So was gehört sich nicht, sagt sie. Dafür wäre man ja schließlich verheiratet. … Ich hätte nie gedacht, dass diese selbstbewusste Frau so rollenfixiert ist.
Also, nachdem unser Honeymoon vorbei war, war irgendwann klar, wir müssen mal wieder was für unsere Beziehung tun. Dann haben wir alles Nötige durchgesprochen. Was wir wie haben wollen und wer die Verantwortung trägt. Das war klasse, weil er nicht wollte, was ich gerne unter meiner Fuchtel habe, und umgekehrt. Seitdem hat jeder seinen Bereich und das klappt richtig gut. Man hat nur die Hälfte im Kopf zu haben, den Rest macht der andere. Super! … Wir können aber auch beide drüber wegsehen, wenn mal was nicht klappt. Außer, wenn's um die Wohnung geht, dann muss man aufpassen wie ein Schießhund. Er ist nämlich auch so ein Schöngeist wie ich, und jeder will, dass es genau so aussieht, wie man's selbst gerne hätte. Leider steht er mehr so auf verspieltes Holzzeug und ich hab's gerne streng. Aber, unsere Kompromisse passen dann wieder ganz gut zueinander, bis auf dieses grässliche Vertiko seiner Tante …

So ungefähr, als wir unsere erste Verliebtheit hinter uns hatten, hat sie urplötzlich drauf bestanden, dass sie einen Bereich für sich braucht, mit dem ich nichts zu tun haben soll. Man könne ja nicht den ganzen Tag alles zusammen machen … Das war, als sie wieder anfing, sich viel mit ihren Schwestern und Kusinen zu treffen. Das ist bei Türken ja so, dass die so eine Frauenwelt haben. Sie hat sich dann gewundert, dass ich nicht so wild auf meine Männerfreundschaften bin. Ich brauche so Aufteilungen nicht. Sie schon. Außerdem, ich weiß, dass sie die Frauen auch vorschiebt, um Dinge ganz für sich alleine zu machen … Was soll ich machen? Sie ist eben so. Man kann darüber nicht mit ihr diskutieren. Das ist wie eingemeißelt.

Sie hat mich gereizt bis aufs Messer. Nur weil ich ab und an darauf bestanden habe, dass sie sich auch mal meinen Vorstellungen anpasst und nicht immer umgekehrt. Sie hat mich dann nachgeäfft und lächerlich gemacht, nur um von sich abzulenken. Je mehr ich mich bemüht habe, dass wir uns nicht noch mehr streiten, um so mehr hat sie rum chaotisiert … Wenn ich dann nicht mehr weiter wusste und gebrüllt habe, hat sie dann völlig durchgedreht: ›Ja, schlag mich doch! Das fehlt noch, dass du mich schlägst, nur um Recht zu haben!‹ Ich bin da manchmal vor Verzweiflung ausgeklinkt … Die Zeit war so schlimm! Wir waren nur noch gegeneinander. Kein Mensch hätte uns damals zugetraut, dass wir auch wie ein Herz und eine Seele sein können.

Das Komische war, im Alltag flogen die Fetzen. Wenn wir aber in Urlaub gefahren sind, waren wir wie ausgewechselt. Wir haben das nicht kapiert. Jetzt im Nachhinein dämmert es uns, dass wir wie die Berserker um den Erhalt von Harmonie gekämpft haben. Natürlich immer die Harmonie, die jeder für sich im Kopf hatte. … Das war richtig schwer, einzusehen, dass man nicht alles teilt und dass der andere nicht wertloser wird, weil er auch noch was anderes wichtig nimmt. … Wir haben uns mehrmals getrennt und kaum waren wir's, haben wir Sehnsucht gekriegt. … Das war aussichtslos. Jetzt haben wir eine Formel verabredet, wenn wir uns so richtig verkeilen und Schlimmstes befürchtet werden muss, sagt einer von uns: Denk dran, es klappt nur mit uns, wenn wir Zwei auch zwei Persönlichkeiten sein dürfen. Und wenn wir das nicht mehr wollen, wollen wir uns sowieso nicht mehr! Das funktioniert, ehrlich …

7.2 Balanceakte

Liebesbeziehungen erfordern mehr Selbstverantwortung und Beziehungstalente denn je. *Noch nie hatte der Mensch so viele Entscheidungsfreiheiten* (Richter 1997, 14). Aber auch noch nie hatten Menschen die Last so vieler Entscheidungserfordernisse. Auf welche Schlüsselkompetenzen kommt es an, wenn ein Paar darum ringt, wie es leben will?

Weder gibt es momentan eine zentrale Lebensform noch einen verbindlichen Ablaufplan des Privatlebens. Dafür existiert ein unüberblickbares Feld an Zugehensweisen und Lebensentwürfen. Persönliche Bedürfnisse stehen in offener Konkurrenz zu Vorstellungen gemeinsamer Lebensgestaltung, schnell wechselnde Moden ersetzen das Handeln in vorgefertigten, eindeutigen und langfristigen Bahnen (Klöckner 2000). Die neu gewonnene soziale Offenheit hat aber eine Kehrseite: Sie führt zu einem Verlust an Konventionen und zwingt den einzelnen Menschen zu psychischer Beweglichkeit, dazu, seine Ansprüche gegen die Erwartungen anderer abzugrenzen und Ambivalenzen auszuhalten. Paare können sich nicht an einer Wirklichkeit festklammern, sie müssen im Dialog stets neu zu sich finden. Ein allgemeines *Know-how* zu konstruktiver Konfliktbewältigung und gegenseitiger Förderung fehlt bisher. Geduld und Akzeptanzbereitschaft hinsichtlich der Schwierigkeiten einer Beziehung nehmen ab, die Diffusionen der Rollenverteilung erheblich zu. Die soziale Gesamtsituation garantiert eine Zirkulationskultur aneinandergereihter Liebschaften, wie sie Schwule und Lesben seit langem praktizieren. Es hat eine Annäherung von heterosexuellen an homosexuelle

Liebesbeziehungen sind unter den gegebenen Voraussetzungen schwer zu manövrieren, Trennungen fallen leichter.

Sozialmuster stattgefunden, die Bohème ist mehrheitsfähig geworden. Insofern tun Suchende gut daran, an eine Beziehung mit der Haltung eines Experimentes mit offenem Ausgang heranzugehen. Ob eine anfängliche intensive Beanspruchung nur augenblickliche Zuwendung bedeutet oder langfristige Geltung erhält, weiß man vorher nicht.

Unter solchen Bedingungen streiten Paare um Definitionsmacht.

Ältere Generationen konnten noch von der Vorstellung ausgehen, dass ihr *soziales Netz* von dauerhafter und homogener Natur war und ihre *Biographie* ein im Großen und Ganzen vorhersehbarer Verlauf mit schicksalhaften Unterbrechungen. Das Hineinwachsen in die Gesellschaft bedeutete bis in die Moderne hinein, sich im Vorgegebenen einzurichten und die bereitgestellten Rollen auszufüllen. Daran konnte man scheitern oder wachsen, daran zeigte sich, wie erfolgreich jemand war. Solche traditionellen *Identitätsgehäuse* verlieren bei den heutigen Beanspruchungen zusehends ihre Passform (Keupp/Höfer 1997). *Es hat sich ein tiefgreifender Wandel von geschlossenen (…) zu gestaltenden sozialen Systemen vollzogen* (Keupp 2000, 5). Verluste an tradierten Sicherheiten und normativen Grundlagen sind daher zwangsläufig, fortwährende Qualitäts- und Ästhetikwechsel, ein unverbundenes Nebeneinander die Folge (Giddens 1997).

Staatlichen Institutionen fehlt der Takt gebende Einfluss, was dazu beiträgt, dass individuelle Initiativen in der Hinwendung auf kurzfristige Sinnstifter enden, die leicht bekömmliche, lebensfrohe Botschaften bereithalten. Das entspricht einem heute weit verbreiteten Sinnkriterium, dem Quasi-Recht auf leidenschaftliche Selbstverwirklichung. Zur Selbstorganisation in einem Umfeld, das nur Restbestände an *Lebenswelten mit geschlossener weltanschaulich-religiöser Sinngebung, klaren Autoritätsverhältnissen und Pflichtkatalogen* zulässt (Beck 1995, 5), gehört der Zwang, die gesamte Beziehung eines Paares *multioptional* (Fend 1988) aushandeln zu müssen.

Solche Identität stiftende Aktivitäten eines Paares sind über lange Strecken mit den passageren Einlassungen von *Nomaden* zu vergleichen (Baumann 1997). Beziehung findet als ständige Expedition entlang vielschichtiger Anforderungen und Anfechtungen statt. Bis man weiß, ob man bleibt, muss viel zusammenkommen. Die Wendungen einer Beziehung verlangen viel Vertrauensvorschuss und eine gehörige Portion Gelassenheit, denn wenn alles auf der Goldwaage liegt, ist die Luft dünn und von latenter Überforderung erfüllt. Deshalb werden an dieser Stelle einige psychosoziale *Schlüsselqualifikationen* katalogisiert, die in der gegenwärtigen Situation grundlegende Bedeutung besitzen.

(1) Eigenständigkeit:
Der Normalzustand von Erlebnisweisen und Erfahrungsbezügen eines Individuums, die sich nur schlecht in ein Gesamtbild fügen lassen, erfordert ausgeprägte Selbstbezüge, um zugleich auf einen in sich stimmigen Erlebniskosmos rekrutieren und sozial ankoppeln zu können. Partielle Rückzüge in homogene Submilieus lindern das Unverarbeitbare, führen in Ausschließlichkeit aber zu einem Leben an der Peripherie des Ganzen.

(2) Mehrsprachigkeit und Selbstverunsicherung:
Neugierde auf soziale Unterschiede, eine generelle Bereitschaft zu Unsicherheit und Toleranz gegenüber zwischenmenschlichen Unverständlichkeiten werden zur Unumgänglichkeit der Selbst- und Beziehungsorganisation. Das Beharren auf einer einzigen Wirklichkeit erzeugt nicht den notwendigen Ausgleich. Die flexible Beherrschung psychischer und kommunikativer Mehrsprachigkeit wird zum alltagsnotwendigen Lerninhalt.

(3) Förderliche Selbstbegrenzung:
Die strukturelle Entgrenzung bewirkt eine Art psychischen Dauerbereitschaftsdienst, immer und für alles verantwortlich und kompetent zu sein. Wie viel davon Sinn macht, muss individuell überprüft werden. *Selbstbegrenzung* (Illich 1980) gehört damit zur Selbstförderung und Beziehungsgestaltung. Die Kunst besteht darin, nicht in fundamentalistische Simplifizierungen abzurutschen oder naiv neben dem Leben zu stehen.

(4) *Handeln* und *Verhandeln*:
Der Schwund an psychokultureller Uniformität und der damit einhergehende Druck, die Ästhetik und den Sinn einer Beziehung auszuhandeln, erfordert Verhandlungsbereitschaft und Verhandlungsgeschick. Es geht in Zukunft nicht mehr nur darum, in Liebe anzukommen, sondern bis ans Ende der Beziehung den Gehalt der Gemeinsamkeit fair zu verhandeln und in Kauf zu nehmen, dass sich persönliche Motive und das gemeinsame Beziehungsraster über die Zeit wandeln.

(5) Gegenseitige *Würdigung*:
Die Würde des Anderen ist unantastbar. Eine multioptionale Beziehung, die auf Gleichberechtigung beruht, verlangt neben Verhandlungskompetenzen einfühlende Akzeptanz. Ignoranz und das Beharren auf einseitigen Wahrheiten führten zu Auseinandersetzungen um Anerkennung und um die Rücknahme von damit einhergehenden Entehrungen (Simon 2001).

Die Beziehungsressource der Zukunft liegt daher nicht so sehr im Erlernen vorgegebener Rollen, als vielmehr darin, über psychosoziale Fertigkeiten zu verfügen, die eine selbstbewusste und leidenschaftliche Beziehungspraxis ermöglichen. Man kann die Beherrschung solcher Schlüsselkompetenzen auch Liebesfähigkeit nennen, sie findet Ausdruck in einem Modus des Seins, der auf dem liebevollen Dialog gründet und der Lust zu teilen (Fromm 1976). Dazu braucht es Gefühlsrechner, die mehr im Stillen ausgleichen als lauthals einklagen, mehr zahlen als berechnen.

7.3 Leidenschaftliche Berechnungen

Im Zusammenhang mit dem Konfliktstoff der Phase III wird die Hypothese vertreten, dass es in einer gleichberechtigten Liebesbeziehung keinen Wert hat, den Partner zu übervorteilen. Dennoch floriert ein auffälliges Geschachere in der Art: Bleibst du mir als Partner treu, dann nehme ich deine Seitensprünge und mein fallendes Selbstwertgefühl in Kauf. Der undurchsichtige Handel mit Gefühlen und Taten wird beziehungsökonomisch erklärt.

Ein *Paar* entspricht einem gefühlsmäßig begründeten Muster veränderlicher Kooperationen. So gesehen ist eine Liebesbeziehung ein Kreislauf von Ereignissen, die fortlaufend in die Beziehungsökonomie eingehen und eine dauerhafte Konferenz um individuelle Auffassungen der Wirklichkeit am Laufen halten. Der Austausch eines Paares sollte daher gerecht ausfallen. Lèvinas behauptet, die Nähe zu einem anderen Menschen enthalte immer die Verpflichtung, ihm gerecht zu begegnen, selbst wenn man jede Verantwortung für die andere Person ablehnt (Lèvinas 1989). In einem ursächlichen Verständnis von Verantwortung ist ein antwortloser Zustand in einer Beziehung auch unmöglich, so wie es im Kontext einer Beziehung unmöglich ist, nicht zu kommunizieren. In einer existierenden Beziehung wird jedes stattfindende oder ausbleibende Verhalten zum Kommentar, trägt jedes Verhalten einen Impuls- und Antwortcharakter. Verhalten kann unter dieser Bedingung keine Neutralität beanspruchen. Es gilt somit die Voraussetzung:

Eine Beziehung trägt der ambivalenten Herausforderung Rechnung, sich selbst und dem Anderen gerecht zu werden. Einseitig kann nicht auf Gerechtigkeit gepocht werden, weil Gerechtigkeit eine zwischenmenschliche Kategorie ist und nicht mit Rechthaben verwechselt werden darf. Beiden Beteiligten kann nur mit Hilfe dieses ethischen Zwischenglieds entsprochen werden. Die wechselweise Frage der Gerechtigkeit berührt ergo eine Dynamik, die nicht ausgeschaltet werden kann und nie zur Ruhe kommt. Lèvinas nennt die auf Gerechtigkeit fußende Beziehung deshalb auch die *schwierige Freiheit*. In ihr liegen die Würde des Menschen und seine Verantwortung.

Wenn die schwierige Freiheit individuellen Beweggründen und Umsetzungsweisen tatsächlich weit offen steht, gewinnen Voraussetzungen wie die von Robine eine alltagspraktische ethische Bedeutung: *Es gibt keine andere Wirklichkeit jenseits der, die wir in Beziehungen herstellen* (Robine 1999, 27). So verstanden besitzen das private und das öffentliche Leben die gleichen Voraussetzungen. Das Leben erscheint dann als Basar, der Flaneure aller Couleur einlädt, Kontakte anzuknüpfen. Verlangt es nach mehr, kann man mehr daraus machen, wenn nicht, darf man weiter gehen. Es besteht kein Kaufzwang. Wer eine leidenschaftliche Kontinuität mit derselben Person verlangt, muss auf lebenslange *Verhandlungen* eingestellt sein.

Die Dynamik eines Paares wird nun unter dem Gesichtspunkt *radikaler Kooperationen* beleuchtet, wodurch sie eine Bedeutung als ökologischer Austauschprozess erhält (Simon und C/O/N/E/C/T/A 1992). Als Ware zählt alles, was zum Gleichgewicht oder zur Unausgewogenheit des Paares beiträgt, insbesondere Effekte im Bereich des *Gebens* und *Nehmens*, der *Machtdynamik* im Zusammenhang mit Dominanz, Ebenbürtigkeit und Unterordnung und die wechselseitige Abhängigkeit von *Autonomie-* und *Bindungsmotiven* (Jellouschek 1999). Ob eine Umverteilung von Verdiensten und Schuld(en) in Richtung Würde und Zuneigung gelingt, entscheidet nach diesem Modell über die Zukunftsperspektiven eines Paares. Zwei einfache Kooperationsfragen sind vorrangig: Was geht an Lustbarkeiten und Frustrationen in die Beziehungspraxis ein und wie bedeutungsvoll, sprich, wie teuer oder billig, wird das entsprechende Gut gehandelt? Was darf wie in einer Beziehung existieren und was wie nicht vorkommen?

Beziehungspartner wenden untereinander offene und verdeckte Bilanzierungskonten an, die Ausgleich anstreben. Darin kommt ihr zentraler Wunsch nach Gerechtigkeit zum Ausdruck, der durch seine subjektive Setzung zu verwickelten Erwartungen und Ansichten, Geltungsansprüchen und Rechtmäßigkeiten führt (Boszormenyi-Nagy 1977, Boszormenyi-Nagy/Spark 1981). Im Einzelfall ist für das Wohlergehen einer Beziehung wichtig, die beidseitigen Forderungen nach zwischenmenschlichem Spielraum in ein rücksichtsvolles Verhältnis zu bringen. Was nicht vermittelbar ist, aber stört, wirkt als giftiger Stachel im feinen Gespinst der Koexistenz. Zuvorkommen und Fairness entscheiden über Entwicklungschancen und das Wohlempfinden des Paares, praktisch ausgedrückt: Die Beteiligten müssen eine tragfähige Verkehrssprache und taugliche Übersetzungshilfen entwickeln, die möglichst klar erkennen lassen, was beide voneinander erwarten, was beide miteinander treiben, wie beide dazu stehen und wie Angleichung erzeugt wird. Einige Behauptungen werden jetzt genauer betrachtet:

Behauptung 1:
Jeder Mensch beurteilt das eigene oder vom anderen produzierte Verhalten nach seinem *individuellen Wertesystem* und vergleicht es hinsichtlich seines *psychosozialen Tauschwerts*.

Entsprechend kommt es darauf an, herauszufiltern, welche Kosten-Nutzenrelationen jemand in einen Dialog beziehungsweise in das Ganze der Beziehung einbringt und herauszieht. Wer tut und empfindet auf welchem Hintergrund was? Was ist der Referenzmaßstab dafür und wie passt das zueinander? Da Wertmaßstäbe individueller Natur sind, bleibt die Bewertung eines Verhaltens solange nicht konvertibel, bis aus einer Beurteilung eine zwischenmenschliche Berücksichtigung geworden ist, die dem Paar entspricht. Verhalten kann für Außenstehende belanglos und verrückt erscheinen, aus der Innenansicht des Einzelnen und des Paares transportiert es immer einen historischen Sinn.

Wer gelernt hat, auf unangenehme Situationen mit Tränen zu antworten und vom Gegenüber erwartet, dass verständnisvolle und tröstende Reaktionen erfolgen, wird es schwer haben, wenn ein Dialogpartner seinerseits gewohnt ist, die Ursache auftretender Emotionen aufzuklären. Beide *Währungen*, die emotionale Analogie und die Faktizität, müssten für einen Ablasshandel formatiert werden. Da sich beide so verhalten, wie es ihrer Art entspricht, passen *Angebot* und *Nachfrage* des Marktes nicht zueinander, ergibt sich schnell ein Clinch aus unerfüllten Motiven und ungeeigneten Konfliktbewältigungen.

Ein klassisches Beispiel für verschiedene Wertesysteme zwischen den Geschlechtern ist die Haltung zur Frage, worin sich Liebe ausdrückt. Männer neigen zu dem Glauben, ihre Liebe würde sich durch ihr Tun oder Lassen ausdrücken. *Ich nehme ihr alle Arbeiten im Haus ab und kümmere mich aufopferungsvoll um den Garten und dennoch* … Frauen bevorzugen das liebevolle Wort. *Mein Mann spricht nicht mit mir und über sich schon gar nicht. Im Grunde weiß ich nicht, was in ihm vorgeht.* Ähnliches gilt für die Reihenfolge von sexuellem Kontakt und zärtlichen Liebkosungen. Für viele Frauen ist das zärtliche Miteinander die Voraussetzung für sexuelle Lust, Männer halten es oft umgekehrt. Sie glauben, der liebevolle Umgang erschöpfe sich im anschließenden Löffelschlaf der Erschöpften.

Behauptung 2:
Innerhalb des Austauschs von Wahrnehmungen und Kommunikationen werden Konten in Kategorien des *Gebens und Nehmens* angelegt. Die Liebespartner vergleichen Verhalten in ihrer ureigenen Währung, da es keinen objektiven emotionalen Maßstab zur Bewertung von Verhalten gibt.

Bilanzierungen unter dem Aspekt des psychischen Werteaustauschs kranken am Fehlen einer verbindlichen Währung. Allgemeine Moral hilft nur bedingt weiter, da es sich um persönliche Skalen handelt. Herangezogene *Ethiken* sollen ungewolltes Verhalten dezimieren und gewolltes fördern, insofern helfen sie zwar Interaktionen einzuordnen, sie können aber emotionale Effekte nicht verhindern. Neben dem Fehlen einer allseits anerkannten Gefühls-Währung kommt erschwerend hinzu, dass sich gemeinsame Geschäfte in einem quasi ahistorischen Raum niederschlagen. Sie sind nur lose an Zeiträume und Vergangenes gekoppelt. Die Psyche orientiert sich weniger am Gestern, Heute oder Morgen, als am Prinzip des schlechten Geschäfts und des gelungenen Abschlusses.

Die *Kontenstände* der Beteiligten fließen in die aktuellen Transaktionen ein. Wobei nicht jede Ware sofort bezahlt, nicht jede gute oder schlechte Sache gleich belohnt oder bestraft wird. Dennoch werden *Soll* und *Haben* gefühlt, weitere Geschäfte getätigt, auch mit Hilfe von Drittpersonen, real oder in der Phantasie. Weshalb derjenige, den es betrifft, nicht unbedingt etwas davon weiß.

Jemand kann die Möglichkeit zu einem Seitensprung ungenutzt verstreichen lassen und diesen Verzicht bei passender Gelegenheit wie eine getätigte Investition einbringen, für die Zinsen in Form von Gegenleistungen verlangt werden. Das Gedächtnis, als Umschlagplatz der Bewertung von Erfahrungen, ist in diesem Falle nur begrenzt korrumpierbar. Was unbezahlt bleibt, wird nicht vergessen. Großzügige Menschen sind hier fein raus, wirken in diesem Gefüge aber immer ein bisschen töricht. Sie stören mit ihrer spendablen Naivität, gleichen alles aus, bezahlen immer zu viel und halten den Anderen durch ihren Großmut auf Abstand.

Da es immer Unterschiede in den Ansichten und der Verarbeitung von Erfahrungen gibt, ist es für die Paarhygiene unverzichtbar, Kontenausgleich zu betreiben. Einseitige Lockerungen der Leitzinsen sind kein guter Weg. Verzichte mutieren gerne zu Schwarzzahlungen auf ein persönliches Verdienstkonto, das den Anderen unter Zugzwang hält. In einem Fall verzichtete ein Mann auf eigene Kinder, weil die späte Ausbildung seiner Frau und der damit einhergehende Alltagsstress dem Kinderkriegen entgegenstanden. Er empfand die Kinderlosigkeit als unheilbaren Verlust und sie saß auf einem Berg an Schuldgefühlen. Das Paar verlor in der Folge die Liebe füreinander. Man trennte sich mehrmals hasserfüllt und fand erst mit professioneller Hilfe wieder zu sich zurück.

Schwierig ist auch, wenn sich Partner gegen Wiedergutmachung wehren, zum Beispiel durch ein Geschenk. Nun kann es gute Gründe geben, Geschenke als unangemessene Bestechung abzulehnen. Dennoch ist es ein weit verbreitetes Phänomen, dass sich viele Männer nichts schenken lassen können und eine Palette von Abwertungen parat haben, um den Akt in seiner Funktion zu neutralisieren: Das Geschenk bleibt unbenutzt liegen, man erklärt es empört als unpassend oder versucht bereits im Vorfeld so auf die Qualität des Gegenstands einzuwirken, dass aus dem Geschenk eine bestellte Besorgung wird, die von den Absichten des Schenkenden bereinigt ist. Manche sind so in Not, dass sie sich diesbezüglich nur auf die Kraft der Magie verlassen. Sie erraten fast jedes Geschenk und kontrollieren im Entzug der Überraschung den emotionalen Wert der Gabe. Der Schenkende steht blöder da als vorher.

Behauptung 3:
Ware ist in diesem Kontext das, was *wahrgenommen* wird.

Bei psychosozialen Schiebereien spielt, im Gegensatz zu schriftlich fixierten Kaufverträgen, die Wahrnehmung eine entscheidende Rolle. Das ist ein Grund, weshalb Verhaltensunterlassungen nach dem Motto *Der Klügere gibt nach* es schwer haben, erkannt zu werden, obwohl Unterlassungen einen hohen Stellenwert besitzen.

Die Qualität einer Person wird oft mit dem Ausbleiben eines als unangenehm erfahrenen Verhaltens in Verbindung gebracht; in der Art einer *Raucht, trinkt und streitet sich nie* - Bewertung. Unterlassungen können Loyalität mit Personen oder so genannten höheren Werten ausdrücken. Eingestellte Aktivitäten, auf die Verlass war, sind Beispiele hierfür: die Waffen oder die Arbeit niederlegen, aus Solidarität in Hungerstreik eintreten usw. Zu Unterlassungen gehören auch Unfähigkeiten. So können Mobilitätseinschränkungen wie Sprachbarrieren, Gehbehinderungen oder Phobien einen positiven Wert erhalten. Etwas nicht ausführen oder überblicken zu können, ist nicht zwangsläufig ein Manko, aber eine Ware, der eine Bedeutung zugemessen wird. Der Ritter kann die Edelfrau nur retten, wenn sie im Turm gefangen sitzt und ein nachlässiger Mann kommt der ästhetischen Oberhoheit seiner Frau unter Umständen sehr entgegen.

Unterlassungen entwickeln nur dann einen verständlichen Wert, wenn im Zusammenhang von Erwartungen etwas Erwartetes ausbleibt. Kompromittierendes Wissen kann bei Gelegenheit zurückgehalten werden, was dann je nach Beziehung und Art der Unterlassung dankbar bemerkt wird oder als Bewusstheit der eigenen Erpressbarkeit für Unruhe sorgt. Die geistige Eigenschaft der Unterlassungshandlung bewirkt *Emergenz*. Deshalb sind Phantasiegestalten *(Hat sie mich mit ihm betrogen oder nicht?)* Quellen der Auseinandersetzung um Macht und Ohnmacht. Asiatische und afrikanische Kulturen, mit ihrer größeren Vielfalt an ausgeklügelten Kontaktritualen, diplomatischen Auslassungen und indirekten Manipulationen hinter den Kulissen des Offensichtlichen, beherrschen den Handel mit Schein und Wirklichkeit meisterhaft. Es bereitet ihnen aber auch erhebliches Kopfzerbrechen. Deutsche werden von anderen Kulturen oft brutal konfrontierend und tollpatschig erlebt. Deutsche glauben von sich, nur weniger verschachtelt zu agieren und nach der tieferen Wirklichkeit zu suchen, nach der Wahrheit, die Diplomatie, Etikette und gelenkter Small Talk vorenthalten.

Der Tausch kommunikativer Handelsgüter ist eng an kollektive und individuelle Wirklichkeitskonstruktionen gebunden und ähnelt virtuellen Problemlösungen: Was nicht meine Aufmerksamkeit erregt, existiert nicht. Für Unerkanntes und Unbekanntes kann keine Verantwortung übernommen werden. Aber selbst diese altehrwürdige Aussicht ist für den zwischenmenschlichen Austausch kein zweifelsfreier Sachverhalt. Man verhält sich ständig. Das kann zwar außerhalb des eigenen Bewusstseins und Wissens liegen, vom Beziehungspartner aber in einen Vermutungs- und Bewertungszusammenhang gebracht werden, und umgekehrt. Da das Sender-Empfänger-Verhältnis von Informationen *non-linearer* Natur ist, existieren immer unterschiedliche Meinungen darüber, was Ware ist und wie diese bewertet werden soll.[18]

Der undurchdringliche Dschungel von Tatsachen und Vorstellungen, von Sichtbarem und Unsichtbarem produziert ein Beziehungsmuster. Dieses Muster entspricht den eingehenden Wertesystemen und Skalierungsmethoden nach dem Bonus-Schulden-Modell. Da es keine objektiven Transportmittel von Werten gibt, wie es etwa Geldwährungen repräsentieren, Leistungen zudem einfach stattfinden, auch ohne Auftrag, Absprache oder gegenseitigem Einvernehmen, kann es zu erheblichen Unklarheiten über die Rechnungslage kommen. Ob offene Rechnungen existieren, diese wiederum zu Recht oder Unrecht eingeklagt werden oder ein Verzicht auf Schulden ausgesprochen wird, kann zu einem großen Beziehungsdurcheinander führen. Es können Situationen heraufziehen, in denen der eine ein Verhalten erwartet oder fordert, die andere dieses nicht zeigt und infolgedessen Kontrollkämpfe über etwas stattfinden, das nur eine ganz schmale gemeinsame Einschätzungsbasis besitzt. Ein Beispiel für eine solche maligne Verwicklung:

> Ein verheirateter Mann verzichtet wegen der ständigen Kritik seiner Ehefrau an seinen Abwesenheitszeiten darauf, in Zukunft Angeln zu gehen. So ist er, wie gefordert, in seiner Freizeit zu

[18] Vgl. Watzlawicks *Pragmatik der Kommunikation* (Watzlawick/Beavin/Jackson 1969), von Foersters Unterscheidung in *triviale* und *non-triviale Maschinen* (von Foerster 1993a/b), Schulz von Thuns *Nachrichten-Quadrat* (Schulz von Thun 1999). Diese Autoren weisen darauf hin, dass ein Gelingen kommunikativer Absichten letztlich vom Empfänger der Botschaft bestimmt wird.

Hause. Er erwartet nun seinerseits als Gegenleistung eine saubere Wohnung und möglichst funktionierende Kinder vorzufinden, während die Ehefrau nur daran dachte, nun wieder mehr mit ihren Freundinnen unterwegs zu sein. Sie ärgert sich, da er die Dinge im Haus anders betreibt als von ihr gedacht, und nörgelt weiter an ihm rum. Daraufhin fühlt er sich missachtet, macht ihr ständig Vorhaltungen über ihren Egoismus, worauf sie beginnt, nicht mehr mit ihrem Mann zu schlafen, da er sie nicht unterstützt. Er tritt in die freiwillige Feuerwehr ein und ist damit, moralisch abgesichert, wieder mehr aus dem Haus. Sie distanziert sich weiter von ihm, usw.

Beziehungskonflikte entstehen aus dem Mangel einer gleichgültigen Wahrnehmung.

Eine hält ein Verdienstkonto für überzogen und den Kreditrahmen des Schuldners für ausgeschöpft, klagt Forderungen ein, die der andere nicht anerkennt, nicht begleicht oder mit Gegenforderungen bestückt. Die-se tragen dann nicht zum Ausgleich sondern zu einer verzwickten Schräglage bei. Für das Verständnis einer konkreten Angelegenheit kommt es darauf an zu erschließen, was gerade verhandelt wird und welche Wertekontexte dies berührt. Welchen Tauschwert und welches Verfallsdatum besitzen die kommunizierten Erfahrungen, Empfindungen und Handlungen in den Augen der Dialogpartner? Die Haltbarkeit einer Bedeutungszuweisung resultiert nicht erst aus der gegenwärtigen Situation und den unmittelbar beteiligten Personen, sondern ist weit öfter in der Vergangenheit entstanden oder spielt eine Rolle als zukünftige Option. *Damals hat sie mir ewige Liebe versprochen, deshalb bin ich ihr immer treu gewesen … Ich bin davon ausgegangen, dass wir Kinder kriegen …* Auf wen beziehungsweise was sich das Verhalten bezieht, ist schwer auseinander zu halten. Man kann natürlich auch Handel mit sich selbst treiben. Nicht jeder produzierte Wert findet einen oder gilt einem außenstehenden Käufer. Ein Verhalten kann auch der Selbstversorgung, dem eigenen Bedarf dienen. Was wiegt im Einzelfall höher: die Treue zu mir selbst oder dem Partner gegenüber, die sexuelle Befriedigung qua Masturbation oder das gemeinsame Erlebnis, mein Freiraum oder die Bindung, die Abstimmung oder eigene Interessen?

Behauptung 4:
Der Unterschied zwischen *Selbst-* und *Fremdwahrnehmung* entspricht dem Unterschied von *Tauschwert* und *Gebrauchswert*.

Prinzipiell gehen alle Wahrnehmungen, ob sie auf Tatsachen oder Phantasien beruhen, optional in das Beziehungstauschgeschäft ein. So können mit der Zeit Verpflichtungen entstehen, die nur der versteht, der sie konstruiert und bilanziert hat. Ich wurde einmal Zeuge, wie ein Mann seine Frau mit dem Wort *Ärger!* begrüßte. Der Imperativ genügte, der Frau ein schlechtes Gewissen zu machen. Es waren keine weiteren Erklärungen nötig und die Frau bemühte sich in der Folge, gutes Wetter zu machen, für welches unsichtbare Verbrechen auch immer. Ihre geduckte Verärgerung zeigte an, dass sie sich ertappt fühlte oder wenigstens wusste, auf welches Glatteis sie geraten war.

Im Zusammenhang mit Aufgabenteilungen und anderen Unterschieden der Partner kommt es häufig zu Kollisionen, wenn sich durch Neugewichtungen gewohnter Sachverhalte das Verhältnis der Beziehungspartner verschiebt. So kann einer eigene Ambitionen hintanstellen und der beruflichen Entwicklung der anderen für eine Zeit den Vorrang einräumen. Vergisst die bevorteilte Person die Vereinbarung, wird das als Undankbarkeit empfunden und die vakanten Vorleistungen gekränkt angerechnet.

Spezielle Angebote, Nachfragen und Produktionsweisen bestimmen den *Tauschwert* von Verhalten. Das entstehende Muster einer Verhaltensreihenfolge, in dem Realisiertes und Unrealisiertes wirksam wird, bildet den aktuellen Markt. Glaubt eine von beiden Personen, die Bewertungsmaßstäbe des Marktes seien nicht angemessen, wird auf die Marktprozesse Einfluss genommen oder der Kontext gewechselt. Das Flirten der Partnerin mit ihrem Partner hat eine andere Bewertung als das gleiche Verhalten mit dem Chef. Auf dem Beziehungsmarkt gibt es Massenware mit geringem und seltene Produktionen mit hohem Tauschwert. Die Tatsache, dass ein Mann regelmäßig einkauft, mag im Alltag gern gesehen werden, ist aber am Tag der Niederkunft der Partnerin eher nebensächlich. Der Mann täte gut daran, sich um seine Partnerin zu kümmern und nicht auf dem Einkaufsbummel zu bestehen.

Seltenheit und Expertentum erhöhen den Tauschwert eines Verhaltens. Der Wert steigt umso höher, je mehr er durch die Einzigartigkeit der Person vertreten ist und je weniger durch eine andere ersetzbar. Für negativ bewertete Verhaltensweisen wie Schnarchen und notorisches Zu-spät-kommen, Nicht-einparken-können und Keinen-Blick-für-Mode-haben besteht ebenfalls ein Tauschwert, der sich aber erst in einem sekundären Vorgang darstellt. Das Defizit erzeugt Frustration, für die meist irgendeine Gegenleistung verlangt wird. Aber auch der Produzent eines Defizits kann etwas davon haben, indem sich um ihn gekümmert wird oder es Distanz erzeugt, die ganz gelegen kommt.

An dieser Stelle soll der Unterschied zum *Gebrauchswert* erläutert werden. Der Gebrauchswert ist eine persönliche Beimessung, die unabhängig vom Tauschwert sein kann. Eine Uhr, die äußerst preiswert im Laden erstanden wurde, besitzt unter Umständen bei dem tragenden Menschen einen gefühlsmäßigen Preis, der weit über dem bezahlten Geldbetrag liegt. Der Gebrauchswert ist von daher hauptsächlich der Selbstwahrnehmung zugänglich. In welche der beiden Richtungen, *Tauschwert* oder *Gebrauchswert*, jemand einen Aspekt des Beziehungspartners einstuft, beeinflusst erheblich den Kohäsionsgrad oder die Austauschbarkeit einer Beziehung.

Menschen, deren Bindungsmotivation nicht sehr ausgeprägt ist, mindern von vornherein die Wirksamkeit ihrer Partner. Der Tauschwert des Beziehungspartners bleibt gering, die Beziehung labil. Der Gebrauchswert eines Aspektes des Beziehungspartners kann im selben Fall dennoch sehr hoch sein und könnte sich darin zeigen, dass eine Aktivität, beispielsweise miteinander zu schlafen, kontinuierlich gewünscht wird, aber nur in dünnen Fäden an dieselbe Person gebunden ist. Eltern haben mitunter kein Verständnis für die Gebrauchswerte ihrer Kinder. Eine Mutter musste sich auf die empörte Frage, was ihre Tochter an diesem Kerl finde, ungerührt anhören: *Der fickt gut.* Eltern billigen dieser Vorliebe eher kein Topranking zu. Es kam, wie man sich denken kann, nicht zu einer Einigung über die Qualitäten des jungen Mannes.

Die Andersartigkeit aufeinander treffender Wahrnehmungen sprudelt als unerschöpfliche Quelle von Konflikten und misslingenden Anstrengungen, die Sprache des gemeinsamen Lebens zu vereinheitlichen. Missverständnisse, Scheinwahrheiten und Enttäuschungen häufen sich, wenn es nicht gelingt, längerfristig wohlwollend miteinander umzugehen, über Störendes hinwegzusehen, Störendes zu unterlassen und Ungutes wieder gutzumachen. In solchen Eigenschaften liegt das wahre Gesicht langfristig gelingender Liebe. Es geht in Beziehungen immer und überall um *Wahrnehmungen*, ihre Bedingungen und Wirkungen. Welche Werte die Beziehung bestimmen, ergibt sich allein aus den Verhaltensweisen der Beziehungspartner zueinander.

Aufgrund der sozialen Freiheitsgrade sind unbalancierte Situationen nicht zu vermeiden, *Krisen* haben Konjunktur als Warnsystem. Wo persönliche Bedürfnisse und Interessen allgemeinverbindliche Verfahrensregelungen dominieren, sind eintretende Krisen die einzige Verlässlichkeit, die Schieflagen, Fehlentwicklungen und Neuigkeiten des Paares anzeigt. Welche Botschaft gehört und angenommen wird, welches neue oder alte Thema verhandelt werden muss, hängt von der subjektiven Kontenführung ab. Die Krisen selbst sind nur Ausdruck eines wirksamen Ungleichgewichts, das zur Nachverhandlung ansteht. In ihnen schimmert eindringlich durch, mit welchen Motiven und auf welchem Stand ein Paar das Leben miteinander teilt und was es von nun an anders haben will.

7.1 Vertrauen und Misstrauen

If I ever loose my faith in you
There'd be nothing left for me to do
(Sting)

Viele Beziehungseffekte bleiben auch mit einer sensibel gehandhabten Ausgleichspolitik schleierhaft und lästig. Gute Erfahrungen schaffen *Vertrauen*, das Unverdauliche steigert das *Misstrauen*. Diese

Wahrnehmungskategorie entscheidet mit darüber, wohin die Entwicklung des Paares gerät.

Es reichen kleine Unterschiede aus, ein Beziehungssystem zum Kippen zu bringen und sich nach der anfänglichen *Konfluenz*[19] als Paar auseinander zu leben. Tief sitzende Zerwürfnisse und Mängel, die mit Hilfe des Liebespartners gelindert werden wollen, arbeiten im psychischen Untergrund. Individuelle Sehnsüchte und Traumata suchen Anschluss und brauchen dazu den Anderen. Um das Unerfüllte, Entwürdigte und Brachliegende bauen Menschen Vermeidungsstrategien und Projektionsflächen, die ihre Verletzlichkeit schützen und Unverarbeitetes auf Distanz halten sollen. Dass dies gemeinsam gelingt, ist auch eine an die Liebesbeziehung gerichtete Hoffnung. Das Leben schafft, dass manche mit einem kräftigen und andere mit einem wackeligen Selbstvertrauen in Beziehung treten. Entsprechend verschieden reagieren die Liebespartner mit *Vertrauen* und *Misstrauen* aufeinander.

Leidenschaft reicht nie aus, den Liebespartner vollständig zu domestizieren. Ein Paar bleibt deshalb auf allen Stufen seiner Entwicklung ein Gerüst zwischenmenschlicher Begegnung, das Vertrauen und Misstrauen verwaltet. Die Ungewissheit macht den Reiz von Liebespartnern aus, die immer sie selbst bleiben, gleichgültig ob sie ihre Eigenheiten bis zur Unkenntlichkeit dem anderen angepasst haben oder sonstige Kannibalismen über sich ergehen lassen. Bei anhaltenden Entwürdigungen und Kontrollversuchen baut sich offener und verdeckter Widerstand auf. Schon die Ahnung einer ungewollten Beanspruchung treibt viele zur Rebellion und Flucht. Menschen unternehmen alles Mögliche, um sich ihre Partner ähnlich und untertan zu machen, und ebenso so viel, um sich Übergriffen zu entziehen.

Dazu Nadine Gordimer aus dem bereits zitierten Roman: Besagte Reisegruppe ist beim Betrachten von Handelsgütern, die am Kai

---

[19] *Konfluenz*, der Zusammenfluss von Energien und Motiven, steht im Konzept der Gestalttherapie für ein Muster des Kontaktverhaltens und der Beziehungsgestaltung mit der Tendenz, Unterschiede zwischen Personen gering zu halten, mein und dein zu verwischen.

eines afrikanischen Hafens lagern. Die Szene spielt in den 50er Jahren, vor der internationalen Bannung des Elfenbeinhandels. *»Dieses arme kleine Geschöpf,« sagte Rina, mit einer ihrer Sandalen über die schmale Krümmung eines Stoßzahnes gleitend, der einmal einem Elefantenjungen gehört haben musste; woraus ich ersehen konnte, dass auch sie eines Tages die Zahl jener Engländerinnen vermehren würde, die lediglich der Liebe zu Tieren fähig sind – der Liebe zu allem, was hilflos, stumm und unselbständig ist* (Gordimer 1991, 12). Gordimers Bild ist so nüchtern wie gnadenlos. Mit dieser Bemerkung entlässt sie eine junge Frau in die unheilbare Isolation ihrer zukünftigen Beziehungen, dem *Neverland* Michael Jacksons zugewandter als der Chance, eine gleichwertige Liebe zwischen Menschen zu riskieren.

Menschen, die sich in Beziehungen ungreifbar auf sich zurückziehen, sich vom Partner fern halten, befremden. Wenn ein Liebespaar aber Unvereinbares im Blick behält, das heißt, kritisch Anteil nimmt und mit respektvoller Neugierde erforscht, arbeitet es an einer Entwicklung, die das Ferne überwinden kann, weil es sich ansieht. Dann sieht es auch, wenn die leidenschaftlich intendierte Einswerdung misslingt und durch einen selbstbewussten Vertrauensausgleich ersetzt werden muss. Dafür ist *Vertrauen* nötig.[20] Liebende veräußern sich freiwillig in der Hoffnung, zu erhalten, was allein nicht erfahrbar ist. Damit die beflügelnde Selbsterweiterung des Paares eintrifft, ist neben der persönlichen Leidenschaft ein Verbindung stiftendes Vertrauenselement erforderlich, das zur Selbstberuhigung und Selbstversicherung beiträgt.

Vertrauen ist ein arg strapaziertes Phänomen, deshalb einige Bemerkungen: Vertrauen zeigt sich nicht auf direktem Weg und nicht sofort. Vertrauen begleitet nur *ex post*, als Vergangenes und Fehlendes. Dieser Gedanke stürzt in phänomenologische Schwierigkeiten. Denn wie kann jemand wissen, ob er Vertrauen hat, wenn es ihm

---

[20] … und Liebespartner, die sich suchen, weil sie sich natürlich auch brauchen. Das Konzept der *Selbstverantwortung* wird oft so kolportiert, dass die Selbständigkeit des Menschen höher als seine Beziehungsmotive bewertet wird. Selbstverantwortung ist aber nur eine Konsequenz der subjektiven Wirklichkeitsgenese (Klöckner 1994; Portele 1985, 1989a,b; Teschke 1989).

zum Zeitpunkt, da er es erleben will, nicht bewusst ist und er es erst spürt, wenn es abhanden gekommen ist? Vertrauen besitzt keine eigene Empfindungsqualität. Dort, wo Vertrauen existiert, erhält die Aufmerksamkeit keine Hinweise. Für Vertrauen sind wir blind, es handelt sich um eine nachgeschobene Behauptung. Wie also damit umgehen? Annette Baier umgeht diesen schwierigen Sachverhalt und definiert Vertrauen als *akzeptierte Verletzbarkeit*, die im Zusammenhang mit dem besonderen Stellenwert eines anvertrauten Menschen und mit der Wahrscheinlichkeit gewagt wird, durch jenen eher nicht zu Schaden zu kommen (Baier 2001). Luhmann hält den Vertrauensbegriff in intimen Beziehungen für brauchbar, in Gruppen aber für verfehlt. Da spricht er von *Zuversicht* in Folge einer selbstvergewissernden Abwägung möglicher Gefahren. Das Verlangen nach Vertrauensvorschuss hält er für eine nostalgische Gemeinschaftssehnsucht, undurchführbar wie jede Nostalgie (Luhmann 2001). Innerhalb von Wir-Ihr-Relationen, von Unterscheidungen zwischen uns und anderen reicht Vertrauen nicht aus. Auf Gruppen bezogen können Vertrauensaspekte nicht mehr von der Warte individueller Haltungen und situationsabhängiger Erfahrungen aus geregelt werden. Stattdessen sorgen allgemeine Ethiken für Verlässlichkeit, schützen vor Verletzung und stellen Gerechtigkeit sicher.

Es ist unmöglich, Vertrauen unmittelbar in Erfahrung zu bringen.

Gerechtigkeit vermittelt zwischen individueller Verschiedenheit und Gruppenunterschieden. Interessant ist, welche ethischen Unterschiede in dem historischen Prozess, für Gerechtigkeit zu sorgen, entstanden sind und wie der egozentrische Blick auf das Fremde ethische Vorteile für die eigene soziale Gruppe lanciert hat. Der abendländische religiöse Monotheismus konstruierte durch seine besondere Weltsicht den nicht dazugehörigen Fremden als *Heiden* und sprach ihm gleichzeitig jegliche Moral ab, da er aus dem eigenen Verständnis heraus ein Ungläubiger war. Es erfolgte die Exkommunikation in Vorausschau auf den fehlenden Glauben beziehungsweise aufgrund des Glaubensfehlers. Das Beste, was dem so der Gerechtigkeit entrückten Ungläubigen widerfahren konnte, war die nachträgliche Beseelung durch religiöse Missionsarbeit. Ohne die Nachbeseelung durch den einen Gott war er nicht Mensch, wenigstens nicht Mensch mit gleichen Rechten. Das morgenländische alte Ägypten kannte Gerechtigkeitsvorstellungen, die ohne ein religiöses Fundament auskamen. Die Ethik des ägyptischen *Ma'at* entsprach nach heutiger Philosophie dem *Utilitarismus.* Es unterteilte Verhaltensweisen in Gut und Böse, Nutzen und Schaden und orientierte sich am individuellen Gewinn innerhalb eines Gemeinwesens von Ungleichen.

Alltagsreibereien um fehlenden Respekt sind ein Kampf gegen entseelende Ignoranz und Unsichtbarkeit. Wer sich gesehen fühlt, schränkt sein aggressives Aufbegehren meist auf der Stelle ein. *Ich verstehe dich ja* führt in Konfliktsituationen schnell zu brummiger Milde. Übersehen zu werden, gehört zu den spürbaren Manifestationen ausbleibender Akzeptanz und Würdigung. *Was hältst du denn davon?* und *Ich brauche deinen Rat* sind Anerkenntnisse und Bedeutungsanhebungen des Angesprochenen. Das Gefühl, anerkannt zu sein, stellt sich durch vertrauenserweckende Erfahrungen ein. Vertrauensbildende Maßnahmen zwischen Menschen sind daher immer einseitige Investitionen in eine gute Zukunft, ohne Gewissheit, dass Vergleichbares zurückkommt. Die fehlende Gewissheit lässt sich aber verkraften. Denn wird nichts oder nichts Gutes zurückgezahlt, ist es hinsichtlich des Ansehens zum Schaden des Geizkragens, nicht des Investors.

Glücklicherweise heilt Zeit Wunden. Jeder verstrickt sich im Laufe seines Lebens in egoistische Händel und hat dann die nachträgliche Scham und Pein zu ertragen. Es gehört zum Erwachsenwerden, sich wichtig zu nehmen. Dabei kommt im Überschwang der juvenilen Wichtigtuerei der eine oder andere Quatsch zusammen. Schlimm wird es nur für den, der aus seinen Nachlässigkeiten und Verfehlungen Erfolg ableitet. Wer sich wiederholt entgegengebrachtem Vertrauen unwürdig erweist, wird irgendwann stehen gelassen. Leider agieren Ausgenutzte oft zu hasenfüßig. Im Versuch, sich vor Entwürdigungen zu schützen, verhalten sich viele prophylaktisch misstrauisch, kleinkariert und unfreigiebig. Sie entziehen die Vertrauensbasis als *selbsterfüllende Prophezeiung* bereits vor der Erfahrung, der entstehende Zirkelschluss bestätigt die Unverlässlichkeit und Schlechtheit der Welt. Der kontrastierende Gedanke, jemandem fliege alle Zuneigung zu, beschreibt kein Naturereignis. Eher handelt es sich um das Ergebnis einer stabilen Resonanz der Umwelt. Ob man der alten oder modernen Nützlichkeitslehre zuneigt, es scheint eine wohltuende Plattform für vertrauensvolle und zuversichtliche Beziehungen zu sein. Wie kann Vertrauen über Nutzen hinaus noch erzeugt werden?

Einfacher als im Vorgriff Vertrauen einzufordern ist es, einen Vertrauensbruch (nicht zu verwechseln mit Vertrauensschwund durch wiederholte Enttäuschungen) im Nachhinein wieder gutzumachen. Es ist sogar so, dass Vertrauensbrüche eine gute Plattform für Vertrauensbeweise abgeben. Durch die Ungerechtigkeit wird eine Richtung vorgezeichnet, wie die Angelegenheit gewendet werden kann. Eine Entschuldigung und die sichtbare Pein des Missetäters ebnen den Rückweg in eine vertrauensvolle Atmosphäre. Im Extremfall erfolgt die nachträgliche Behebung unter Umständen erst *post mortem:* Ein tödlich verunglückter Ehemann hinterließ seiner von ihm getrennt lebenden Ehefrau das gesamte Erbe. Die aktuelle Lebensgefährtin war bei der Testamentseröffnung leer ausgegangen. Daraus ergaben sich Ungerechtigkeiten, die von der Ehefrau großzügig nachgeregelt wurden.

Fehlerfreies Wandeln auf dem Pfad der Tugend überzeugt nicht so sehr wie die Wiederherstellung verloren gegangenen Vertrauens. Wer für Verfehlungen einsteht, kommt besser weg als derjenige, der eine Verfehlung herunterspielt. Wird eine Verfehlung aufgedeckt, löscht der entstandene Kontrast zwischen dem Glauben an das Gute und dem Faktum der Zuwiderhandlung die angenommene Vertrauensbasis auf einen Schlag. Der Schock wirkt wie der Einbruch des Bösen in eine imaginierte heile Welt, die nicht erarbeitet ist, sondern vom ausschließenden Tabu geleitet war. Der Vertrauensverlust dokumentiert den Unterschied zwischen externalen und internalen Verankerungen des Vertrauens, zwischen Regelwerken und Verinnerlichung. Liebesbeziehungen gehen im Normalfall alle durch dieses Fegefeuer, da die gemeinsame Vertrauensbasis zuerst über Versprechungen und Projektion gebildet wird und nicht von der Erfahrung gemeisterter Krisen.

Mozarts formsprengende Oper *Don Giovanni* greift das Thema der selbstlosen Leidenschaft auf. Die utilitaristische Ethik wird hier der Liebe gleichgestellt. Mozart kleidet das Thema in eine musikalische Erzählung, die vor Rasanz schier bierst. Musik und Handlung haben moderne Anklänge. Don Giovanni ist der getriebene Verführer, der auf seinen Reisen Unheil anrichtet, wann immer er auf eine Frau trifft. Er verführt, hintergeht und verlässt skrupellos und grausam. Er ist der Unglückliche, der nicht lieben kann, nur verführen. Sein Widerpart ist Ottavio. Ottavio möchte die Geliebte glücklich sehen. Er bedrängt sie nicht mit seiner Liebe, er kann warten, singt nur für sie und für sich. Für die Arie des Ottavio stoppt das Tempo der Musik, auf der Bühne wird es still und friedlich, die Handlung ruht. Jetzt ist zu fühlen, wovon er singt: Wenn sie unglücklich ist, kann ich nicht glücklich sein. Wenn sie weint, weine auch ich. Von ihrem Frieden hängt sein Glück ab. *Dalla sua pace, la mia di pende*. Ottavio ist eine Vision des leidenschaftlich liebenden Menschen, der vertraut.

Es zahlt sich weder aus, Liebespartner zu übervorteilen, noch ihnen das Vertrauen zu entziehen.

Eine Studie zum Frustrationsmanagement in Beziehungen kommt zu dem Ergebnis, dass zwischen positiven und negativ attribuierten Erfahrungen ein Regulierungsverhältnis von 5 : 1 notwendig ist, um Beziehungspartnern Zufriedenheit und das Gefühl einer vertrauensvollen Ausgewogenheit zu vermitteln. Statistisch gleichen fünf positiv wahrgenommene Interaktionen eine negativ bewertete aus. Ein Überhang negativer Ereignisse provoziert dagegen die Überarbeitung der bisherigen Beziehungsgeschichte und die Inszenierung des Kommenden in eine ungünstige Richtung (Gottman 1994). Das System eskaliert. Negative Überhänge füllen das Magazin der Frustrationen, bis es zu Gefühlsausbrüchen und dramatisch zerrissenen Quittungen kommt. Wenn Beziehungspartnern Verfehlungen vor die Füße geschmissen werden, weiß man, dass dies auf den gelisteten Lagerbeständen zurückliegender Erfahrungen stattfindet. Zur Abgeltung schlechter Behandlung wird teurer Tribut verlangt. Offenbar reicht es nicht aus, in der Folge nur wieder fair zu sein.

Der Preis für schlechtes Betragen und fehlende Wiedergutmachungen besteht in zunehmender Lieblosigkeit, in Verlusten an Intimität und Zuwendung, in innerem Rückzug. Befragt man Paare retrospektiv: *Was glauben Sie, seit wann haben Sie sich voneinander entfernt und womit hatte das zu tun?* werden immer ungute Erfahrungen und Situationen zitiert, die weit vor konsequenten Schritten und ausgetragenen Beziehungskrisen liegen. Vordergründig mag lange kein Unterschied zu entdecken sein, hintergründig schwand die Basis der Liebe schon vor geraumer Zeit. Es ist zwischen den Menschen wie mit dem Schwinden der Gletscher. Das Unsichtbare nagt, bis es sichtbar wird. Wir sind daher um unser Selbst willen verdammt, den Anderen wohltuend zu behandeln und ihm vertrauensvoll zu begegnen. Liebe gibt es nicht zum Nulltarif, und Liebe erhält sich nur durch eifriges Bemühen.

7.5 Sexualität, Sittsamkeit und Treue

Shit happens when you are young.
(Keith Richards zur Frage,
warum er Mick Jagger
die Freundin ausgespannt hat.)

Wenn die Liebe vor dem Einbruch des Alltags und die Partnerschaft vor den Anfechtungen der Leidenschaft geschützt werden, rücken *Sexualität* und *Treue* nach vorne. Neben dem Gerechtigkeitsmotiv zeigt sich am erotischen Kern der Beziehung, welche Lösungen gelingen.

Erstens: Wenn es stimmt, dass Erotik in einer Atmosphäre kreativer Anarchie besonders beeindruckend blüht, dann stehen Künstler mit Recht auf der roten Liste gefährdeter Paarbeziehungen. Gleichzeitig bieten sie sich als Referenzkontext für das angesprochene Problem an. Viele Musikerbiographien zeigen einen erheblichen Mangel an Beziehungstreue und ein Zuviel an rauschhafter Leidenschaft, oftmals in der Katastrophe endend. Die Werdegänge vieler Jazz- und Bluesmusiker, von *Underground*-Größen wie Janis Joplin und Jimi

Hendrix, weisen beeindruckende Untergangsszenarien auf. Dem Schwindel erregenden kreativen Aufstieg folgt eine auslaugende Existenz am seidenen Faden bis eine vorläufige Schaffensgrenze erreicht ist, der unvermeidbare Absturz folgt und man irgendwann mit tiefen Schrammen auf eine gereifte Ebene findet. Wenn es denn glücklich ausgeht. Viele verbrennen vorher. Die, die durchkommen, haben gelernt, das Wesentliche vom Unwesentlichen zu trennen und wissen um die Untiefen leidenschaftlicher Exkursionen. Das heißt, man ist weise geworden. Künstler sind Sonderfälle der Entwicklung. Ihr Werdegang kommt um das Chaos nicht herum, ihre Erfahrungen verlaufen um einiges enger am Limit, das Wagnis des Lebens gestaltet sich in purer Form, im ungeschützten Selbstversuch. Die intensive Gratwanderung ist zugleich Motor und Preis künstlerischer Werdegänge. Wer aus dem Grenzgang gestärkt hervorgeht, kann froh sein.

Joseph Beuys hat seine Tiefs der Nachwelt hinterlassen. Beuys ließ sich auf dem Höhepunkt einer depressiven Schaffenskrise einen Sarg anfertigen, den er mit Teer auskleidete. Er verdunkelte das Zimmer und legte sich einige Tage hinein, ohne zu essen und zu trinken. Besorgte Freunde brachen die Tür seiner Wohnung auf und retteten den komatösen Künstler. Beuys schilderte später, er hätte bereits mit dem Leben abgeschlossen gehabt, war unfähig zu einer Bewegung oder einem Ausdruck. Sein Körper hätte sich angefühlt, als sei er in viele Teile zersprungen und ohne Kraft, sich wieder zusammenzusetzen. Beuys wurde danach zu einem der komplexesten Künstler unserer Zeit und beschäftigte sich in seinen Arbeiten viel mit dem Transfer westlichen Wissenschaftsdenkens und schamanistischer Praxis (Adriani/Konnertz/Thomas 1981).

Zweitens: Es trifft wohl nur bedingt zu, dass *Treue* zusammenschweißt und *Untreue* zerwirft. Sowohl Treue als auch Untreue sind hochrangige zwischenmenschliche Güter, die zu Beziehungstransaktionen und Bilanzierungen beitragen. In ihrer Variationsbreite und relativen Wertigkeit bilden sie ein Währungsgespann wie Dollar und Euro, das sich auf den verschiedensten persönlichen und zwischenmenschlichen Ebenen begegnet, teils laut, teils leise vermarktet wird, mal auf Kosten des einen, mal zu Gunsten des anderen gewichtet, mal wie ein kostbarer Schatz gehütet, mal inflationär entwertet wird. Es empfiehlt sich, diese siamesischen Zwillinge in ihrem waghalsigsten Umfeld, der sexuellen Praxis, unter die Lupe zu nehmen. Viele gehen von der Einschränkung aus, es handele sich bei Treue ausschließlich um eine Bedingung des Sexualverhaltens, was natürlich nicht stimmt. Wahr ist, Treuekonflikte erleben in Verbindung mit Sexualität eine intensive Aufladung, die sexuelle Praxis ist aber keine Treueinstanz.

Wer unter ethischen Gesichtspunkten über *Erotik* nachdenkt, sollte sich besser nicht des Humanismus altsprachlicher Gymnasien bedienen, sondern zur Minne des Mittelalters schielen, zur europäischen Romantik mit ihrem umfangreichen Liebesbegriff und nicht zuletzt zur Bohème der Moderne. Welche erotischen Vorlagen taugen also? Die Antike hält uns den prallsten Fundus entgegen: Da gab es wenig Sexuelles, das intim blieb. Man wird beim Studium des vorchristlichen Sexualverhaltens feststellen, dass die sexuellen Befreiungsbewegungen, auf die wir uns bevorzugt beziehen, nämlich die Reformbewegung zu Beginn des 20. Jahrhunderts und die sozialen Bewegungen ab den 60er Jahren, bescheidene Aufgüsse jener *sittenlosen* Einstellungen waren. In den prüden 50er Jahren wurden die Sittencodizes der Antike nicht mehr hinter Bibliotheksmauern versteckt, sondern hinter verharmlosenden Übersetzungen getarnt, so dass Schüler beim Lateinstudium auf erhabene und nicht auf niedere Gedanken kamen.

Die Gewichtung von Beziehungs- und Selbsttreue variiert von Paar zu Paar.

Der Philologe Niklas Holzberg beschreibt in seiner Übersetzung der Gedichte Catulls, eines Zeitgenossen Ciceros und Caesars, anschaulich römische Ausschweifungen (Holzberg 2002). Nun sind die teils zotigen Darstellungen in den Gesängen Catulls nicht der Hauptgrund, sich mit der Materie zu beschäftigen. Die hinter den Versen steckende Sexualmoral macht neugierig. Foucaults Analyse der römischen Sexualmoral wendete sich bereits in den siebziger Jahren gegen die edle Einfalt der Nachkriegslateiner (Foucault 1986). Holzberg und Foucault sind sich darin einig, dass in der Antike nicht primär zwischen männlich und weiblich, zwischen hetero- und homosexuell unterschieden wurde, sondern zwischen aktiv und passiv. Man bediente sich zu jener Zeit pragmatischer Prinzipien, die zwischen Praktiken und nicht zwischen Identitäten und Rollen unterschied. Da sexuelle Penetration den Vorrang genoss, standen sich Penetrierende und Penetrierte als wechselnde Ausgangspunkte gegenüber. Die praktische Liberalität der Antike deckt sich durchaus mit den aktuellen Entwicklungen und ist damit eine geeignetere Schablone als die eingeengte Sexualmoral der Nachkriegszeit, die über das Vorhängeschloss der Treue zwischenmenschliche Besitzansprüche regelte und Prüderie vertuschte.

Auch die Ideologie der Studentenbewegung hielt sich in engeren Grenzen auf als das antike Geschehen. Trotz aller Experimentierfreude ging man hier zunächst weiter von der Dominanz heterosexueller Zweigeschlechtlichkeit aus, die es von Scham, rollenspezifischen Tabus und kleinbürgerlichen Beziehungsvorstellungen zu befreien galt. Dem *Feminismus* ist zu verdanken, dass homosexuelle Geschlechtsidentitäten und Beziehungsformen sexualpolitische Alternativen wurden. Wenn unter homosexueller Emanzipation allerdings die Übernahme traditioneller heterosexueller Verkehrs- und Berechtigungsformen verstanden wird, könnte sich die weitere Entwicklung freilich wieder in ihr Gegenteil verkehren. Die sogenannte »Homo-Ehe« nimmt Schwule und Lesben zwar in den Status heterosexueller Normen auf, der Staat wird damit aber aus der falschen Ecke als legitimierendes Organ von Paarbeziehungen bestätigt, vormals ungezähmte Sexualformen der Domestizierung zugeschlagen. Der brave Versuch, in das Normenmittelmaß eingegliedert zu werden, kolonialisiert sich selbst, in dem er ungewollt die Institutionen traditioneller Sexualmoral bestätigt, durch deren tatkräftige Ausgrenzung Homosexuelle ursprünglich in die subkulturelle Randständigkeit und darüber hinaus gedrängt wurden.

Entscheidend bleibt bei den feststellbaren Antagonismen und Gegenbewegungen, dass sich die ehemals undurchdringlichen Grenzverläufe sozialer Strukturen und Beziehungsformen aufgeweicht und verändert haben. Männer und Frauen, gleich welcher sexuellen Ausrichtung, gewinnen heute hinzu, wenn sie Eigenschaften und

Verhaltensmuster in ihr Repertoire aufnehmen, die unter konservativem Verständnis dem jeweils anderen Geschlecht zugeschrieben werden (polymorph 2002). Obwohl sich also Geschlechterrollen und das moralische Diktat traditioneller Beziehungsformen verflüssigen, hat die zweigeschlechtliche Vorstellung der Sexualität als Leitlinie gesellschaftlich erwünschter Praxis nicht ausgedient, sie hat lediglich an gedanklichem und praktikablem Freiraum hinzugewonnen (Schröter 2002). Deswegen sind wir, treu oder untreu, gesittet oder ungesittet, noch weiter von antiker Leidenschaft entfernt, als uns vielleicht lieb ist. Das Vertrauen, das wir unseren Liebespartnern entgegenbringen und von ihnen verlangen, besteht wegen des dahinter stehenden Totalanspruchs der Liebe auf einem relativ uniformen Horizont. Erreicht ist bisher lediglich eine Gleichheit, die die Liberalität parzellierter Beziehungen phantasiert, aber nicht im Entferntesten möchte. Weder gibt die moderne Praxis der Liebesbeziehung die Erotik frei, noch führt die Liebe auf ein großzügiges Erfahrungsfeld. Dem Partner wird immer etwas weniger zugestanden als sich selbst. Sich von dieser Schieflage zu befreien, ist eine pragmatische Frage der Gerechtigkeit und eine emanzipatorische Chance, die noch nicht ergriffen wurde.

8. Phase IV: Intime Dialoge – Gewohnheiten und Umbrüche, Freundschaft

→ Wiederverzauberung versus unromantische Fixierung

Die Würde des Menschen ist seine Wahlmöglichkeit.
(Max Frisch)

Die gewachsene Beziehung ruht auf Gewohnheiten. Mit zunehmendem Alter des Paares ersetzt Vertrautheit die ursprüngliche Erregung der Liebe. Was zähmt die Leidenschaft und was öffnet eingeschliffene Muster, was befördert das Paar erneut vorwärts in eine radikale Freundschaft?

Jahre vitaler Auseinandersetzungen sind ins Land gegangen. Die Beziehung hat Patina angesetzt und die Welt hat sich weiter gedreht. Das Paar hat seine Themen gefunden und seine Abneigungen in Stellung gebracht. Es besitzt blinde Flecken, um die es nicht weiß und die es nicht sehen will, kultiviert seine Probleme mit Verve und hat seine Ressourcen säuberlich in Schubladen geordnet. Sein Spiel des Lebens ist in schöne und weniger schöne Gewohnheiten übersetzt. Die grundlegenden Kämpfe sind mehrmals gekämpft, die Leidenschaft ist eingezäunt. Das Paar pflegt seine Subkultur und erfreut sich an seinen Routinen und es langweilt sich auch miteinander. Schönes findet geplant statt, seltener spontan, die Sprachen sind gefunden: Es gibt ein unverwechselbares Kommunikationsmuster, den Paardialekt, eine offizielle Verkehrssprache für die Öffentlichkeit und eine persönliche Übersetzungshilfe für die eigene Welt, für sich ganz alleine, die hört der Partner vielleicht als Geräuschkulisse, die versteht er aber selten und geht noch seltener darauf ein.

Das Leben hat Erfolge und Schwierigkeiten eingebracht. Manche hat man zusammen gefeiert, an einigen ist man gemeinsam gescheitert, manche Schritte musste man alleine gehen und einige Niederlagen waren persönlicher Natur. Das Paar hat Visionen entwickelt, die sich teils erfüllt haben und teils in Resignation geendet sind, das eine oder andere träumt man alleine weiter. Die Verbindung ist verlässlich geworden, im Guten wie im Schlechten. Sie ruht auf gewachsener Gleichförmigkeit und nährt sich abnehmend aus Erregung, aus der Lust und der Neugier auf ungewisse Veränderungen. Störungen sind lästig und Ungewohntes fällt schwer (Abb. 10). Die Beziehung steht auf festen Beinen. Man hat erfahren, dass nicht jede Aufregung lohnt, will jetzt mehr in Ruhe gelassen werden und arrangiert sich, weiß, was man aneinander hat und glaubt zu wissen, was man nie bekommen wird. Die Bedingungslosigkeit der Liebe ist verschwunden und die messerscharfen Kräche haben auch nachgelassen. Die Harmonie, die jetzt herrscht, ist eingerichtet, die Kontradiktionen sind es auch. *Seit Jahren erzählt er, dass er weniger arbeiten und mehr für uns da sein will. Das hat gar nichts zu sagen, das hält an, bis er wieder fünf Minuten Luft hat.* Für einiges ist es bereits zu spät, für anderes scheint es noch zu früh. Etliches ist zusammen auch nicht zu machen. Davon ist dem Partner nicht alles bekannt. Es haben sich verlässlich wiederkehrende Muster entwickelt, die Züge einer abgesteckten Freundschaft tragen.

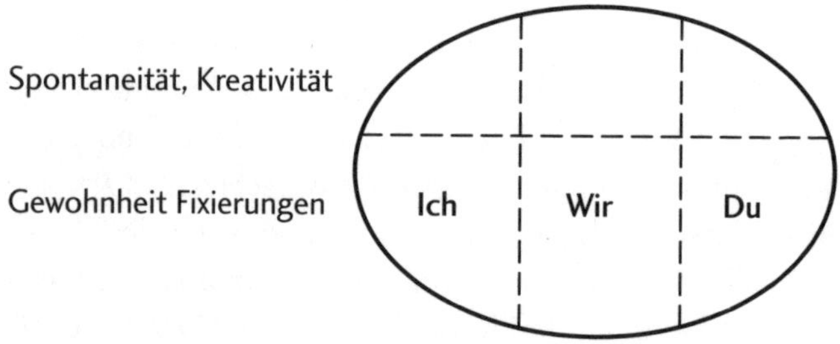

Abb. 10: Die Landkarte der Leidenschaft in der fortgeschrittenen Beziehung

Die Wahrscheinlichkeit wächst, im eingerichteten Leben von der einen oder anderen schwerwiegenden Krise geplagt zu werden, die man im Wissen um überstandene Krisen fürchtet, aber auszuhalten gelernt hat. Konflikte sind ein integrierter Teil der lang anhaltenden Beziehung, ihr Veränderungscharakter ist gering, auch wenn zu Veränderungen aufgefordert wird. *Ich wünsche mir natürlich, dass du mehr auf meine Bedürfnisse achtest, aber du machst doch sowieso, was Du willst!* Es haben sich relativ vorhersehbare Reaktionsmuster des Humors, der Gleichgültigkeit, an Sorgen und Ärger, der Zuneigung und Distanz gebildet. Man weiß darum, wie man Blumen zum Blühen und zum Verwelken bringt und wie der andere darauf reagiert. Gefühlsregungen werden in Kommunikationsschablonen getaucht und die Genusssucht nimmt zu: Wein und Gesang, weniger Weib. Es herrscht die Disziplin der intimen Geselligkeit. Man wahrt den Rahmen, der die Leidenschaft in Labsal taucht, man kennt sich ja und weiß, wie man gesittet an- und auskommt, weiß auch um das, was nicht gerne gesehen ist. Reizte es früher, gemeinsam aus dem Rahmen zu fallen, reizt nun mehr, was aus der Ferne reizvoll winkt, doch überwiegend fern bleibt, wiegt am gemeinsamen Leben öfter das, was nicht gefällt und sich verbraucht hat. Fremdes bleibt meist unangerührt, die Sehnsucht bewegt sich im Kreis, Anfragen werden bereits an der Tür abgewiesen: Unerwünscht! *Das ist nichts für uns … Wir denken da anders … Man muss nicht alles haben … … nicht alles teilen.*

Leidenschaftliche Liebesbekundungen kehren verlässlich wieder oder bleiben verlässlich aus. Der leidenschaftliche Blick geht ab und an nach außen, mal heimlich, mal offensichtlich. Das gilt als anstößig, nicht abgemacht. Wenn Impulse den Sicherheitszaun der Angewohnheiten durchbrechen, verstören sie heftig. Routinen wechseln sich mit Schicksalsschlägen und kleinen Fluchten ab, die man sich gewährt oder nicht beachtet, solange nicht übertrieben wird. Die Leidenschaft darf sich in überblickbaren Bahnen bewegen. Man achtet auf Reibungslosigkeit, gerechte Verteilung und persönliche Freiräume (Brandstädter/Felser 2003). *Seine Hobbys nehmen ziemlich viel Zeit in Anspruch. Warum auch nicht? Der Mensch braucht Ausgleich. – Was ich nicht leiden kann ist, dass sie jedem Mann, der sich ihr zuwendet, an den Lippen hängt. Andererseits, sie charmiert nur rum. Ich weiß ja, dass sie nicht wirklich was vorhat.* Die gemeinsam verbrachte Zeit, die Erfahrung, schwierige Situationen durchgestanden zu haben und auf Gutes zurückzublicken, nicht zuletzt die Hinnahme leidenschaftlicher Freiräume, feien zwar nicht vor abrupten Alleingängen, verringern aber die Wahrscheinlichkeit des Auseinandergehens. Aus der gemeinsamen Geschichte ist ein Trennungstabu erwachsen, das die Beibehaltung der Verhältnisse begehrt oder erduldet, auch wenn einiges im Argen liegt und manches mit Leidenschaft erfüllende der Vergangenheit angehört.

Die Leidenschaft läuft nun in verlässlichen Bahnen.

Nach der Dynamik der drei konstituierenden Umwandlungen (Phase I–III) ist die weitere Entwicklung des Paares von Vorgängen und Umständen abhängig, die nicht vorrangig der voranschreitenden Beziehung zuzuschreiben sind. Ab Phase IV bilden die Wechselfälle des Lebens das Schwungrad der Beziehung, den Rhythmus zwischen stabilen Atmosphären und Zeiten besorgniserregender Unterbrechungen, von zufälligen Verstörungen der Ordnung, existenziellen Schicksalsschlägen und altersbedingten Umstellungen. Die Horizontverschiebung nach der Überschreitung des *midlife peak* ist so eine Herausforderung, die das Paar und die Person in Mitleidenschaft zieht.[21] Langjährige Paare beziehen ihre Entwicklungsdynamik mehr aus den Einbrüchen und Umbrüchen des Lebens und aus den Abnutzungserscheinungen der Beziehung, kaum aus der mittlerweile geronnenen Leidenschaft.

Als ich älter wurde oder vielmehr, als ich es bemerkt habe, das waren Scheißjahre für uns; nur Arbeit und immens viel Verantwortung in dieser Zeit. Und dann kam noch meine Krise, als ich die Vierzig überschritten habe. Ich dachte: Jetzt ist es aus! Jetzt geht es nur noch abwärts … Es hat schon die Therapie gebraucht, um da wieder raus zu kommen. Ich bin meiner Frau ewig dankbar, dass sie das über sich ergehen ließ und an meiner Seite geblieben ist. Mein Gott, war ich unausstehlich zu der Zeit, so ungerecht und aggressiv, aus lauter Verzweiflung …

Mein Mann hat gleich zu Beginn unserer Ehe einen Schlaganfall erlitten. Seither hat er Lähmungserscheinungen. Sein gewohntes Leben ist auf den Kopf gestellt. Er ist jetzt auf andere angewiesen. Das ist nicht leicht für ihn … Für mich aber auch nicht. Wir hatten nur eine kurze Zeit unbeschwerter Normalität; viel zu kurz, wenn Sie mich fragen … Das deprimiert mich schon. Er lässt sich das nicht so anmerken und steckt sowieso voller Pläne. Ich weiß nicht, was besser ist, ständig nur nach vorne gucken? … Ich habe das noch nicht überwunden.

---

[21] Da mein Blick auf das Fortschreiten der Leidenschaft und die damit verbundenen Wandlungen der Beziehung gerichtet ist, ordne ich nicht entlang der Individualentwicklung. Gleichzeitige und nicht-parallel verlaufende Veränderungen der Beziehung und der Person dürfen aber nicht unterschlagen werden. Das Modell baut deshalb Altersphänomene und Schicksalsschläge ab Phase IV in die Kulisse ein. Unterschiedliche Generationsdaten bei Eintritt in eine Beziehung und andere Unabwägbarkeiten lassen eine plausiblere Sortierung meiner Meinung nach nicht zu.

Fahren Sie mal mit dem Auto mit 140 km/h an die Wand! Danach wissen Sie, welches Wunder der Natur Sie vorher waren. Wir wussten ja nicht, ob ich querschnittgelähmt bin und meine Beine, auf die ich so stolz war, sahen danach aus wie ein Trümmerhaufen. Ich bin heilfroh, heute wieder gehen zu können. … In der Genesungsphase war ich ein unleidliches Scheusal. Ich habe mich und meine Familie terrorisiert mit meiner Depression. Ich habe meinem Mann damals gesagt: Du kannst ruhig gehen, das wird nichts mehr mit mir. Er ist nie drauf eingegangen, hat die Kinder getröstet, die unter ihrer Mutter wirklich gelitten haben, und hat gewartet … Ich habe keine Ahnung, wie er das ausgehalten hat.

Bedrohungen sind immer auch eine Bedrohung der eingespielten Beziehungsqualität und eine Krisen geschüttelte Chance, Gewohnheitsprinzipien zu hinterfragen, denn Wahrnehmungen werden mit zunehmendem Alter der Beziehung an frühere Erfahrungen angeglichen. Das macht Situationen unterschiedslos. Was man miteinander abhandelt und einordnet, beruht so mehrheitlich auf Metaerfahrungen und wird in die gemeinsame Geschichte gerastert: *Ich weiß doch ganz genau, …! Es ist immer das Gleiche! Nie kannst du …!* Es liegt die Erfahrung vor, dass selbst auf das Unverlässliche und Ungewollte Verlass ist, die Dinge sich wiederholen. Ausnahmen in den eingespielten Abläufen werden, sofern sie klar als Ausnahmen markiert sind, gerne mal beschnuppert, sie lösen aber auch Unruhe aus und provozieren, gleich wieder eingeebnet zu werden. Das Verlässliche soll verlässlich bleiben, sei es betrüblich oder erwünscht.

Letztes Jahr haben wir anders Urlaub gemacht als üblich. Das war wunderschön, aber mir ist es doch lieber, wenn wir in Zukunft wieder ans Meer fahren, wie jeden Sommer. Ich erhole mich da einfach besser.

Ich habe es zwar nie verstanden, aber irgendwann begriffen, dass, wenn sie betont: »Alles ist in Ordnung!«, sie das Gegenteil meint. Ich bin dann schon vorbereitet, dass demnächst ein Hammer kommt.

Irgendwann ist es egal geworden, dass er damit droht, mich zu verlassen. Ich weiß, er tut's sowieso nicht, aber er braucht das, um sich zu beruhigen. Es ist auch besser, ihn gar nicht darauf anzusprechen. Einfach weghören …

Es wiegt jetzt eine Zuverlässigkeit, die sich über Jahre bewiesen hat. Sie steht im Zentrum. Solche Erfahrungsdynastien haben den Preis, dass wir nicht dahinter zurücktreten können, wie wir auch nicht von der Sprache absehen können, die uns verbindet. Die Beziehungsaktivitäten takten deshalb weniger spontan, sie drehen in diesem Stadium mehr im Radius von saisonal wiederkehrenden, ritualisierten Spannungen. Viel Spannung kommt auch durch ausgehaltene Anspannung. Spannende, außerordentliche Bewegung bringen mehr die Stolpersteine des Lebens. Wenn das Stolpern nicht nur kurz erschreckt und gleich wieder beruhigt wird, wenn das Hinfallen nicht nur Narben hinterlässt, sondern das Fragile am Langlebigen aufrüttelt, ist es ein Motor des Wiedererwachens. Wieder verführbar zu sein ist die andere Quelle der Revitalisierung, die erneut auf den Weg bringt.

Mir ist das nicht egal gewesen, dass mein Mann über Jahre nebenher eine Geliebte hatte, er hat sogar zeitweise bei ihr gelebt, aber soll ich deshalb ganz von vorne anfangen? Ich habe ihn halt später wieder bei Heim und Herd aufgenommen. Mein Gott, so war es eben … Wir haben auch nie größer darüber geredet.

Es ist im Grunde nicht zu fassen: Eines Tages schellt es an unserer Tür, meine Frau macht auf und vor ihr steht unerwartet ein alter Bekannter, der auf der Durchreise war und sich verschiedene Immobilien ansehen wollte. Da sie sich Jahre nicht gesehen haben und sie sich ausgekannt hat, war sie ihm behilflich. Nach ein paar Tagen kommt sie nach Hause, packt die Koffer und geht ohne Erklärung mit ihm … Später hat sich herausgestellt, dass er sie über Jahre systematisch gesucht hat. Er war schon früher in sie verliebt gewesen.

Nachdem er mich zum x-ten Mal betrogen hatte, habe ich ihm den Stuhl vor die Tür gesetzt. Er musste dann in einer Pension übernach-

ten und durfte mich besuchen kommen … In der Zeit habe ich mein eigenes Leben begonnen, meine eigenen Entscheidungen getroffen. Heute, wo wir älter sind, möchte ich das nicht mehr ändern. Er muss sich anmelden und sich anständig betragen, wenn er da ist. Dann darf er auch mal da bleiben … Er leidet sehr darunter und möchte wieder alles wie früher unter einem Dach. Ich mach's aber nicht, mir gefällt's so besser.

Erwartungen richten sich in dieser Periode mehr an das zu Erwartende, weniger an die Suche nach Gelegenheiten. Das gewährleistet die Sicherheit, die zur Regeneration langsam nachlassender Kräfte und gestiegener Beanspruchungen benötigt wird. Insofern ist die Qualitätsperspektive einer langen Beziehung die süß und hart erarbeitete Weisheit einer freundschaftlichen Intimität und sind kuriose Erregungen glücklicher Spontanlohn neben der eingefahrenen Spur. Aus der Dynamik der *Verliebtheit* und *Partnerschaft* wächst mit den zunehmenden Gewohnheiten eine ruhigere, intime *Freundschaft*. Inwieweit es sich dabei um tugendhafte, auf Wohltaten gebaute Gewohnheiten handelt, wie Aristoteles die angenehme und nützliche, die deshalb gute Freundschaft verstand, das obliegt dem Geschick und dem Einsatz eines Paares.

Freundschaft setzt Gewohnheiten voraus, Gewohnheiten erzeugen aber noch keine Freundschaft.

Freunde teilen etwas positiv Verbindendes, das Gewonnene, auf das man sich verlassen kann und das wie ein Garten gepflegt werden muss, den man um nichts missen möchte, aber auch nicht dauernd aufsuchen muss. Freundschaft ist eine geschätzte Ordnung vieler verschiedener Dinge, weshalb man sie nicht aufgeben will; sie ist mehr und anders als das erregte Nebeneinander von Liebe und Partnerschaft. Freundschaft ist das gute Dritte. Dazu gehört selbstverständlich auch Streit. Streit, obwohl er Freundschaft riskiert, stärkt die Freundschaft. Es sei denn, das Strittige ist den Streitenden mehr wert als die Freundschaft und verhindert Aussöhnung. Die Leidenschaft einer tiefen Freundschaft gibt daher viel und kann es mit vielem aufnehmen. Ob sie für eine leidenschaftliche Zukunft als Paar ausreicht, steht auf einem anderen Blatt. Auch eine in die Jahre gekommene Beziehung kann sich aktiv auflösen, nämlich dann, wenn ein Gefühl von Hoffnungslosigkeit oder Gleichgültigkeit das Gute und Gelungene gering schätzt: Das war es dann mit uns. Soweit sind wir gekommen, weiter reicht diese Liebe nicht. Nicht von ungefähr trennen sich Paare nach einer langen Zeit, *weil es nichts mehr bringt*, man sich *nicht mehr erträgt*.

Paarbeziehungen sind auf Dauer nicht nur eine Frage des Vertragens, sie sind auch eine Frage des geschickten Ertragens. Entwicklungsphase IV steht für einen komplexen Wahrnehmungshorizont unterschiedlicher Person- und Beziehungsprozesse, die aufeinander aufbauen und entsprechend geordnet sind. Bei aller Gleichförmigkeit darf aber nicht übersehen werden, dass es eine Richtung der Leidenschaft ist, sich für die Wahrung des Bestehenden einzusetzen. Erhaltungsmotive stehen Veränderungsabsichten gleichrangig gegenüber. Insofern kommt es in Phase IV weniger auf Konfliktmanagement an als auf ein gutes Managen von Erhaltungs- und Erneuerungswünschen. Mehr denn je zählt im weiteren Verlauf, wie die Beteiligten auf Unvorhergesehenes reagieren, welchen Platz sie neuen Ideen und vernachlässigten Bedürfnissen einräumen und in welche Art von Dialog sie das Neue zum Bewährten stellen.

Einem Paar bleibt immer Hoffnung auf die Reaktivierung des leidenschaftlichen Kerns und zur Erneuerung des Dialogs, zumal eine Gegenbewegung zur Routine entsteht, die von der Routine selbst bewässert wird. Gewohnheitsmäßiger Umgang errichtet unfreiwillig eine zweite Schambarriere innerhalb der geteilten Intimität. Nachdem die bedingungslose Absolutheit der Liebe alles überrannt und die relativierende Partnerschaft wieder einiges zurechtgerückt hat, haben sich zwei parallele Intimsphären etabliert: die gemeinsame Wir-Ebene und zwei persönliche Dimensionen, die mit den Jahren zur großen Unbekannten anwachsen. Das Du zieht sich in autonome Winkel zurück und beansprucht neben der geteilten Welt ein sichtbares eigenes Betätigungsfeld und eine geheime Sphäre, die dem Anderen vorenthalten wird. Dieses Eigene und das Unbekannte ist eine Chance zur neuerlichen Exploration des ansonsten erforschten Gebiets.

Der Film *Don Juan de Marco* (1996) gruppiert das Gesagte zu einem Tableau der Verführung: Der Psychiater John Mickler (Marlon Brando) steht kurz vor seiner Pensionierung, als er einen letzten Fall übernimmt. Vor ihm sitzt ein grotesk wirkender junger Mann im Zorro-Kostüm (Johnny Depp), der sich für den größten Liebhaber der Welt hält. Seine Erscheinung wäre nur lächerlich, wenn da von seinen Geschichten nicht ein eigenartiger Zauber ausginge. Das führt dazu, dass der empathische Psychiater mit jeder Sitzung tiefer in die ihm angebotene Gefühlswelt eintaucht, sich seine verborgenen Sehnsüchte reaktivieren und diese Hinwendung in der Folge zur Kehrtwende seines Privatlebens wird. Der Funke springt über, Mickler löst sich langsam aus der leidenschaftlichen Erstarrung seines beachtlichen Wohlstandspanzers und beginnt, mit zwei verschiedenen Wirklichkeiten zu jonglieren. Es ist bald nicht mehr klar, wer mehr auf wen wirkt. Beiden stellen sich existenzielle Fragen. Don Juan akzeptiert schließlich, dass außerhalb seiner Amouren noch eine Welt existiert, die ihn bestimmt und auf die er reagieren muss; und dem Psychiater eröffnet sich ein anderer Horizont, als er sich erneut seiner Frau (Faye Dunaway) zuwendet. In einer Schlüsselszene fragt er sie dann, was in all den Jahren dazu geführt hat, dass sie ihre Träume aufgegeben hat, und was sie wirklich vom Leben erwartet. Und sie fängt an zu weinen, glücklich darüber, dass er den Bann gebrochen hat. Ihre dankbare Antwort: *Ich dachte schon, du fragst es nie*, ist die angenommene Eröffnung für einen Dialog der Wiederverzauberung ihrer Beziehung.

Das gewachsene Krisenmanagement der eingerichteten Beziehung reicht für ein wohltuendes und lebendiges Zusammensein nicht aus. In dieser Phase, in der die Leidenschaft vollends zu erstarren droht, bedarf es neuer *Visionen*, die das Paar als Ganzes betreffen, und neuer Formen der *Kommunikation*. Die Gewöhnung an das Vorhandene und das Fehlende befördert eine Lustlosigkeit, die fundamental und krisenhaft zugleich ist. Das Schlechte daran ist, dass es so auch stabil weitergehen kann. Besser ist allerdings, die Verkrustung zu nutzen, um neue Fragen zu stellen. Fragen, die das Paar für Themen öffnen, die bisher übersehen wurden, Fragen, die ihr Engagement in einen *radikalen Dialog* transformieren, der die aufgebauten Gewohnheiten und Barrieren der Kommunikation übersteigt und das Leben von einer höheren Warte aus leidenschaftlich angeht. Der unvermeidliche Nachholbedarf angestauter Interessen, die den Gewohnheitsmustern geopfert wurden, hilft, die eingerichtete Hierarchie der Werte und Alltagsprioritäten neu zu sortieren. Passiert dies, geraten Einstellungen auf den Prüfstand, die längst zur Identität der Dyade geworden sind. Deshalb benötigt dieser Entwicklungsschritt auch einen längeren Anlauf und setzt einen großen Willen voraus, der es mit der Beharrlichkeit des Gewachsenen aufnimmt.

Oft fällt diese Beziehungssituation mit der Krise in der Lebensmitte zusammen, also der Lebensspanne, die den Blickwinkel des Erwachsenen in Richtung Endlichkeit verkehrt. Erste bilanzierende Fragen und Verschleißerscheinungen drängen sich auf und Kompetenzen und Lebensbelastungen erreichen ein gewisses Optimum. Das Paar kann nicht mehr verschmelzen wie am Anfang. Wer sich in vielen Funktionen und Gewohnheiten, Perspektiven und Problemstellungen begegnet ist, hat dem ursprünglichen Bedürfnissturm den Tanzboden entzogen. Die Leidenschaft des Anfangs kann nur verändert zurückkehren, der Blick sich nur erneut verzaubern, wenn es dem Paar gelingt, selbstbewusst einen Schritt zurückzutreten und sich unverstellt zu betrachten: zu beschauen, was zwischen sie geraten ist, begierig darauf, zu erfahren, was den Anderen jetzt ausmacht und umtreibt, zuzuhören, wie man selbst geworden ist, zu teilen, was trennt und verbindet. Die Leidenschaft braucht nun den zweiten Blick, der Neues im Bekannten entdeckt und auf das gesprochene Wort angewiesen ist, der aus vertrauter Nähe und gewohnten Distanzierungen eine neue Fürsorge und Forschungsexpedition entstehen lässt. So verstandene Intimität ist erst mit den Jahren möglich und ein möglicher Anfang für eine Wiederverzauberung des Bekannten.

Unmut genügt nicht, eine neue Utopie des Paares zu begründen.

8.1 Weitere Fallvignetten zur Phase IV

Als ich von meiner langen Reise zurückkam, die ich während meiner beruflichen Auszeit gemacht habe, da war ich Mitte vierzig und hatte einschneidende Erfahrungen im Gepäck. Ich konnte nicht einfach so weiterleben wie vorher. Mein Mann hat das zu spüren bekommen. Er hat diese Reise verflucht, weil ich wie ausgewechselt gewirkt habe. Kein Wunder, was ich erlebt hatte, war ziemlich unkompatibel mit meinem Image als Börsenmaklerin. Ich hatte keine Lust mehr auf den Job … habe aber um meinen Mann gekämpft, der mir genau so distanziert begegnete, wie ich ihm vorkam … Ich habe ihn dann zu einer kleinen Nachreise überreden können. Das hat uns gut getan. Seitdem sind wir wieder mehr auf einer Wellenlänge. Er sagt aber auch ganz deutlich, dass er die Frau vermissen würde, die ich vor meiner Veränderung war.

Es war ja so: Wir hatten zwanzig Jahre in Frankfurt gelebt und alles war in Routine erstarrt. Alles wiederholte sich, wie ein Geburtstag und die schlechte Laune, die mein Vater sonntags regelmäßig hatte. Darauf war Verlass. Das war nicht unangenehm, aber irgendwie war ich nicht mehr ausgefüllt … Mich hat dann eine unglaubliche Sehnsucht nach »zu Hause« erfüllt. Ich musste oft weinen, weil meine Kinder Portugal noch nicht mal kannten und ich mir immer verlassener vorkam in Deutschland … Ich bin dann mehrmals hin gefahren, habe meine Verwandtschaft besucht, die ich Jahre nicht gesehen hatte, und dann haben wir uns auf dem Land bei Porto schließlich ein Haus gebaut. Seitdem sind wir zwei Mal im Jahr für längere Zeit dort und mir geht es wieder gut. Ich fühle mich jetzt kompletter, bin nicht mehr depressiv und meine Frau hat wieder Freude an mir. Es musste aber auch was passieren. Ich war ja ursprünglich nicht mit der Absicht nach Deutschland gekommen, zu bleiben …

Eines Tages habe ich einen alten Freund wiedergetroffen, mit dem mich eine kurze Affäre verband und das hat eine Wehmut in mir ausgelöst, es war unbeschreiblich. Zuerst dachte ich, es wäre nur Sehnsucht nach ihm, aber das war nicht alles. Durch diesen kurzen

Kontakt ist es mir wie Schuppen von den Augen gefallen, dass ich emotional was vermisst hatte. Ich hatte mich, wie soll ich es beschreiben, ohne es zu merken, im Getriebe verloren. Urplötzlich habe ich wieder gespürt, was ich wirklich will vom Leben, außer gut zu funktionieren … Es war so, als hätte das in mir geschlummert bis zum richtigen Zeitpunkt … Ich war ganz verzweifelt, wie es nur kommen konnte, sich so sehr selbst zu vergessen und gleichzeitig habe ich mich wieder richtig bei mir gefühlt, wie wieder angekommen … Ich war erst sehr vorsichtig, weil ich nicht wusste, wie mein Mann darauf reagieren würde. Langsam habe ich ihm aber bedeutet, was da in mir vor sich ging und habe ihn mit ins Boot geholt. Das war ziemlich schwierig. Er war an einem ganz anderen Platz, mit ganz anderen Dingen beschäftigt … Jetzt ist unser Herz wieder ganz im Spiel und es fühlt sich an, als wüssten wir, auf was es uns wirklich ankommt … Ich gebe mich nie mehr so auf, und ihn, uns beide auch nicht.

Wann ich meine Frau wiedergetroffen habe? Nachdem unsere Kinder erwachsen genug waren und ich meine alte Arbeitstelle aufgegeben habe. Plötzlich kam mir das viel zu früh vor, dass wir uns voneinander zurückgezogen hatten. Wir hatten doch noch viel vor … Wir haben uns dann zum Tango-Tanzen verabredet, mir fehlte eine Partnerin. Und da haben wir uns wieder ineinander verliebt. Und, das muss ich hier mal sagen, ich hatte auch so ein Gefühl, als sei ich nur erfahrener und ansonsten ein paar Jährchen älter geworden, mehr nicht. Ich meine, ich kann mir heute gönnen, auszusuchen, woran ich teilnehmen will. Ich muss nicht alles mitmachen, nur weil es angesagt ist. Das ist doch auch Luxus oder? Hätte ich gerne schon in jüngeren Jahren so gekonnt … Und da dachte ich, ich probier's ein zweites Mal mit ihr. Ich will es noch mal wissen.

Anfang Fünfzig hatte ich einen Herzinfarkt und mein Arzt hat mir dringend geraten, mein Leben umzustellen. So würde es sonst schlecht enden. Da haben wir uns daran erinnert, dass meine Frau schon als junges Mädchen den Traum hatte, nach Afrika zu gehen … Wir haben es gemacht, alles hinter uns gelassen und sind umgesiedelt. Seither leben wir hier … Hier war am Anfang nichts. Wir haben das alles aufgebaut. Es war die beste Entscheidung unseres Lebens, meine zweitbeste seit ich um die Hand meiner Frau angehalten habe.

8.2 Gewohnheit und Treue

Wohin verschwindet die leidenschaftliche Erregung? In diesem Kapitel werden Gewöhnungseffekte und Gewohnheiten der Langzeitbeziehung angesprochen und untersucht, welche Rolle die Treue dabei spielt.

Nachdem das Rad des Pfaus und die begehrlichen Blicke des Weibchens schon länger ausgeblieben sind, haben die Gesetze des Alltäglichen den ehemaligen Balzplatz des Paares übernommen. Die verführerischen Tänze sind vorüber, nun spielt man Standards. Umarmungen fallen spärlicher aus, die Gefühlspanoramen sind flüchtig und die Körperpfunde schwellen an. Die Beziehung ist umringt von Gewohnheiten und trivialen Pflichten. Die Besessenheit des Anfangs ist fast in Vergessenheit geraten, wird von den Fragen zur Altersabsicherung erdrückt und die unerbittlichen Wellen der Alltagsbetrachtungen haben die früheren Visionen geschleift. Das Paar ist eingerichtet, die einen kälter, die anderen wärmer. Ein lange geteiltes Leben läuft organisch darauf zu, das Leidenschaftliche zu verlieren, sich gehen und in der Aufmerksamkeit nachzulassen. Lebt von der Leidenschaft nur wenig mehr als behagliche und graue Routine, ist eine Beziehung drauf und dran, ihren eigentlichen Sinn zu verlieren. Dann ist Zeit für eine Revision, denn etwas Besseres als den Tod der Leidenschaft findet sich überall. Im Grunde versteht das jeder, die Bremer Stadtmusikanten werden nicht umsonst geliebt. Man wünscht diesen ausrangierten Sozialfällen von ganzem Herzen ein würdevolleres Leben, das der entdeckt, der danach sucht. Dennoch ist das Zaudern und Zögern groß, den Vieren nicht nur im Geiste nachzufolgen.

Gewöhnung entkräftet das Leidenschaftliche und tabuisiert Veränderungsabsichten.

Beziehungen entwickeln sich in einem Kreislauf aus Erfahrungen, die Veränderungen hervorrufen, denen Erfahrungen folgen, die weitere Unterschiede ergeben, denen Erfahrungen folgen, die weniger Unterschied machen bis die Gewöhnung an gemeinsame Erfahrungen kaum noch einen Unterschied bewirkt und sich ein stabiles Wirklichkeitsmuster des Paares gebildet hat (Klöckner 1999, Stadler/Kruse 1990). Ein Abflauen der ursprünglichen Leidenschaft durch eintretende Gewöhnungseffekte kann nicht verhindert werden. Wo die Liebe hinfällt und verbleibt, ist ein mittleres Wunder, die Langzeitfolgen sind nicht nur wunderbar und wundern weniger. Abgeschliffene Beziehungen ähneln sich in groben Zügen, sie unterscheiden sich aber von anderen durch ihre Geschichte.

Erstkontakte von Verliebten geschehen, wie sie geschehen, den Umständen entsprechend. Sie unterliegen nicht immer denselben Motiven. Irgendwer sucht und irgendetwas findet sich. Das, was sich da sucht und findet, steht als letztes Glied in einer Reihe individueller Vorerfahrungen und daraus resultierender Haltungen und Handlungen, die sich nur zögerlich zu erkennen geben. Wer weiß am Anfang schon als Ansprechender oder Angesprochener, wie lange sie bereits nach einem Halt durstet, wie wenig erfahren er ist, wie sehr sie sich endlich sexuelle Erfüllung wünscht, wie wenig er mit Frauen anfangen kann, wie selbstbewusst sie ihn für einen flüchtigen Flirt taxiert und wie er sie gleich mit vollem Herzen wollte … Niemand kommt aus einem psychosozialen Vakuum jungfräulich auf den anderen zu.

Eine Frau fühlt sich in ihrer Beziehung nicht genügend beachtet und nicht ausreichend geschätzt. Ihr jetziger Mann blickt auf eine geschiedene Ehe mit Kindern zurück und begegnet ihrem Kinderwunsch mit Widerstand. Hätte er eine andere Geschichte, würde das Problem, keine eigenen Kinder zu haben, eventuell einen anderen Anstrich erhalten; vielleicht wäre es gar keines. So aber fühlt sie sich als drittes Rad am Wagen. Das Dilemma wächst und es gelingt auf beiden Seiten nicht, so zu tun, als existierten diesbezüglich keine Spannungen. Seine Abneigung hält sich, ihr Wunsch wird immer dringlicher, die verfahrene Situation schaufelt Ängste und Krisenmuster an die Oberfläche, aber keinen Ausweg. Schließlich erfolgt die Trennung. Die Frau empfand sich nur als halbe Frau. Der Mann kam schon als Vater in die Ehe, er wollte keine zweite Mutter weiterer Kinder.

Ein anderes Phänomen im Zusammenhang mit vorausgegangenen Beziehungen ist der unausrottbare Wille, es beim nächsten Mal auf die gleiche Weise besser machen zu wollen, im Neuen dasselbe zu suchen. Unsere Psyche liebt Sisyphus, das Prinzip, unablässig mehr desselben zu probieren. Deshalb finden sich Menschen, die vergleichbar viele Beziehungen versuchen, bei der x-ten Auflage des Hase-Igel-Wettlaufs so oft in der Rolle des Hasen wieder. Die Hoffnung auf ein nächstes Mal zeugt von den Suchtanteilen der Liebe. Wir kennen nur das, was wir können, und wir vermissen das, was uns fehlt. Das treibt die Seele an. So finden sehnsüchtig Suchende wiederholt Aufnahme in den Armen der Gleichförmigkeit. Obwohl die Auswahl unendlich groß ist, hat jeder Mensch für seine Vorlieben nur Antennen für einen eingeschränkten Sendebereich und gleiche Behandlungsmethoden für das, was er sucht.

Es ist eine eigentümliche Bevorzugung des modernen Geistes, dem Veränderungswillen mehr Wohlwollen entgegenzubringen als der Verlässlichkeit sich wiederholender Tatsachen. So treten wir der Liebe gerne als ambivalente Topdog-Underdog-Chimäre entgegen: Wir wollen uns ändern und nicht noch einmal die gleichen Fehler begehen, aber wünschen inständig, das alles bleibt, wie es ist. Der Wille hinkt unseren Taten hoffnungslos hinterher. Er setzt sich nur in Ausnahmen gegen das Bekannte durch, sozusagen wenn wir von allen guten Geistern verlassen sind. Menschen sind ziemlich leidensfähig, wenn es um ihre fehlende Veränderungsbereitschaft geht. So ist auch zu verstehen, dass viele, von einer Illustrierten-Fee gefragt, was sie ändern würden, wenn sie eine zweite Chance bekämen, antworten: *Ich würde das Gleiche noch mal tun, nur anders* (Mick Jagger zu seinem 60. Geburtstag).

Gewohnheiten dominieren die Praxis der Liebe im Allgemeinen und im Besonderen.

Jeder Mensch weicht aber auch – was zu viel ist, ist zu viel – von seinen Mustern ab. In Probehandlungen und außergewöhnlichen

Situationen können chamäleonartige Verwandlungen vorgenommen werden. Berüchtigt sind kurze Urlaubsaffären: Gediegene Menschen mutieren für den Zeitraum ihrer Ferienhitze zu wilden Don Juans und vorher nie beobachteten Lolitas, schrillen Tunten und kessen Vätern. Mit der Heimkehr ist der intensive Spuk vorbei. Die Ausnahme wird als Ausnahme behandelt und die Leidenschaft in einen Dämmerzustand überführt, komatös bereit für andere Ausnahmen. Manchmal sehnt man sich auch nach der »guten alten Zeit« zurück. Was läge näher, als Verflossene und Vergessene auferstehen zu lassen, die mit lustbetonten und verantwortungsfreien Zeiten assoziiert sind, die genügend anders sind, um sich mit ihnen in den Zustand der Zeitlosigkeit zurückzuversetzen, in einer Atmosphäre zu wiegen, die frei ist von aktuellen Belastungen.

Obschon mitunter kleine Fluchtversuche und Ausnahmen unternommen werden, sticht für Langzeitperspektiven das Gediegene. Im Laufe eines Lebens sammeln sich infolgedessen ähnliche Beziehungen, die passen, fragmentarische Einlassungen und unglückliche Verwirrungen, die nicht gepasst haben. Gut funktionierende Langzeitbeziehungen beginnen haufenweise unspektakulär, beinahe schon langweilig. Man begegnete sich wiederholt, es ergab sich dennoch nichts. Plötzlich füllte sich das Auge, beförderte das Herz und führte in Versuchung, plötzlich wurde mehr daraus. Hinterher ist die Verwunderung groß, wie man sich nur so lange übersehen konnte. Spätere Paare Traum wandeln nicht selten lange nebeneinander her, bevor sie sich erkennen. Das zunächst unbemerkte, dann ausgehaltene Ansteigen der Intensität einer Begegnung, das *Containment*, das im Anlauf liegt, ist auch ein Vorzeichen späteren Durchhaltevermögens.[22]

Neben dem Erkennen, der leidenschaftlichen Einlassung und der nachfolgenden Kooperation entscheidet über die weitere Zukunft des Paares, wie es sich Veränderungen anpasst und auf Unveränderliches

---

[22] *Containment* ist eine Haltung, die anzeigt, das ein Mensch Impulse wirken lassen kann, ohne sofort zu reagieren. Im Kontext des Gestalt-Ansatzes beschäftigt man sich unter den Begriffen *Kontaktprozess* (Perls et al. 1988; Fuhr/Gremmler-Fuhr 1995; Dreitzel 1998) und *Gestaltzyklus des Erlebens* (Polster/Polster 1977; Nevis 1987; Wheeler 1993) allgemein mit diesem Modus.

reagiert. Die ursprüngliche Überhöhung des geliebten Partners pendelt sich irgendwann wieder auf ein menschliches Maß ein. Er oder sie schrumpfen in Richtung Normalität zurück (und häufig darunter hinweg). Gewohntes beruhigt und macht bekanntlich unsensibel. Ein eingespieltes Paar verbringt daher nicht jede Nacht im wachen Rausch, es schützt den Tag wieder vor der Nacht. Auf lustvolles Stöhnen folgt die Schlaflosigkeit der Schnarchlaute. In einer ansteigenden Kurve wird öfter wahrgenommen und kommuniziert, was der andere nicht (mehr) ist, nicht mehr oder falsch macht, wird seltener hervorgehoben, was in ihm steckt und gut tut. Die Impulse für Fehlendes und Fehlerhaftes wachsen dem Vorhandenen und Gelingenden tangential davon. Das ist gestaltpsychologisch einleuchtend, da das dauerhaft sensibel Wahrgenommene den Geist überschwemmen und verrückt machen würde, wenn es nicht ignoriert werden könnte. Es ist für unser Wahrnehmungssystem notwendig, sich an Erfahrungen zu gewöhnen, diese als bekannt vorauszusetzen und zu übergehen. So kommt es, dass die ausgetauschten schönen Dinge immer unsichtbarer werden und Störendes im Bewusstsein hängen bleibt. Auch das Radikale an der Liebe verwandelt sich früher oder später in Geläufiges.

Die Wandlung leidenschaftlicher Liebesverhältnisse zu Bindungen, die sich bemühen müssen, wird deutlich am Phänomen der *Treue*. Treue ist ein nachgeschobenes Gebot, das sichern soll, was zuerst freiwillig praktiziert wird. Das Treuegelübde schreibt die originäre Zugeneigtheit verlässlich in die Zukunft fort, sichtbar gemacht durch Verbote. Im verbietenden Vorgriff wird das mögliche Abhandenkommen der Person und ihrer Zuwendungsfunktion unterstellt. Das soll das Treueversprechen verhindern. Die Vermeidung von Untreue, sofern sie gelingt, kann aber nicht kontrollieren, dass sich ein Paar aufeinander bezieht. Ebenso wenig kann eine mögliche leidenschaftliche Entleerung der Beziehung durch Treuetabus verhindert werden Im Gegenteil, wer Bewegungsfreiheit nach außen einbüßt, indem er sich an das Treuegebot hält, braucht Schlupflöcher im Inneren. Diese Fluchtrichtung steht offen und wird durch den erweiterten Rückzug auf sich selbst genutzt.

Treue sichert nicht, dass ein Paar gut miteinander umgeht.

Dementsprechend spielen in Langzeitbeziehungen Vernachlässigung und Entzug eine wichtige Rolle. Die Einhaltung der Treueregel ist oft genug ein Pyrrhussieg der Liebe über die Leidenschaft. Eingehalten befeuert sie genauso wenig die Liebe wie die Leidenschaft. Im Zusammenhang mit Treueregeln kommt es aus diesem Grunde darauf an, Kooperationswege zu finden, die leisten, was sie versprechen. Gesucht wird eine Kooperation, die sich in vielerlei Hinsicht bemüht sieht, Liebe und Erotik nicht in Buchhaltung zu überführen, Spontanes nicht zu planen und Zufälliges nicht zu fordern. Verlangt ist ein Aufeinander-Eingehen, das Einhaltungen anstrebt und Ausnahmen lösungsorientiert kommuniziert, das sich als Paar fördert, ohne sich persönlich zu vernachlässigen.

Das ist einfacher ausgesprochen als getan. Manche Paare versuchen ein gutes Klima herzustellen, indem sie eine ungemütliche Unterscheidung bemühen. Sie differenzieren zwischen Situationen, die passieren, also gleichsam körperlicher Untreue und dem übergeordneten Versprechen, im Zweifelsfall zum bisherigen Partner zu stehen. Die bestehende Beziehung hat auf einer höheren Ebene uneingeschränkte Priorität, und vorübergehende Sekundärpartner erhalten den Stempel von Durchreisenden. Darin steckt durchaus eine Lösung zum Erhalt einer vitalen Beziehungskultur, die aber ein enormes Selbstbewusstsein und viel Vergebungswillen erfordert. Heute, da die symmetrische Liebesbeziehung favorisiert wird, tun sich die Menschen mit solchen Aufspaltungen sehr schwer. *Gentlemen Agreements* sind dort gut aufgehoben, wo man sich nicht (mehr) sonderlich nahe kommen will und erhebliche Unterschiede zugelassen sind.

Anhaltende Beziehungen gleichen an und tendieren zu einer Form, die einem kleinen Gewerbebetrieb nicht unähnlich ist. Die Psyche taxiert, wie beschrieben, Handlungen und Wahrnehmungen in einer emotionalen Verrechnung der partnerschaftlichen Aktivitäten. Auf diese Weise entstehen persönliche Bilanzen über die gegenseitigen Aufwendungen und Erträge, eine persönliche Währung trifft auf einen anderen privaten Rechnungshof, eine Sprache und Erfahrungskultur auf die andere. Quittungen aus den Untiefen und Höhen des gemeinsamen Lebens werden mit Gegenrechnungen beantwortet, die entweder ein Gefühl des ausgeglichenen Miteinanders oder frustrierten Gegeneinanders erzeugen. So subjektiv dieses psychologische Gewerbe ist, so unbestechlich und zugleich bescheiden ist sein Prüfsystem, das nur Zufriedenheit oder Unzufriedenheit listet. Die Kategorie des Wohlempfindens ist einfach und klar, die Bilanz stimmt oder sie stimmt nicht. Man kann seinen Liebespartner dem Gefühl nach nicht übers Ohr hauen. Er allein bestimmt, ob er sich wohl fühlt. Den Anderen möglichst unbemerkt zu hintergehen, ist deshalb aber kein wirklich erfolgreicher Weg zur Erhaltung des gemeinsamen Glücks. Eher schon führt unerkanntes Fremdgehen zu einer Selbstabwertung des Fremdgehers, da es sich um einen Verrat des Liebesvertrags handelt, auf den der Verräter anders herum selbst Wert legt. Sonst müsste es nicht unerkannt bleiben.

Partner sollten ihre Verträge so einhalten, dass es der Beziehung gut tut. Der Vertrag, den die absolute Liebe eingeht, lässt kein Kleingedrucktes zu. Er lautet: Durch die Liebe habe ich mich Dir anvertraut. *Du* bist auf dieser Ebene ein verlängerter Teil meiner Selbst, wie *Ich* in Teilen dir zugehöre. Als Summe bedeuten wir uns etwas, das über uns hinausweist und positiv auf uns zurückfällt. Die romantische Verknüpfung der Liebe verlangt, einen achtungsvollen Verbund einzugehen, der nur dann seine Bestimmung erfüllt, wenn er freiwillig geknüpft und beibehalten wird. Das übervorteilende, schlechte Behandeln des Anderen ist, diesem Verständnis nach, eine Autoaggression. Es fällt auf den Handelnden und den Behandelten zurück und verschlechtert die Beziehung. Wer seinen Partner fortgesetzt abwertet, hintergeht oder ignoriert, verrät sich selbst. Die Paarkultur, die aus den unmittelbaren Folgen dieses gemeinsamen Horizonts resultiert, ist demnach weniger eine sozial ausgleichende, sie ist eine radikale Kultur.

Anthropologen beschäftigen sich schon lange mit der Bedeutung der *Kooperation* in Gruppen. So weiß man, dass zum Beispiel Primaten nur einen verschwindenden Bruchteil ihrer Zeit in das aggressive Austragen von Konflikten investieren, aber extrem viel Zeit für soziales Verhalten aufwenden. Bonobos, die kleinere Unterart der Schimpansenfamilie, sind Meister im Herstellen balancierter Atmosphären. Das gute Gruppenklima wird durch den Einsatz vielfältiger sexueller Handlungen hergestellt. Der Austausch erotisierender

Gefälligkeiten dient der eigenen Lusterfüllung und der Umstimmung frustrierter oder aggressiver Artgenossen. Das Hippie-Motto *Make love not war* hat bei dieser Spezies bereits vor der Menschheitsdämmerung seine evolutionäre Bestimmung erreicht. In menschlichen Kulturen besitzt die Harmonisierung sozialer Beziehungen einen ebenso hohen Stellenwert. Die Betonung liegt hier aber stärker auf der negativen Bewertung von Verhaltensweisen, die vermieden werden sollen. Sexuelle Freigiebigkeit ist als Liebesprophylaxe verpönt.

Der verhaltensbiologischen Kooperationsforschung ging es lange Zeit um die Frage, welche Bedeutung das Miteinander genetisch verwandter Lebewesen hat, da die Evolution neben dem Überlebensprinzip der *Konkurrenz* viele Beispiele für *Kooperation* hervorgebracht hat. Heute beschäftigt man sich mehr damit, wie es zur Zusammenarbeit zwischen artfremden Spezies kommt, aus Sicht der Humanwissenschaften zwischen sozialisations- und kulturverschiedenen Individuen. Über die einzelnen Fachdisziplinen hinweg wird hauptsächlich auf das Konzept des *Mutualismus* zurückgegriffen, des Gebens und Nehmens zum beidseitigen Nutzen. Angesichts der beobachtbaren Vielgestaltigkeit sozialer Kooperationen bleiben für die Sozialwissenschaften bisher mehr Fragen offen. Zum Beispiel, warum an Beziehungen Beteiligte oft nicht ideal zueinander passen, so dass sie einen maximalen Nutzen aus ihrer Allianz schöpfen könnten. Worin liegt das Hauptmotiv dafür, zur dauerhaften Pflege und Stützung des Beziehungspartners beizutragen, selbst wenn erkennbar wenig Profit aus der Beziehung herausspringt? Eine Antwort könnte sein: Ich fühle mich verwurzelt, weil wir uns ans Herz gewachsen sind und aneinander gewöhnt haben. Wir machen weiter, weil uns eine leidenschaftliche Geschichte verbindet. Mehr ist vielleicht nicht dran, aber das wiederum ist viel.

8.3 Ambivalenzen (2)

Ein großer Feind der leidenschaftlichen Beweglichkeit ist die Zähmung gegensätzlicher Bedürfnisse. Langzeitpaare wiederholen ihre Ambivalenzen und Konflikte bis daraus eine vertraute Choreographie geworden ist. Diese Inszenierung gleicht unterschiedliche Bedürfnisse, Handlungs- und Erlebensweisen in vorhersehbarer Form an. Drei solcher Muster werden in diesem Kapitel vorgestellt.

Der Anspruch, dem Beziehungspartner nur spontan und zugewandt entgegenzutreten, ist auf Dauer nicht (aus)zuhalten. Es braucht auch Routinen und Distanzierungen. Routinen fordern aber einen hohen Preis. Sie sind spezifisch, das heißt, sie können einiges bewirken und verhindern und anderes können sie nicht. Dadurch verengen sie das Spielfeld der Leidenschaften und Lösungswege aus Konflikten. Einige Paare tanzen nur Langsamen Walzer miteinander, andere pendeln zwischen Salsa und Rock' n' Roll, manche akzeptieren nur Freestyle, feste Schritte sind ihnen zuwider. Welche Ästhetik mit Unterschieden umzugehen sich auch herausbildet, das erzielte Verhaltensmuster erschafft Expertentum. Es ist für ein bestimmtes Procedere geeignet und bewegt die Leidenschaft in einem vorgezeichneten Kreis, in einer irgendwann vielfach abgelaufenen Spur, die ihre Aufforderungskraft verliert und müde macht. Man macht es lange genug und glaubt irgendwann, dass es nur so geht, nur so sein kann. Rainer Maria Rilke hat das Resultat dieses unvermeidbaren Prozesses, der bei ihm ein erzwungener ist, in das ergreifende Bild einer erloschenen Leidenschaft übersetzt. Jeder kennt dieses Gedicht:

DER PANTHER
Im Jardin des Plantes, Paris
SEIN Blick ist vom Vorübergehen der Stäbe
so müd geworden, dass er nichts mehr hält.
Ihm ist, als ob es tausend Stäbe gäbe
und hinter tausend Stäben keine Welt.
Der weiche Gang geschmeidig starker Schritte,
der sich im allerkleinsten Kreise dreht,
ist wie ein Tanz von Kraft um eine Mitte,
in der betäubt ein großer Wille steht.
Nur manchmal schiebt der Vorhang der Pupille
sich lautlos auf –, dann geht ein Blick hinein,
geht durch der Glieder angespannte Stille –
und hört im Herzen auf zu sein.

(Rilke 1996, 451)

In den folgenden Passagen illustriere ich drei Muster, die dabei herauskommen, wenn Paare ihre Begegnungen über die Zeit in Routinen übersetzen. Dann entwickelt sich ein Organisationsgrad, der die Leidenschaft in Bahnen zwängt und der die Art und Weise regelt, wie mit dem Erwünschten, dem Störenden und dem Unweigerlichen des Lebens umgegangen wird. Metaregelungen dieser Art gehören zum Charakter eines Paares.

Einseitige Starre:
Zuerst stelle ich eine festgezurrte Form der Leidenschaft vor, die dem Versuch entspricht, keinerlei Alternativen zuzulassen, Unvorhersehbares und Unpassendes vollständig unter Kontrolle zu bringen (Abb. 11). Beziehungen, die sich auf tradierte, nicht zu hinterfragende Richtig-Falsch-Kategorien stützen, entsprechen diesem Bild. Es gibt, formal betrachtet, zu allem nur ein Richtiges, und zwar das selbst Bevorzugte, und dementsprechend viel Falsches, viele unbegehbare und verbotene Wege für sich selbst, den Partner und für Außenstehende. Dieser Wirklichkeitshorizont ist eindimensional und überblickbar. Man weiß, was erlaubt ist und was sich gehört, und spürt sofort, wenn man tabuisiertes Gelände betritt. Das Leben besitzt klare Determinanten mit Ausrufezeichen, aber wenig Empathie. Oft sprechen solche Menschen sehr laut und eindringlich, mit erhobenem Zeigefinger und entziehen sich allen Versuchen, sie mit fremden Inhalten zu beeinflussen. Oder sie sprechen wenig, da es ja wenig zu diskutieren gibt. Was dabei natürlich nicht gut funktioniert, sind Wandlungen, die im eigenen Katalog des Lebens nicht vorgesehen sind. Das Ausgeschlossene, das dennoch eintritt, wird zur Katastrophe und dem, der dieses andere kommuniziert, als Frechheit oder Dummheit ausgelegt. Das andere ist Unrecht und muss als Unrecht bekämpft werden. Wenn es nicht zu verhindern ist und man sich nicht fernhalten oder darüber stellen kann, wird es verleugnet. Es hat dann nicht stattgefunden. Es fehlt an gleichmütigen Handhabungen des Kontroversen und Ungeduldeten. Verfehlungen führen unter dieser Prämisse schnell zur Schuldfrage, gewaltsamen Eindämmungsversuchen, zeitweiser Sprachlosigkeit oder zum Beziehungsabbruch. Konflikte werden zwangsläufig zu Machtproben.

Dieses Muster kann nur siegen oder verlieren und ist als Variante bei Emigranten aus traditionalen Gesellschaften, Menschen aus einer niedrigen sozialen Schicht und im provinziellen Umfeld verbreitet. Auffälligerweise hat jene enge Vorgabe auch unter Schwulen eine große Verbreitung, mithin in einem Kontext, in dem eine ausgeprägte Promiskuität gepflegt wird. Für viele Schwule ist selbst ein einmaliges Fremdgehen des Partners nicht hinzunehmen und nicht wieder gutzumachen. Man befindet sich solange im ungeteilten Himmel, bis ein einziges Ereignis eintritt, das die sofortige Trennung unumgänglich nach sich zieht. Diese Beziehungspolitik und die allgemeine Schwulenkultur passen im Grunde nicht zueinander.

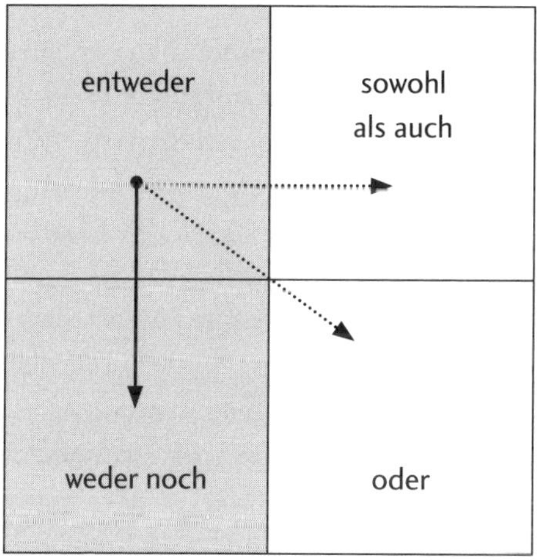

Abb 11: Einseitige Starre

Es gibt unter der Entweder-weder-noch-Prämisse aber auch Lösungen anderer Tragweite. Wenn ein Leben nach einem einzigen Maßstab, also ohne Fehl und Tadel gelingen soll, ist es das Beste, man erzieht sich selbst so gut, bis keine unguten Motive, Gefühle und Handlungen mehr übrig sind, für die man zur Verantwortung gezogen und exkommuniziert werden könnte. Da aber kein Mensch nur gut ist, keiner nie Fehler macht und immer Passendes schafft, kein Organismus nur in eine Richtung arbeiten kann, ohne sich an anderer Stelle zu schwächen, gerät man unter dieser Vorbedingung früher oder später in die Bredouille. Chronische Krankheiten sind hier die Abweichungen, die Ausnahmen von der Regel, die gerade eben noch zugelassen sind, weil man dafür schließlich nichts kann. Krankheiten sind Schicksal. Solche schmalen Kompromisskorridore schließen schwierig zu balancierende Gegensätze aus und gebären psychosomatische Anomalien und andere unkontrollierbare Symptome als selbstschädigender Ausweg aus der Ausweglosigkeit. »Falsch« ist nicht zugelassen und Veränderungen werden von heftigen Vorwurfshaltungen und persönlichen Krisen begleitet. *Es kann nicht sein, was nicht sein darf!* Lebensänderungen kommen gegen dieses Statut ohne Zusammenbrüche praktisch nicht zu Stande.

Frau M. lag mit etlichen Knochenbrüchen ein halbes Jahr lang im Krankenhaus. Nach einem Streit mit ihrem Freund fuhr sie nachts ohne Licht mit dem Fahrrad die Landstrasse entlang, bis sie von einem entgegenkommenden Auto gerammt wurde und schwer verletzt im Graben landete. *An diesem Abend wusste ich mir nicht mehr zu helfen. Ich hatte eine solche Wut, ich hätte ihn in Stücke hauen können. Und gleichzeitig wollte ich nur noch weg, weg, weg! Was hätte ich denn machen sollen, ihn verlassen, ohne einen Pfennig Geld, ohne Ausbildung, mit zwei kleinen Kindern? … Ich habe es einfach nicht mehr ertragen, dass er für keine Änderung zu gewinnen war. Wir hätten uns halt einschränken müssen, aber es wäre gegangen, die Kinder vormittags in den Kindergarten zu bringen. Nur vormittags! Und ich hätte endlich meine Schule zu Ende machen können. »Was brauchst du auch noch einen Job?« hat er immer gesagt. »Es reicht doch, wenn ich mich kaputt arbeite.«* Herr S. hat sie nur einmal im Krankenhaus besucht. Er hätte mit der Doppelbelastung Job und Kinderversorgung alle Hände voll zu tun gehabt. Nach dem Krankenhausaufenthalt hat sie ihn mit ihren Kindern verlassen, ihre Ausbildung beendet und einen anderen Mann geheiratet. Für den Vater ihrer Kinder ist sie gestorben. Sind die Kinder vorübergehend beim Vater, dürfen sie die Mutter nicht erwähnen.

Eine bildungsbürgerliche Variante der Blockade nicht zugelassener Unterschiede könnte man die »Diktatur der basisdemokratischen Einheit« nennen. Harmoniesüchtige Rechthaberei lässt hier keine trennenden Alternativen zu, weil alles, was Veränderung bringt, immer gemeinsam gewollt werden muss. Es gibt viele intellektuelle Paare der 68er- und post 68er-Generationen, die überzeugt sind, dass persönliche Bestrebungen und Unstimmigkeiten in solidarische Zweisamkeit verwandelt werden müssen, abweichende Haltungen zwangsläufig zu Beziehungsunheil führen, wenn es nicht gelingt, diese Unterschiede in einer von allen abgesegneten Übereinstimmung einzuebnen. Das Extrem dieses Kodex bildet die Überzeugung, Themen so lange zu diskutieren, bis wenigstens eine passive Zustimmung übrigbleibt, egal, um was es sich handelt und wer es vorbringt, zu welcher Uhrzeit oder unter welchen Umständen argumentiert wird. Dieses Kommunikationsmuster verschleiert Verantwortungslosigkeit, fehlende Toleranz und vorhandene Aggressionen, da es entdifferenziert. Jedes Argument erhält zwanghaft ein Mitsprache- und Mitentscheidungsrecht, bis es keine Alternative mehr gibt.

Jene Art der Aufmerksamkeit für Abweichungen überhöht den Grundgedanken sozialer Auseinandersetzung ins Absurde. Wo Unterschiede nicht leben dürfen, gibt es in der Konsequenz keine vernünftige Ökonomie zwischen individuellen und kollektiven Beziehungsaspekten. Stattdessen existiert Dauerkommunikation um einen Brei gleicher Gutheißungen. Im Fegefeuer der Einvernehmlichkeit soll ausdiskutiert werden, was nicht ausdiskutierbar ist. Es zirkuliert Getriebenheit, der endlose Versuch, gegensätzliche Einstellungen durch Einsicht in eine inhaltliche Übereinstimmung zu bringen. Wer sich dem Argument beugt, wird mit Freundlichkeit belohnt. Dissonanzen gehören sich laut Beziehungsregel nicht. Aber was ist das beste Argument, wofür und für wen? Es ist klar, dass das Verlangen nach Einigkeit, die mit Einsicht verwechselt wird, Liebe nicht befördert. Dieses Spiel fördert auch keine Veränderungen, aber passiven Widerstand.

Einmal pro Halbjahr geht Herr S. mit Freunden wandern. Männer brauchen das und können das nur richtig unter sich, weil Frauen doch zu schwächlich sind für solche Touren! Frau S. ist ebenfalls davon überzeugt. Sie läuft auch nicht so gerne, so lange und anstrengend. Frau S. findet das, was Männer miteinander treiben, im Grunde herzlich kurios. Sie trifft sich ihrerseits alle paar Wochen mit einer Hand voll auserwählter Freundinnen zum Tratschen. Frauen brauchen das und können das auch nur richtig ohne Männer! Herr S. findet das auch, da ist er tolerant, um nicht zu sagen, Frauenatmosphären verunsichern ihn. Mit Hilfe von Männer-Frauen-Unterscheidungen baut das Paar Wahlmöglichkeiten in sein Leben ein, die akzeptiert sind. Das wiederum Nicht-Zugelassene muss, weil es nicht eintreten darf, durch eine anstrengende soziale Artistik in Schach gehalten werden. Das Paar bannt die Gefahr fremder Definitionsversuche oder kritischer Auseinandersetzungen durch eine Dauerprophylaxe des guten Willens. Es hat immer ein offenes Haus und ein offenes Ohr, es ist freigiebig und gastfreundlich; denn mit Spenden und Einladungen entzieht man sich erfolgreich potentiellen Reibereien. Reicht ihr Sozialwesen nicht aus, um im unbeschatteten Licht zu stehen, wird zuerst mit hartherzigen Abwertungen geantwortet und dann die Attacke vergessen, da man ja weiter miteinander auskommen muss. Gelingt das kurzfristige Drohmanöver nicht, zieht man sich in Sprachlosigkeit zurück.

Herr B. ringt um die Liebe seiner ältesten Tochter, die ihm klar macht, dass sie als Erwachsene mehr Abstand von ihm braucht. Frau B. versteht ihre Tochter und zankt sich deshalb mit ihrem Mann. Die Tochter ist zunehmend außer Haus und nicht bereit, ihre Themen mit den Eltern, speziell dem Vater, lang und breit zu diskutieren. Beide Ehepartner fühlen sich emotional abhängig von den Regungen ihrer Tochter und behandeln sie wie eine Freundin, die durch ihre persönliche Verirrung Unruhe in die häusliche Harmonie bringt. Sie machen sich gegenseitig Vorwürfe, wer sich falscher verhält und was der geeignete Weg ist, auf die Tochter zuzugehen. Dass die Tochter Distanz und einen größeren individuellen Spielraum beansprucht, wird übersehen und als Kränkung empfunden. *Wir haben sie doch von Anfang an gleichberechtigt behandelt.* Schon die Frage an die Eltern, ob es nicht auch zwischen ihnen Belange gebe, die sie nicht miteinander teilen wollen, löst Kopfschütteln aus, als sei der Fragende von Sinnen.

Zweiseitige Starre

Eine andere Choreographie des Kräfteringens um Autonomie und Zugehörigkeit konzentriert den *Pas des deux* auf zwei Standpunkte, die sich starr und unversöhnlich gegenüberstehen. Ein Partner besetzt die eine Position: »Entweder«, der andere bevorzugt den Kontrast: »Oder« (vgl. Abb. 12). Je nachdem, ob sich die Umstände verändern oder Zeit vergeht, können die Partner auch die Positionen wechseln, sozusagen in die Rolle des Gegenübers schlüpfen und sich von der anderen Warte aus kontrastieren. Aber nur dann, wenn der Partner ebenfalls die Seiten wechselt und die polare Dynamik erhalten bleibt. Zumal es immer nachvollziehbare Gründe gibt, fortan das Gegenteil von gestern zu denken und übermorgen wieder zur Meinung von vorgestern zurückzukehren. Halbwegs intelligente Menschen schaffen argumentative und moralische Wechsel mit Leichtigkeit, auch wenn diese Leichtfüßigkeit in Kontrast zur sonstigen Standpunkthärte steht. Entscheidend für das Wechselspiel ist die Tatsache, dass man zu einem bestimmten Zeitpunkt jeweils nur eine Haltung einnimmt, auf jener beharrt und mit dem Partner konkurriert.

Charakteristisch für diese Ambivalenzorganisation ist, dass die Ansichten und Handlungsweisen beider Partner selten reibungslos ineinander greifen und sie es irgendwie immer wieder schaffen, in den bedeutsamen Fragen ihres Lebens symmetrisch zu eskalieren. Ihre Auseinandersetzung um das Gemeinsame und das Individuelle ist beständig unter Feuer. Der Pulverdampf zieht kaum ab, da eine Beziehung unendliche Gelegenheiten bietet, sich gegenseitig massiv zu blockieren. Ein Effekt davon ist, dass gemeinsame Entscheidungen nur schwer gelingen, weil anstehende Entscheidungsprozesse automatisch als Konfliktfeld aufgefasst werden, auf dem man sich beweisen muss, und weniger als dialogischer Weg zu einer Problemlösung. Im Alltag solcher Paare gibt es nur Weniges, was einer von beiden beanspruchen oder ablehnen darf, ohne dass der andere sich einmischt. Am besten funktioniert das Paar, wenn beide ihre Angelegenheiten ungestört für sich erledigen und sich in Ruhe lassen. Das aber geht nicht durchgängig, denn man hat ausgeprägte konfluente Sehnsüchte und kommt sich deshalb immer wieder in die Quere. Das Paar fühlt sich paradoxerweise ebenso tief verbunden wie um seine Autonomie ringend. Es existieren viele Gemeinsamkeiten, die gepflegt werden und verbinden und dennoch kollidiert man prächtig. Man vertraut und misstraut sich in einem Atemzug.

Das Paar versucht das Unmögliche, einig und eigenständig zugleich zu sein. Von daher kommt es primär darauf an, das Definitionsrecht über die persönliche Wirklichkeit nicht aus der Hand zu geben. Das sicherste Mittel ist, unfolgsam zu reagieren und Tatsachen wieder aus der Welt zu schaffen. Da das Empfinden der eigenen Autonomie vollständig mit dem Partner verknüpft ist, konterkariert man ihn ohne Unterlass: Man will, was der andere nicht so will, und lehnt ab, was vom Gegenüber beansprucht wird. Wirklich selbständige Entscheidungen lösen die Angst aus zu vereinsamen. Alleingänge werden daher schnell zurückgenommen, zur Versöhnung liegt man sich gerne in den Armen.

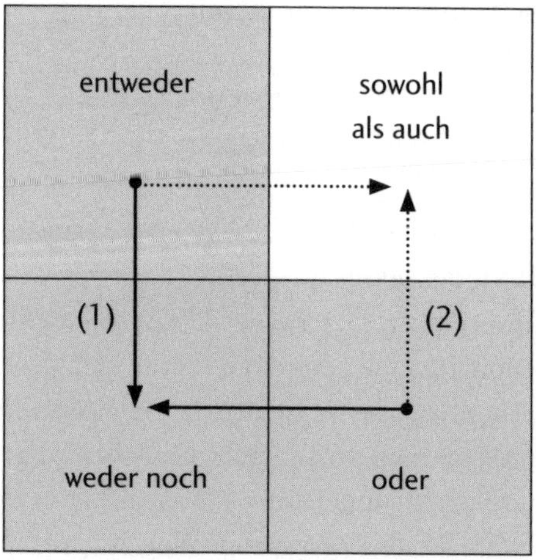

Abb. 12: Zweiseitige Starre

> Herr L. beschwerte sich, er habe große Sorge, dass seine Frau, wenn er über das Wochenende an Seminaren teilnehmen muss, bis zu seiner Rückkehr die halbe Wohnung umgestellt hat, obwohl sie sich doch gerade erst entschieden haben, wo die Möbel stehen sollen. *Ich kann ja noch nicht einmal einen Blumenstrauß in eine bestimmte Vase stecken. Ehe ich mich versehen habe, hat meine Frau das umgesteckt. Wenn wir zu einem Termin gemeinsam aus dem Haus müssen und ich mich darauf freue, findet es meine Frau mit Sicherheit stressig oder unpassend. Gefällt es mir dort, möchte meine Frau nach Hause. Finde ich es langweilig, breitet sie sich dort aus. Es kommt vor, dass wir uns im Hinausgehen im Türrahmen anrempeln, weil meine Frau sich schnell noch vor mir rausdrängeln muss oder wir auf der Strasse hintereinander hergehen, weil ein Nebeneinander schon als unzumutbare Anpassung aufgefasst wird. Ich kann tun oder lassen, was ich will, sie findet ein* »Aber« … Frau K.-L. behauptet das auch von ihm. *Dieser Mann ist wie der berühmte Ochse, dem man ins Horn petzt und nichts passiert. Der macht einfach nicht, was vereinbart ist oder nach gesundem Menschenverstand glasklar dran ist. Wenn ich ihm sage, ich brauche deine Urlaubstermine, damit wir zusammen planen können, kommt nichts. Dann muss ich meine Termine beim Chef abgeben und kann sichergehen, dass er zwei Tage später seine Daten nachschiebt, die jetzt aber nicht mehr passen. Dann wundert er sich über meine Hysterie. Oder eine andere Variante: Ein Tag vorm Urlaub fällt ihm ein, dass er in der Firma nun aber unabkömmlich ist und leider da bleiben muss, nur, um eine Woche später nachzureisen und länger zu bleiben als ich …*

Im Vergleich zum vorhergehenden Muster wird hier der Widerspruch kultiviert, Verschiedenheit in einer Arena der Gemeinsamkeiten auszutragen, beziehungsweise auf dem Boden egozentrischer Anmaßungen Gemeinsames einzuklagen. Dieser projektive Stil hat den Vorteil, dass Ängste und Unzulänglichkeiten, die man vielleicht selbst besitzt, im Anderen gesehen und mit diesem als Gegner ausgetragen werden können. Das ist allemal einfacher als den Zustand auszuhalten, den das Empfinden von Verwirrung, Furcht und Schwäche bei einem selbst heraufbeschwört. Es ist energetisierend und unkomplizierter, mit jemandem im Kampf verbunden zu sein, als Unverdautes der eigenen Person selbstkritisch ins Reine zu bringen und die beschämenden Gefühle auszuhalten, selbst voller Unklarheiten und Inkompetenzen zu stecken. Das Kraft spendende und Kräfte bindende Machtthema durchzieht sämtliche Ebenen dieser Ambivalenzorganisation und tritt um so prägnanter in Erscheinung, je unvermeidlicher sich herauskristallisiert, dass Änderungen anstehen, einer von beiden oder das Paar als Ganzes vor einem Entwicklungsschritt stehen, der Angst macht und schwer zu bewältigen ist.

Frau N. beschwert sich, dass ihr Mann sich nur um sich selbst kümmert und Aufforderungen, auch auf sie zu achten, mit ängstlicher Abneigung beantwortet. Er behauptet dann, nicht von ihr geliebt zu werden und wird depressiv. Wenn er ihr dann noch lang und breit erklärt, was ihm dazu alles bewusst ist und woher das alles kommt, dass er sich so verhält, dann wird sie geradezu wild. Er seinerseits fürchtet ihren Zorn und ihre kühle Prägnanz in der Beobachtung seines Verhaltens und zieht sich bei aggressiven Atmosphären zurück. Wenn sie ihm dann Angebote für die Wiederaufnahme der bilateralen Kommunikation macht und er, gerührt ob ihrer aufkeimenden Liebe, sich ihr wieder zuwendet, fährt sie auch darüber aus der Haut, weil sie einen Mann haben möchte, der Stürme aushält und kein kleines Kind, das gekrochen kommt, wenn Mama ruft. Sie kann nicht erkennen, was er für sie empfindet und er weiß nicht, auf welche Weise er sich vermitteln muss, damit sie ihm glaubt. Keiner unterbricht das unheilvolle Muster, da Unterbrechungsversuche Angst vor noch maligneren Entwicklungen auslösen.

Jeder Dialog ist hier entweder durch ehemalige Traumata beziehungsweise Enttäuschungen oder tiefe Herzlichkeit kontaminiert, so dass die Verwickelten nicht wissen, wie man aus dieser Achterbahn der Gefühlskontraste herausfindet. Hinter jeder Ecke lauern schlechte und gute Erfahrungen, wovon sich die schlechten partout nicht wiederholen dürfen und in der Bekämpfung der schlechten die guten mit ins schlechte Licht rücken. Es ist zum Haare-Raufen und Aus-dem-Fenster-Springen, alles ist nur kompliziert, bestätigen sich solche Paare – bevorzugt im Streit! Die Beziehung soll aber rein bleiben von unguter Zukunft und wieder sauber werden von unguter Historie. Sie können deshalb nicht aufhören, Rechnungen auszustellen. Obwohl sie sich um Lösungen bemühen, drängt immer wieder Rivalität in den Vordergrund, bemerken sie ihre Verschiedenartigkeit und leiden daran, dass Ozeanien zu selten gelingt. Ein wohl nicht unerwünschter Nebeneffekt dieser in Liebe verbundenen Konkurrenz ist, dass man nicht zu eng zusammenfindet. Die bedauerliche Konsequenz ist aber das langsame Entwicklungstempo der Beziehung. Sie läuft heiß in stabilen Spiralen. Das Dilemma kann aber nur durch eine Transformation in eine andere Dialogkultur gelöst werden. Entwicklung bedeutet in diesem Zusammenhang weniger, grundsätzliche Parameter der Beziehung zu restaurieren, sondern in eine nächste Dimension von Zusammenleben einzutreten. Dafür wäre es notwendig, die eingespielten Reaktionsmuster durch neue zu ersetzen, das Verbindende in den Vordergrund zu rücken und hinzunehmen, was an Misslichkeiten nicht zu vermeiden ist.

Alles und Nichts

Eine besonders heikle Ambivalenzorganisation ist die Sowohl-als-auch-Gemeinschaft, die, oberflächlich betrachtet, keine Ambivalenzen kennt (Abb. 13). Man gibt sich im Prinzip mit nichts weniger zufrieden als »alles zu jeder Zeit«. Eine Entscheidung (Synonyme sind Lösung, Wahl, Problem, Frage usw.) ist gleich keiner Entscheidung, da es ja noch weitere kreative Alternativen gibt. Unkreativität ist verboten. Natürlich wird eingeräumt, dass Partner (Kinder, Freunde, Verwandte und Kollegen) selbst die Antwort finden müssen, aber, bitte schön, eine kreative. Farbigkeit ist immer zugelassen. Situationen sind hier selten eindeutig, meist offen, diffus, doppeldeutig; desgleichen Personen und ihre Rollen (Synonyme sind Funktionen, Werte, Einstellungen, Vorlieben, Abneigungen usw.). Wehe aber, einer legt sich unmissverständlich fest (wie spießig!) oder eine Situation droht sich so zu entwickeln, dass sie aus dem Ruder läuft (wirklich bedauerlich!), dann kommt eine verborgene Seite ins Spiel, mit dickem Ausrufezeichen! Inkompetenzen, Klarheiten und andere Einschränkungen im an sich Grenzenlosen sind nicht erlaubt. Wer gegen das Diktat des kreativen Chaos verstößt, sei es durch einen festen Standpunkt oder durch Schwäche, wird exkommuniziert oder verweist sich selbst des Feldes; für den ist in diesem Spiel kein Platz.

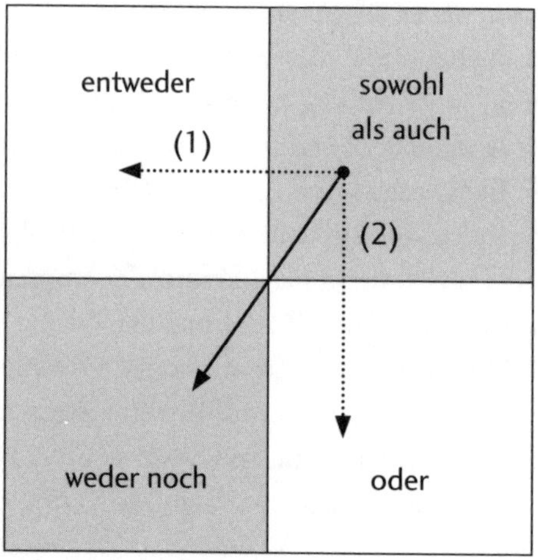

Abb. 13: Alles und Nichts

Frau Z. und Herr Z. kommen in einer erbarmungswürdigen Verfassung zur Paarberatung. Sie redet wirr, er hüllt sich in mehrdeutiges Schweigen. Sie signalisieren durch ihre analoge Kommunikation, dass sie in Not sind. Gefragt, um was es ihnen geht, erklären sie unisono, sie würden sich Sorgen machen um ihre Tochter (wahlweise eines der anderen Kinder). Aber eigentlich besteht kein Grund zur Sorge, denn der eigentliche Problemfall sei … aber eigentlich nun auch wieder nicht … im Grunde sei alles in Ordnung, aber im Augenblick etwas, wie soll man sagen …? Die Kinder wirken bereits in der Berichterstattung der Eltern nicht sonderlich problematisch, was sich nach Einbestellung der übrigen Familienmitglieder bei einem Folgetermin auch bestätigt. Die Kinder haben aber ihrerseits Probleme damit, dass die Eltern *irre Momente haben*. Im Augenblick sei es wieder besonders schlimm. Sie würden dann so umtriebig, fast schon paranoid, wenn die Probleme überhand nehmen. Der Vater hätte im Geschäft einen ziemlichen Stress an der Backe und deshalb immer Migräne (*Aber Kind, du verwechselst da was! Wer zwölf Stunden am Tag arbeitet, ist auch manchmal geschlaucht.*) und die Mutter wäre zu Hause überfordert (*Also komm! Wer schmiert euch denn nachts noch Brote, wenn ihr bis in die Puppen Party macht?*). Die Eltern würden alles auf den Kopf stellen: Nicht sie achteten darauf, dass die Kinder sich an Regeln halten, sondern die Geschwister müssten sich um ihre Eltern bemühen. Die Mutter reagiert erheitert, der Vater schüttelt milde lächelnd den Kopf. In ihrem Alter sei man nicht ansatzweise so bieder gewesen. Solche Vorwürfe verursachen nur Übellaunigkeit, wie sie ja wohl alle wüssten. Und im Übrigen, dürften sie etwa nicht ans Familienkonto gehen, sich bedienen und damit machen, was sie wollten? Sei es nicht so? Man hätte dem farbigen Fiasko seinen wilden Lauf lassen können, hätte Frau Z. nicht unter einem anwachsenden Verfolgungswahn gelitten, der sie von Tag zu Tag zu abenteuerlicheren Aktionen antrieb.

Es gibt auch weniger bunte Beziehungskulturen, in denen das Sowohl-als-auch oberstes Gebot ist und hier mehr die Funktion hat, Aufregung unter Kontrolle zu halten. Dann geht es darum, Erregungsintensität, Klarheit und Problemzuspitzungen zu vermeiden. Eindeutige Haltungen und Atmosphären werden als problematische Kontakt- und Beziehungssituation gefürchtet und überfordern das Paar.

Frau G. stöhnt über Belastungen. Es ist ja auch nicht alles einfach. Kaum gibt sie ihrer Not Ausdruck, fallen Herrn G. Dutzende von Lösungen ein: Alles halb so schlimm. Tu doch einfach … lass doch einfach … Nach außen hin ist hier viel Freundlichkeit und Fürsorge im Spiel, und Frau G. ist stolz, dass ihr Mann sich für alles gleich engagiert, fast unterschiedslos gut gelaunt ist. Hintergründig klagt sie über seine Gleichgültigkeit, darüber, dass er Dinge ignoriert, wenn sie nicht mit einer gewissen Nonchalance zu lösen sind und darüber, wie dominant er jede Situation bestimmt. Es darf bloß nichts Ungelegenes entstehen. Ein echtes Trauerspiel sei aber, dass man nicht mit ihm über Unstimmigkeiten diskutieren kann. Stelle sie ihn zur Rede, droht er mit Entzug der guten Laune. *Alles Negative erhält das »Ohne-mich-Siegel«. Ich bleibe dann allein zurück. Er macht einfach seinen Kram weiter. Es kann nicht sein, dass der hohe Herr was nicht weiß!*

Ich will doch nur, dass du wieder einigermaßen glücklich bist! Was dazu nötig ist, ist mir egal. Wenn du dein Studium noch mal aufnehmen willst, bitte, wenn du die Firma voranbringen willst, auch gut. Von mir aus gehen wir auch wieder zurück nach Poona. Ich würde sogar mit dir aufs Land gehen, if you need a farm to feel free. I would even accept another woman, really, … Aber tu etwas, woran du Spaß hast! You can do what you like. Ich mache doch alles mit …, sprach Frau M. zu ihrem australischen Ehemann. Genau das war Teil des Problems. Herr M. litt unter Rheuma und einer tiefen Müdigkeit. Morgens war er depressiv, mittags war es so lala und abends gingen sie aus, so wie sie es seit Jahren taten. Herr M. hatte alles und wusste doch nicht, was er wollte, spürte nicht mehr, was er brauchte. Frau M. wusste es auch nicht, aber war für alles zu haben. *Ist doch auch wirklich egal. Man kann doch aus allem etwas machen!* Herr M. wollte aus gar nichts mehr etwas machen. Er wollte nur wieder wissen, was gut und was schlecht ist für ihn, und für sie beide. Frau M. war sprachlos, als ihr bewusst wurde, wie weit sie sich in ihr rastloses Leben verrannt hatten. Alles war machbar, es gab keine Grenzen, nur Spaß musste es bringen: Sowohl als auch, aber: *always funny, on the sunny side of life*. Für Tiefen und Untiefen war kein Platz.

9. Phase V: Fürsorgliches Finale – Komplementäre Vertrautheit und dyadische Dämmerung

→ Existenzfragen, Vermächtnis und Degeneration

Phase V ist ein Spagat des abnehmenden Lebens. Das Paar steht vor der Bilanz seiner zurückliegenden Aktivitäten. Es braucht selbst Stütze und hat die Aufgabe, seine Lebenserfahrung und Werte an Nachfolgende zu vermitteln. Die leidenschaftlichen Wendungen der

Altersbeziehung gehen über das Individuelle hinaus. Es ist eine Suche nach Versöhnung, Weitergabe und spirituellem Halt.

Hoffentlich mit beiden Beinen am Boden, materiell und weise vorbereitet, stellen sich dem Paar im Alter existenzielle Herausforderungen, die das Vorangegangene weit übersteigen. Aber was ist heute überhaupt das Alter jenseits der biologischen Chronologie? Welche Möglichkeiten bieten sich der Altersbeziehung? Neuere Studien zeichnen ein erstaunlich mobiles und flexibles Bild älterer Menschen. Mittlerweile kann von einem eigenen Lebensabschnitt zwischen fünfzig und fünfundsiebzig gesprochen werden, einem *zweiten Aufbruch* nach dem ersten Erwachsenendurchlauf, danach erst kommt so recht das Alter, der letzte Abschnitt. Es ist eine Frage der Gesundheit, der verbliebenen Energie und der Neugierde auf das Leben (Horx 2004). Dann beginnt die letzte Etappe zum ultimativen Ausgang aus dem diesseitigen Leben.

So wie wir im Durchschnitt immer älter werden, so unsicher ist gegenwärtig, was die Gesellschaft von dieser Generation erwartet, was sie ihr zubilligt und was Alte selbst beanspruchen. Das Verhalten der Alten zeigt eindrücklich, wie unklar soziale Erwartungshaltungen geworden sind. Der Schaukelstuhl, das frühere Signum des wohlverdienten Lebensabends im Kreise der Familie, verwaist. Senioren nehmen viele Dinge in Anspruch, die sie sich in jungen Jahren verwehrt haben. Sie reisen mehr als früher, treiben Sport, konsumieren wie die Jungen, riskieren einen beruflichen Neustart, widmen sich ihrer Selbstentfaltung und treten nicht automatisch ins zweite Glied zurück. Sie stehen mitten im Leben und ihre Leidenschaften benötigen Zeit und Raum. Auch sie beanspruchen unverhohlen ein Leben nach Gusto, im Rahmen dessen, was sie sich noch zumuten und was sie sich zu leisten vermögen. Die finanziellen Ressourcen im Alter werden durch den zu erwartenden Abbau der Sozialversicherungssysteme abnehmen. In absehbarer Zeit werden Rentner wieder produktive und soziale Aufgaben übernehmen müssen, weil aufgrund der umgestürzten Alterspyramide Menschen im geeigneten Alter nicht ausreichend vorhanden sind und die Rente nicht reicht. Das betagte Paar steht also vor vielen Fragen bei abnehmender Kraft und Zeit.

Beraten Sie uns bitte: Wir haben keine Kinder, kaum noch Verwandte, immer mehr Freunde sterben weg. Wir haben bald niemanden mehr außer uns selbst … Uns fehlt die Erfahrung als altes Ehepaar. Und, um ehrlich zu sein, es ist mir peinlich, aber wir wissen nicht, wie mit dem Rest des Lebens umzugehen ist … Meinen Sie, wir haben noch Entwicklungspotenzial? Ich meine, unser zukünftiges Abenteuer besteht ja wohl darin, dass wir nicht mehr so können wie früher, aber noch Interessen haben. Wie geht man damit um? Wir wollen ja nicht nur so vor uns hinschlurfen …

Mit dem abnehmenden Leben steht die endgültige Trennung bevor, schließt sich unvermeidbar die Beziehungsgestalt. Ein Paar hat dann durchgehalten, bis die große Uhr abgelaufen ist. Am Ende des Lebens steht man dort, wo man gemeinsam hingekommen ist, dann ist nichts mehr revidierbar. Davor geht es für die zwei vormals in Rechten, Pflichten und Kompetenzen gleichgestellten Partner darum, sich zu umsorgen und die verbleibende Beziehungszeit verkraftbar aufzuteilen. Zunehmende Rücksichtnahme, eventuell auch lange sich hinziehende Pflege- und Sterbeprozesse neigen die Symmetrie der Beziehung ins Komplementäre. Das Glück, das bleibt, wird vom Rückblick auf das durchlebte Leben getragen, von den verbleibenden unbeschwerten Augenblicken und einem, hoffentlich vorhandenen, weisen Humor, der den Gebrechen und Beschränkungen des Alters die Spitze nimmt. Gefühle tiefer Zusammengehörigkeit, die aus der Erfahrung des gemeisterten Lebens resultieren, das wohlwollende Mitfühlen für die Schwächen des anderen und die Anteilnahme an den Freuden und Leiden des Lebens wären engagierte, wenngleich erst bei genauerem Hinsehen wahrzunehmende Quellen einer zugewandten Lebenseinstellung am Lebensabend. Die stilleren, kontemplativen Leidenschaften des weitgehend gelebten Lebens bereiten auf die Herausforderung des nahenden Endes vor. Aus dem Leben zu treten, überzugehen in eine Sphäre des Nichts beziehungsweise des nicht Erfahrenen, ist, nach der Vorstellung des westlichen Geistes, eine Expedition ohne Rückkehr. Der Tod zerreißt das Lebensband, und der Zurückbleibende wird in eine Leere blicken. Den Lebenspartner zu verlassen oder durch das Sterben verlassen zu werden, bringt uns mit Verlustleidenschaften in ungeahnter Größenordnung in Kontakt; denn der Tod löst eine irdische Beziehung auf, aber nicht die Bindungsgefühle des Hinterbliebenen. Dies ist immer für einen die bedrohliche Etappe am Ende einer gelungenen oder wenigstens gemeinsam durchgehaltenen Leidenschaft. Danach kommt nur noch der Schluss des Ganzen.

Nach dem Tod des Partners ziehen sich Hinterbliebene oft aus dem aktiven Leben in eine Warteschleife zurück, halten aus, bis auch sie aufgerufen werden. Andere nutzen zunehmend ihre letzten Chancen. Sie probieren aus und holen nach, was die Beziehung nicht zugelassen hat, und schöpfen eventuell Kraft aus der Motivation, im Sinne des Verstorbenen karitativen Zwecken zu dienen. Wie mit Einschränkungen und Verlusten umgegangen wird, zeigt in Essenz noch einmal die zentralen Charakterzüge des Paares und der Personen, die mit dem Ende der Beziehung sozial re-singularisiert werden. Je nachdem, zu welcher Zeit es den Einen zuerst trifft, hat der andere bessere oder schlechtere Möglichkeiten, ist mehr oder minder motiviert, darüber hinauszuwachsen. Was für den einen der Ausgang ins Jenseits ist, kann für den anderen ein neuer Anfang im Diesseits sein, aber viele verstehen den Tod des Lebenspartners als massive Aufforderung, bald zu folgen. Viele gehen nach kurzer Zeit ebenfalls auf die letzte Reise, der Platz neben dem Verstorbenen scheint dann der richtigere Platz zu sein. Das Folgephänomen ist unzufällig: Tiefe Bindungen durchteilen die Seele, die, alleine und verlassen, unter Umständen keiner Heilung mehr zugänglich ist, die nur wieder zusammenfinden will. Nach einer langen Beziehung geteilter Leidenschaft steht jeder für sich vor der Frage, ob noch genug Wille für ein Leben ohne den Lebenspartner besteht.

Ein Mann stirbt, die Witwe löst ihren Hausstand auf und geht in ein Altersheim. Dort ordnet sie sich unter und richtet sich ein, kommt aber nie so recht an. Sie tut es, weil sie glaubt, dass es für die Familie das Richtige ist. Sie möchte nicht zur Last fallen. Sie vergisst nun ab und an, zu essen und zu trinken. Weil die Familie Angst hat, dass sie dehydriert, verlegt man sie in die internistische Abteilung eines Krankenhauses. Dort soll sie aufgepäppelt werden. Sie lässt zunehmend widerwilliger die Pflegemaßnahmen mit sich geschehen und äußert sich darüber teils milde amüsiert, teils abweisend. Manchmal erwähnt sie, sie hätte keine rechte Lust mehr. Da sie aber mit derlei Andeutungen auf entsetzte Gesichter trifft, spricht sie nicht weiter. Eines Tages erzählt sie einem ihrer Kinder von einem Traum. Sie hat geträumt, dass ihr verstorbener Mann neben ihrem Bett stand. Er hätte sie liebevoll betrachtet und ihre Hand genommen: *»Es wird Zeit, dass du nachkommst.«* In der darauffolgenden Nacht stirbt sie. Die behandelnden Ärzte sind irritiert. Es hätte noch keine medizinische Notwendigkeit vorgelegen.

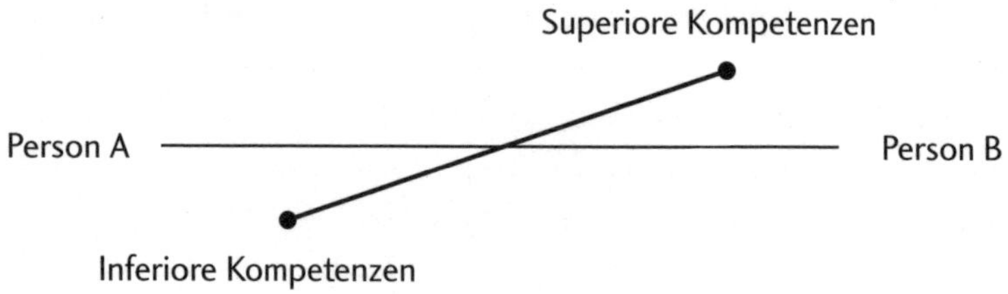

Abb. 14: Komplementäre Positionen innerhalb der symmetrischen Altersbeziehung

Die Schlussphase V ist ein verschlungener Integrations- und Ablösungsprozess, der die Intensität des Anfangs in einem anderen Gewand zurückbringt: in der Angst vor dem Endgültigen und im Spüren der Bedeutung des Beziehungspartners und der Essenz des gelebten Lebens. Früher oder später drängen altersbedingte Abbauprozesse und Kompetenzverluste in den Vordergrund und bestimmen, in welchem Umfang und in welcher Form den finalen Herausforderungen begegnet werden kann. Wenn die körperliche und mentale Degeneration das Regiment übernimmt, wankt das Gleichheitsprinzip der Partnerschaft (Abb. 14). Es geraten Fürsorgeaspekte in den Mittelpunkt und Probleme der praktischen Aufteilung von Erfordernissen und Verantwortlichkeiten für das, was man noch verantworten kann. Die gewohnte Welt zweier enger Vertrauter zerfällt. Einschränkungen wandeln die rechtliche und leidenschaftliche Symmetrie der Beziehung in eine praktische Komplementarität. Von beiden Seiten ist Nachsicht und Güte verlangt und die Reaktivierung der ursprünglichen Liebe, die nicht in Rechnung stellt und gegen Widrigkeiten zueinander steht. Jetzt zeigt sich ein letztes Mal, was die Verbindung verankert, wie man zueinander hält.

Die eine hat unter Umständen mehr Verantwortung und kann mehr als der andere. Der ehemals Machtvollere wird eventuell zum Angewiesenen und Abhängigen. Die letzten Jahre bedeuten neben Gebrechlichkeit und Krankheit oft auch Rückzug aus dem Strom des Alltags. Explorationen finden immer seltener statt, die ehemals vertraute Umwelt wird zunehmend zur Unbekannten, die Hinwendung zum umgebenden Leben erschöpft sich im Erinnern des Vergangenen und in einem schmalen Korridor zugelassener Kontakte, der sich auf das Verkraftbare und im Alter Bedeutungsvolle verdichtet: *Das ist nicht mehr meine Stadt. Alles ist anders. Ich kenne mich ja gar nicht mehr aus. Wenn nicht mein Enkel wäre, der mir hilft, wenn es nötig ist, ich wäre rettungslos verloren. Mein Mann geht ja seit Monaten nur noch vor die Tür, wenn es sein muss.* Das Beziehungsnetzwerk reduziert sich zwangsläufig und es müssen viele Rollen- und Machtwechsel bewältigt werden. Die Jüngeren müssen auf die Alten achten. Nun sind andere Überlebensstrategien wichtig, mit denen die persönlichen Freuden und Kränkungen gemeistert und die Erfahrungsüberlegenheit und praktische Unterlegenheit ausgeglichen werden können.

Der Film *Am goldenen See* (1981) greift diese Thematik auf. Ein pensionierter, sichtlich dementer Professor (Henry Fonda) verbringt mit seiner Frau (Kathrin Hepburn) wie seit Jahrzehnten üblich den Sommer in ihrem Ferienhaus. Man beobachtet, wie der Pensionär auf eine soziale Position pocht, die er energetisch und psychisch nicht mehr ausfüllen kann, und sieht, wie sie seine kleinen und größeren Fehlleistungen geschickt ausgleicht. Sie kann noch gut und hat in Wahrheit die Fäden in der Hand. In einer Szene schickt sie ihn in den Wald, Erdbeeren für den Nachtisch zu sammeln. Nach einer Weile kommt er völlig aufgelöst zurück, ohne eine einzige Frucht mitzubringen. Irgendetwas muss passiert sein und er gesteht ihr, dass er in

Panik geraten war, weil er, plötzlich seiner Gebrechlichkeit und Orientierungslosigkeit gewahr, Angst bekam, er würde vielleicht nicht mehr zurückfinden, und noch schlimmer, er würde sterben, ohne sie noch einmal gesehen zu haben. Es ist eine Vision der nahen Zukunft und eine dramatische Liebeserklärung an seine Frau, die er nicht immer gut behandelt hat.

Wie sich ein Paar mit dem näher rückenden Ende abfindet, wie man das weniger werdende Leben mit seinem Partner teilt, ist eine hohe Kunst und immer wieder Neuland für die, die es betrifft. Es muss das Dilemma gegenläufiger Prozesse geschultert werden. Degenerative Verlangsamung, psychische und körperliche Verluste stehen vor den beschleunigten letzten Fragen und den letzten Möglichkeiten, die Essenzen und Erfahrungen eines langen Lebens einzubringen und die restliche Zeit zu genießen. Jetzt stellt sich die Frage, wie man mit dem Verbleibenden umgeht und auch, wie man geht? Es ist deutlich kein Werden mehr am Schluss, die Zukunft vergeht nun rasant. Wie will man den Partner verlassen und wie kann man den Verlust selbst verarbeiten? Wie soll bewältigt werden, dass sich auflöst, was man gemeinsam erschaffen hat? Bevor der Erste geht, ist es gut, wenn der Zweite darauf vorbereitet ist, so gut es eben geht. Der letzte Abschied ist kein Feld für Spontaneität. Es gibt keine zweite Chance im Hier und Jetzt. Danach, so sagt der rationale Anteil in uns, erhält man keine Antworten mehr auf offene Fragen, kann man nicht mehr gutmachen, was schiefgelaufen ist, nichts mehr teilen, was geteilt werden will. Dann war es nur so gut, wie es bis dahin war.

9.1 Fallvignetten zur Phase V

Nahendes Ende

Sie: *Dauernd will er sich mit Kameraden treffen von früher. Das ist doch alles lange vorbei, der Krieg, … selbst seine erste Freundin möchte er noch mal sehen. Ich finde, das gehört sich nicht! Seine entfernte Cousine, gut, das kann ich noch verstehen, aber eine Freundin, die er vierzig Jahre nicht gesehen hat … Was soll die denn von uns denken? … Du lebst in der Vergangenheit.*

Er: *Du verstehst nicht, wie viel mir das bedeutet … Ich kann es dir auch nicht besser erklären. Es ist so ein Gefühl in meiner Brust … Ach, Gott, ist das denn so schlimm? … Weißt du, ich spüre einfach, dass meine Zeit verrinnt und manchmal habe ich so ein Bedürfnis, sie alle noch in den Arm zu nehmen, bevor es zu spät ist …*
Sie: (leise) … *Und was ist mit mir?*

Er: *Meine Frau schreit oft in der Nacht. Ich muss sie dann wecken. Sie hat immer wieder diesen Traum, wo sie in einen Treppenschacht fällt, weil sie aus einer brennenden Wohnung stürzt und vor lauter Rauch nicht sieht, wo das Treppengeländer ist … Sie müssen wissen, meine Frau ist im Krieg dreimal ausgebombt worden und hat dabei ihre Eltern und Geschwister verloren. Sie hat als einzige überlebt … Diese Träume haben im letzten Jahr angefangen, als sie siebzig wurde. Vorher hatte sie das nicht.*
Sie: *Er hilft mir, so gut er kann, aber es kommt immer wieder … Ich weiß nicht, ob ich das sagen soll, die Träume sind schrecklich. Aber die sind mir noch lieber; denn ich denke oft über den Tod nach … Ich fühle mich manchmal schon sehr nah dran…* (abgewandt) *Ich würde gerne meine Familie wiedersehen … Ich kann ihm das nicht gut sagen, weil er dann so traurig wird … Er will nicht über den Tod reden.*

Sie: *Du musst mir versprechen, sagt er immer, dass ich nach seinem Tod seiner Schwester sagen soll, er hätte sie doch lieb gehabt … Ich will das nicht! Er ist noch nicht so alt, dass man damit rechnen muss. Er soll das selbst machen. Jetzt ist noch Zeit genug …*
Er: *Ich kann nicht über meine Gefühle reden. Wir sind nicht so erzogen worden … Das muss sie später machen, nicht jetzt. Ich hab doch auch viel für dich gemacht … ….*
Sie: *Das ist doch was ganz anderes … Wie kann man nur so hart sein? Er hat sie bald zwanzig Jahre nicht gesprochen, nur weil sie ihm vorgeworfen hat, er hätte sie im Stich gelassen, als es ihr schlecht ging … Von einem Tag zum nächsten hat er den Kontakt abgebrochen.*

Gebrechen

Sie: *Ich ertrage es nur ganz schlecht, dass er so vergesslich geworden ist und am liebsten den ganzen Tag nur rumsitzen will. Ich habe noch Kraft und Interessen, er lässt sich immer mehr hängen. So geht das doch nicht …*

Er: *Sie versteht einfach nicht, dass ich nicht mehr so kann. Ich brauche viel Ruhe … Sie war ja schon immer so hibbelig, so ein Unruhegeist. Früher bin ich halt oft mit, auch wenn ich keine Lust hatte. Jetzt, an meinem Lebensabend, möchte ich wirklich nicht mehr. Die Freiheit nehme ich mir.*

Sie: *Ja, gut, aber das kann doch nicht bis zum Ende so gehen?*

Seit ich ihn pflege, ist mein Leben das einer Krankenschwester. Er kann nicht ohne mich überleben. Ich muss ihn waschen, füttern und ihm Gesellschaft leisten … Ganz selten mal hat er lichte Momente. Das ist wie ein Wunder. Dann reden wir wie früher und dann ist es von einem auf den anderen Moment wieder vorbei. Ich weiß nicht, wo er dann ist. Aber er merkt, dass es nicht stimmt mit ihm. Er fragt dann manchmal: Gell, das ist ganz schlimm mit mir. *Ich weiß auch nicht, was los ist … Er ist mir dann ganz nah … Ich bleib bei ihm, solange es nötig ist. Er gehört doch zu mir …*

Konflikte

Er: *Jetzt könnten wir uns wirklich was erlauben. Jetzt haben wir die Zeit dafür, und auch genügend Rente. Wir können uns auch noch gut bewegen … Und jetzt sagst du, du hast gar keine Lust auf Reisen. All das, was wir uns so schön ausgemalt haben, willst du nun nicht mehr … Ich glaube ja, du hast Angst vorm Fliegen und vor dem ganzen Fremden … Und es kränkt mich, dass du mir nicht zutraust, dass ich das schon hinkriegen würde …*

Sie: *Ich vertrage die Hitze nicht mehr wie früher. Da kann ich doch nichts für! … Und, ich habe Angst, dass uns da was passiert. Du tust nämlich immer nur so, als ob du alles hinkriegst. In Wahrheit bist du mit manchem ziemlich überfordert. Schon, wenn es um Impfungen geht, muss man Angst haben, dass du nicht zum Arzt gehst. Er geht nämlich nie zum Arzt … Und ich will doch nicht in … in wer weiß wo mit dir sitzen und du wirst sterbenskrank … Außerdem, das ist doch eine Illusion, dass wir so was noch mit dem Rucksack machen könnten … Du bist hoffnungslos romantisch. Die Realität übersiehst du.*

Er/1: *Er will unbedingt, dass wir unseren Lebensabend in Las Vegas verbringen und wälzt dauernd Prospekte von Seniorenwohnanlagen … Du denkst doch … er denkt im Ernst daran, er würde dann Steffi Graf als Nachbarin haben und lauter so dummes Zeug!*
Er/2: *Eins ist jedenfalls klar, nach Berchtesgaden ziehe ich nicht! Das ganze braune Gesocks da, super, und wir als schwules Paar mittendrin … Du glaubst doch nicht im Ernst, dass wir da Bekannte finden? Keiner unserer Freunde wohnt am Königsee …*
Er/1: *Aber, schau mal, die Party ist einfach rum. Ich befürchte, das wir uns in Amerika nicht mehr einleben können … bis auf deine Schwester kennen wir da bald niemand mehr. Sie ist auch schon ziemlich alt, die wartet bestimmt nicht noch auf uns.*
Er/2:. *Ich möchte doch nur, dass wir uns die letzten Jahre noch was gönnen. Ich bin einiges älter als du, du kannst ja nach meinem Tod immer noch zurückziehen, wenn du es dann noch willst …*

Verwitwet
Als meine Frau starb, wollte ich hinterhergehen, so hat mir das weh getan. Ich habe es dann nicht gemacht, obwohl ich oft davor stand … Ich spreche mit ihr. Ich weiß jetzt, sie würde es nicht wollen, dass ich nur leide. Sie hat schon zu Lebzeiten gesagt: Wenn du zurückbleibst, dann genieß bloß das Leben! Es hat doch keinen Sinn, nur zu trauern … Und jetzt freue ich mich auf jeden neuen Tag, darauf, dass ich das noch erleben darf … Ich komme schon noch früh genug nach. Zeit spielt da oben keine Rolle, oder?

Sie war ja zum Schluss nur noch verwirrt und nachts so umtriebig, bevor sie starb. Dann ist sie in der Wohnung umhergeirrt und wusste nicht mehr, wo sie war … Ich habe öfters einen Traum: Da steht meine Frau im Mantel im Flur und lächelt mich so vielsagend an, so komisch, als würde sie sagen: Na, kommst du jetzt bald … Ich fühle das auch irgendwie. Mein Schlaf ist anders geworden. So, als wäre ich nachts schon mit einem Bein nicht mehr ganz da, schon im Himmel. Doch, doch, so fühlt es sich an … irgendwie kommt mir das so normal vor.

Mein Mann ist bereits über zehn Jahre tot … Ich habe noch mal einen anderen Mann kennen gelernt. Wir verstehen uns sehr gut, er ist auch Witwer. Ich finde, da habe ich richtig Glück gehabt … Wenn da nur nicht diese quälenden Gedanken wären, lachen Sie bitte nicht, ich denke, es macht meinem verstorbenen Mann etwas aus … Er sieht uns und denkt, ich bin ihm untreu. Ich kann mich nicht dagegen wehren, ich hab das immer im Kopf.

Vermächtnis

Uns ist wichtig, dass unsere Kinder später erfahren, was wir alles erlebt haben, bevor sie geboren wurden und danach. Deshalb schreiben wir die Dinge auf und sammeln Fotos dazu, damit sie es nach unserem Tod lesen können … Vorher sollen sie es nicht erfahren, aber dann. Vielleicht lernen sie was draus? Vielleicht können sie sich besser schützen als wir damals … Dieser Scheiß-Hitler hat alles zerstört! … Und wir waren so naiv und haben anfangs gejubelt, viel zu lange gejubelt. Ich war so dumm! Ich schäme mich so, wenn ich diese Bilder heute sehe.

Ich habe bereits alles auf meinen Nachfolger übertragen, meine Kinder wollen hier nichts übernehmen. Der muss die Schule weiter betreiben, die wir aufgebaut haben. Ich finde, er macht das auch ganz gut, obwohl, ich kann da nicht hingucken, vieles geht auch den Bach runter. Dabei wäre es so einfach … Aber was soll man machen? Wir müssen loslassen, sonst bringt einen das ja um! Und, da das ja sowieso kommt, kann ich mich auch abregen … Es ist halt schwierig auszuhalten, wie ein Lebenswerk weiter behandelt wird. … Na ja, das Wichtigste ist, dass wir es überhaupt so weit geschafft haben, so aus dem Nichts. Das hilft der Bevölkerung hier wirklich weiter, deshalb muss es am Laufen gehalten werden.

Meine Tochter möchte nichts davon hören, warum ich meinen Mann verlassen habe. Selbst nach seinem Tod nicht … Es ist aber wichtig, dass sie weiß, dass er mich schlecht behandelt hat und dass es nicht wegen ihr war. Sie will davon nichts hören … Ich mache mir Sorgen, ob sie mal schlauer ist als ich. Aber müsste sie sich dann nicht anhören, was ich zu sagen habe? Wie kann ich ihr das denn vermitteln?

Wir streiten uns über etwas, dass Sie vielleicht nicht verstehen. Ich habe eine Kassette angelegt mit einem kleinen Buch. Da steht alles drin, was mir wichtig ist, unseren Töchtern zu hinterlassen. Was wir durchgemacht haben, was schön war, was sie uns bedeuten und was wir uns für sie wünschen. Einfach alles, das Leben und meine Gedanken. Ich möchte das für sie da lassen … Zum Schluss wünsche ich ihnen alles Gute und stelle ihnen frei, das aufzubewahren … Ich will es ja auch nur gesagt haben … Sie sollen doch wissen, was uns wichtig war. Meine Frau findet die Vorstellung furchtbar. Sie sagt, lass sie doch denken, was sie denken wollen. Es ist doch ihr Leben! … Und dazu gehört, dass sie sich ihr eigenes Bild machen. Und, was ihr ganz wichtig ist, sie sagt, da steht so vieles drin, das gehört doch zu unserer Intimsphäre … Aber doch nicht mehr nach dem Tod? Dann leben wir doch in ihnen weiter, dann braucht man doch keine Geheimnisse mehr.

Glaube
Ich habe Bilder von einer unglaublichen Intensität gesehen, als ich so weggetreten war … Etwas hat mich mitgenommen und ich wollte nicht mehr zurück. Jetzt bin ich natürlich froh, wieder bei meiner Frau zu sitzen. Wir haben noch etwas Aufschub … Ich möchte aber, wenn es soweit ist, dass sie dabei ist … es war so … so schön.

Er: *Jetzt fühle ich mich langsam bereit. Wir haben alles geordnet, ich habe auch den Eindruck, mehr brauche ich nicht mehr vom Leben, es war gut so … Und, das hört sich schon seltsam an, aber ich freue mich auf die Begegnung mit Gott. Dann muss er sich wirklich zeigen, ich bin gespannt.*
Sie: *Du bist ja selbst zum Schluss noch ehrgeizig. Weißt du, ich fürchte, du wirst von Gott enttäuscht sein, der ist nämlich nicht nur für dich*

da. Ich habe jedenfalls meinen Frieden, für mich ist es genug und alles, was noch kommt … wir werden sehen.

Er: *Ich hoffe, der liebe Gott gibt uns eine zweite Chance und wenn es nur als Dackel ist. Ich habe so viel verkehrt gemacht und meine Frau hat es nicht verdient und die Kinder auch nicht, aber jetzt ist es zu spät. … Ich hoffe, ich muss nicht in die Hölle, der liebe Gott lässt Gnade vor Recht ergehen …*
Sie: *Ich kann das schlecht aushalten, dass er nicht zur Ruhe kommt. Er hat Recht, es war nicht alles gut, was war. Aber, es trägt ihm niemand etwas nach und man muss doch auch etwas ruhen lassen können … Ich bin mir sicher, dass unser Leben gut ausgehen wird. Ich fühle mich in Frieden, ja das kann ich sagen. Ich nehme entgegen, was ich verdiene, wenn es soweit ist, wenn ich oben anklopfe … Wissen Sie, es ist mir egal, was die Leute denken, ich fühle mich geschützt. Da sind Engel um uns, die aufpassen. Das fühle ich noch nicht lange, aber ich bemerke das. … Ich bin mir ganz sicher, da ist was.* (Schaut ihren Mann eindringlich an) *Du denkst, da kommt nichts, oder wenigstens nichts Gutes, stimmt's? Sonst müsstest du dich nicht so aufregen … Du brauchst keine Angst zu haben.*
Er: *Wenn du nur wüsstest … Wenn du wüsstest, wie es mir graut!*

Aussicht

Wo letzte Worte gesprochen werden, ist längst etwas vorbei, eine Beziehung, ein Leben. Das Ende eines Paares, obwohl absehbar, verläuft nur gelegentlich harmonisch und kommt kaum zum richtigen Zeitpunkt. Eingänge und Ausgänge einer Liebesbeziehung sind gleichermaßen schwierig zu nehmen. Am Anfang will man teilhaben, das Ende wird einem meist aufgezwungen. Menschen trennen sich schmerzvoll und unter Schuldgefühlen, selten heiter und noch seltener zuversichtlich. Paare verlieren sich allen leidenschaftlichen Schwüren zum Trotz aus den Augen, verschwinden hastig, ohne Abschied genommen zu haben, oft im Zwist, als könnte sich nur mit Gewalt trennen, was fest verbunden war. Es gehört zum Unterhaltungszwang Hollywoods, dass eine Geschichte harmonisch ausgehen soll: Hier findet man sich zum Schluss, der Schluss ist also ein Anfang, kein Ende. Im wirklichen Leben dagegen verschwimmen Anfang und Ende einer Beziehung nicht.

Manche geben sich aber eine zweite Chance und manche trennen und finden sich sogar in Rhythmen. Nähe und Distanz, Kontinuität und Brüche lassen sich auf vielfältige Weise herstellen und verhindern. Die Leidenschaft macht, was zwei daraus machen. Vielleicht gibt es darüber hinaus kaum mehr zu sagen. Liebesbeziehungen sind heute nur noch minimal vorstrukturiert. Die gegenwärtige Gesellschaftsmelange ist ein idealer Nährboden für die leidenschaftliche Liebe und ihre kleinen und großen Katastrophen. Auf diesem Hintergrund ist sie als Lebensinhalt konkurrenzlos und im Verlauf unberechenbar.

Mit dem Buch verhält es sich ähnlich. Es hört abrupt auf, obwohl es auch leidenschaftlich weitergehen könnte. Meine Beschränkung auf Entwicklungsprozesse und einzelne Phänomene hatte seinen Grund.

Es besteht gerade jetzt, da es an einer einheitlichen Kultur der Leidenschaft fehlt, die Notwendigkeit, über Voraussetzungen und Entwicklungsperspektiven von Liebespaaren nachzudenken. Wir haben uns damit abzufinden, dass die Chancen und Grenzen, die ideellen und kommunikativen Eckpfeiler der Liebe vom Paar von Grund auf erstellt werden müssen. Jeder Anspruch steht zur Verfügung, aber auch zur Diskussion. Als Kinder und Jugendliche erleben wir unsere Welt eindeutig und beständig, de facto leben wir aber in einem unbeständigen und mehrdeutigen Umfeld. Wir sind uns weitgehend selbst überlassen und dieser Umstand muss in erwachsenen Beziehungen berücksichtigt werden.

In einer offenen Gesellschaft zu leben, zwingt, sich in alle Richtungen zu verantworten, die unsicheren Zeichen der Zeit aufzulesen und sie wieder abzulegen, wenn ihre Zeit gekommen ist. Wir kommen nicht umhin, uns so zu verhalten; denn zwischen uns und der Welt stehen Zeichen, Repräsentationen, die uns zum Text des Lebens geworden sind, wie Derrida formuliert hat. Dabei übersehen wir geflissentlich, dass die Dinge des Lebens ihre eigene Präsenz brauchen. Hermeneutisch ist dieses Jenseits des Phänomens, das Befragen des Sinns, unumgänglich. In der Lebenspraxis hält uns das auf Abstand zum Phänomen. Die sinnliche Qualität der Leidenschaft, ihr *Präsenzeffekt*, wird allzu leicht mit Bedeutungsfragen in die Tiefe des Phänomens überfrachtet. Wir sind der Liebe und unserer Selbst wegen angehalten, die Leidenschaft in ihrer körperlichen Intensität zu spüren, ihre Anwesenheit sinnlich zu erfahren, zu bemerken, wie wir in Bewegung sind. Gefragt ist Sensibilität, im Rhythmus der Leidenschaft zu schwingen, ohne sofort zu bedenken, was davon zu halten ist. Für die Liebe kommt es darauf an, beeindruckbar zu bleiben, *Eindrücklichkeit* zuzulassen (Gumbrecht 2004).

Auf dem gegenwärtigen Jahrmarkt egozentrischer Eitelkeiten und Beanspruchungen fällt das Zulassen sinnlicher Präsenz nicht nur leicht, obgleich sich das Private exhibitionistisch ausstellt, wie überhaupt sämtliche Oberflächen und Formen des Lebens der Öffentlichkeit zur Schau angeboten werden. Was sich gehört und wie man mit dem Ungehörigen umzugehen hat, sind derzeit flüchtige Gewissheiten. Was Öffentlichkeit und was Privatsphäre bedeutet und wo die Grenzen dazwischen liegen, wer kann das momentan mit Bestimmtheit definieren? Der öffentliche Raum stellt eine gigantische Leinwand des Selbst dar, wie die öffentlichen Werbeflächen der großen Konzerne für unübersehbare erotische Reize am falschen Platz sorgen. Die Bilder- und Informationsflut der Kommunikationsgesellschaft endet am selben Ort, in der Mülltonne für Altpapier, dort, wo niemand mehr aufnahmebereit und nur noch um Wegwerfen bemüht ist. Solche Art Grenzenlosigkeit taugt höchstens als Sinnbild dynamischer Sinnlosigkeit (Crary 2002).

Sapere aude! Habe Mut, dich deines eigenen Verstandes zu bedienen! Kants Wahlspruch der Aufklärung erhält zweihundert Jahre später in einem bereits aufgeklärten und produktionswütigen Umfeld eine andere Bedeutung. Die Einsamkeit der Menschen inmitten des anschwellenden Tosens der Medienkulissen wächst. Das Bemühen um eine leidenschaftlich und freundschaftlich verbundene Zweisamkeit wäre eine Therapie, die viele ob ihrer unabgelenkten Intensität nicht aushalten. Eine zunehmende Zahl von Menschen fragt sich, warum es bei ihnen nicht klappen will mit der Liebe, warum sie nicht gewählt werden und warum sie nicht erfolgreich wählen können? Die soziale Atmosphäre der Gegenwart spült den Einzelnen nicht automatisch in Beziehungen, sondern neben Beziehungen her. Für diese Situation, die eindeutige Absichten und Beharrlichkeit voraussetzt, fehlt es bereits massenhaft an Bereitschaft und, ich fürchte auch, an den nötigen Kompetenzen. Man scheut die Mühsal und Aufregung, die normale Angst und Ungewissheit, die eine leidenschaftliche Kontaktaufnahme und Beziehung mit sich bringt.

Neulich saß ich in einem Foyer und wartete auf meine Frau. Von einem Dutzend Sitzgelegenheiten sind noch zehn frei. Ein junger Mann setzt sich direkt neben mich und fängt sofort an, laut zu telefonieren. Der Art und Weise des einseitigen Wortschwalls ist zu entnehmen, dass der angewählte Gesprächspartner keine Lust auf eine Unterredung hat. Mein Sitznachbar merkt es nicht oder übergeht es, telefoniert weiter und bricht nach einer Weile unvermittelt ab, Missmut in den letzten Worten. Nachdem ich ihm gesagt habe, dass mich seine lautstarke Penetranz stören würde, changieren seine Gesichtszüge zwischen Abwesend- und Angewidert-Sein. Er schaut mich an wie ein ekelhaftes Insekt, das er eben erst bemerkt hat, springt auf und strebt irrlichternd dem Ausgang zu.

Derartige Episoden gehören zum großstädtischen Alltag. Im Verhalten dieses jungen Mannes spiegelt sich ein fürchterliches Unverhältnis, er ist weder mit sich noch seiner Umwelt in Kontakt. Fritz Perls Vorwurf, die unsinnliche Vereinzelung des modernen Menschen zeige sich in seiner halluzinatorischen Kontaktlosigkeit (Perls 1989), erfährt im Moment eine verschärfte Neuauflage. Die einen tun sich schwer damit, Verbindungen aufzubauen und zu halten, und wissen nicht recht, was es bedeutet, eine Intimsphäre mit jemandem zu teilen. Andere verfügen über eine immense Eloquenz, stellen sich beinahe auf jedes Gegenüber und jede Situation ein. Die offene Schere der Kommunikations- und Beziehungsfähigkeiten ist dabei, sich zu überdehnen. Soziale Gewichte definieren sich mehr und mehr von den Rändern her, Extremhaltungen zwischen hoher Verantwortlichkeit und eingeschränkter Egozentrik bedrängen die Subkulturen und Parallelgesellschaften in der Mitte. Das Paradigma der Zeit lautet, jedem Individuum und jeder Gruppe ihre eigene Konstruktion der Wirklichkeit zuzugestehen. Vielleicht lebt in der westlichen Moderne zu viel neben- als miteinander, vielleicht verlangt die moderne Gesellschaft zu wenig von ihren Mitgliedern, von den Alteingesessenen wie von den Neubürgern? (Kelek 2006a; 2006b)

Immanuel Kant wird als Vordenker des sozialen Liberalismus gepriesen und als radikaler Umstürzler der Verhältnisse seiner Zeit. Seine Moral kam ohne Religion aus, seine Lebensmaximen aber nicht ohne Moral. Auf Kant geht der Gedanke zurück, es empfehle sich stets, so zu handeln, dass die Konsequenzen des eigenen Willens den Prinzipien allgemeiner Gesetze gleichen. Sein *kategorischer Imperativ* ist eine unbedingte Maxime für die Lebenskunst der Gegenwart, die darauf beruhen muss, Unterschiede wenigstens so weit zu würdigen, als ich mich bemühe, dir nichts Schlechtes zu tun. Ob das für ein gutes Zusammenleben genügt, mag dahin gestellt sein. Ohne eine weiterzielende Fürsorge für Andere und speziell für das unverstandene Fremde an uns selbst und um uns herum wird es wohl nicht gehen. Hinter Kants Moral darf die Leidenschaft nicht mehr zurückfallen.

Steht Kants aufgeklärter Verstand für die Richtschnur neuzeitlicher Sozialitäten, fällt sein eigenes Beziehungsleben dagegen bedauerlich flach aus. Seine Radikalität war eine Kopfgeburt, die Dramatik seines Beziehungslebens fand hauptsächlich in seinen Phantasien statt. Da war er draufgängerisch. Verheiratet war er nie und wahrscheinlich ist er jungfräulich gestorben, ohne je mit einer Frau intim gewesen zu sein. Auch nicht mit Männern. Es fehlte ihm an Antrieb zu emotionalen Abenteuern und Grenzgängen. Kant blieb aus Not keusch. Er wurde seines Standes wegen übersehen oder nicht erhört, falls er je so weit gegangen sein sollte, sich der Gräfin Keyserlingk zu offenbaren. Vielleicht war er wie so viele Männer einfach zu feige, Schritte zu gehen, die ihn der Angebeteten ausliefern. Später machte er aus seinem Dilemma eine moralische Tugend. Im Privatleben ist er, anders als in seinen großen Entwürfen, kein Vorbild. Vielen jungen Menschen könnte es in Zukunft aber ebenso ergehen wie ihm, wenn ihre vorwegnehmenden Ängste und Kränkungen über ihre Sehnsüchte dominieren. Liebe muss sich auf eine starke Quelle stützen können, auf die elementare Lust, das Herz zu öffnen, sich dem Wagnis anzuvertrauen, erhört und erhöht zu werden oder abgelehnt abzustürzen. Liebe ist im Discount und unter Kopfhörern nicht erhältlich.

Karl dem Großen wird der Satz zugeschrieben, eine andere Sprache zu besitzen, heiße, eine andere Seele zu haben. Wohlgemerkt, es heißt nicht, eine Sprache zu sprechen, vielmehr, eine Sprache zu besitzen. Sprachen als kommunikative Verkehrssysteme kann man viele beherrschen, sogar so, dass niemand bemerkt, dass es sich nicht um die Muttersprache handelt. Es ist für jüngere Generationen normal geworden, über sprachliche, das heißt, psychosoziale Barrieren hin und her zu schwingen. Menschen oszillieren im modernen Alltag zwischen vielen Kultursphären. Das reicht als Artistik aber nicht aus. Um Verbindung zu spüren und sich wohlfühlen zu können, braucht es eine seelische Übersetzung nach Innen. Und da wird es schwierig bleiben. Unsere Seele, die unverwechselbare Summe der Person in Beziehung, besitzt wohl nur eine Sprache, in der sie ganz zu Hause ist.

Die zentralen emotionalen Erfahrungen, die unsere Seele ankern, passieren dann, wenn man ins Leben hineinwächst. Diese Färbungen geben uns eine Identität, beheimaten uns von Innen heraus und machen eine besondere Wirklichkeit leidenschaftlich wirksam (Müller 2001). Das anschließende Leben baut auf der primären Eloquenz auf. In dieser Erkenntnis liegt vielleicht die wichtigste Herausforderung für Liebesbeziehungen. Was seelisch nicht vom Grund der Erfahrungen aus teilbar ist, kann nur konsumiert und toleriert, bestenfalls umsorgt werden. Nach dem Kant'schen Prinzip verpflichten sich Liebespartner, sich mit fürsorglicher Leidenschaft zu begegnen, vor allem anderen. Wenn das gelingt, gelingt eine Liebesbeziehung, vielleicht sogar auf Dauer.

Es steht uns nicht viel mehr zur Verfügung. Die leidenschaftliche Liebe besitzt ihren Stellenwert nicht, weil Sinn in ihr liegt. Wir lieben, weil es uns überliefert ist und wir es können. Vielleicht geht das mit der Liebe nicht auf ewig gut, vielleicht braucht es andere Brücken? Die vorangeschrittene Liberalität zwingt förmlich zu einer neuen Kultur des Privaten und Öffentlichen. Eine Leitmetapher hierzu könnte *kulturelle Kreativität* heißen (Anderson/Ray 2000). Soziologen beschäftigen sich mit einer Strömung der Gesellschaft, die mit einer neuen Form von *Authentizität* operiert. Das eigene Handeln steht in dieser Gruppe nicht nur in Übereinstimmung mit eigenen Werten, sondern die Sinn gebenden Werte verbinden gleichzeitig auch Unstimmigkeiten. Sogenannte kulturell Kreative engagieren sich aktiv für lebenswerte Alternativen und verstehen das als eine permanente Auslotung sich verändernder Lebensmöglichkeiten. Sie glauben nicht, dass die heutige Welt mit einfachem Denken zu bewältigen ist und verhalten sich in gleicher Weise rational und intuitiv, sachlich und emotional, verbindlich und distanziert.

Dieser Personenkreis ist an lebenswerten Gleichgewichten interessiert. Dominanzbestrebungen lassen sie kalt und Traditionen werden nur soweit beibehalten, wie sie humanistischen Idealen entsprechen. Es ist ein Wertekanon, der mit den herkömmlichen demografischen Kategorien nur unzureichend beschrieben werden kann. Jene Gruppierung vereint in sich die heterogenen Lebensbedingungen ihrer Umwelt und weist kaum Merkmale im Sinne einer sozialen Schicht auf. Es verbindet die Motivation zu persönlicher Entwicklung und sozialem Engagement. Eine Ausbreitung dieses kollektiven Selbstbewusstseins könnte sich zum Segen auswirken. Zumindest ist es ein fliegender Teppich der Liebe.

Auch in Zukunft werden wir Visionen und Bedürfnissen leidenschaftlich nachjagen, ihnen nahe kommen und sie doch nie ganz erreichen, nicht nur in der Liebe. Wir können nur unsere Erfahrungsgrenzen verschieben und Blickwinkel ändern. Im Augenblick scheint die Welt ein dynamisches Tollhaus zu sein und das Schritthalten mit den Wandlungsprozessen erfordert unsere ganze Kraft. Vertrautes unserer psychosozialen Welt wird untergehen und Neues wird an seine Stelle rücken. Ob wir daran Gefallen finden, hängt davon ab, wie wir uns bemühen, das Beste aus den Öffnungen, Reibungen, Verlusten und Zugewinnen zu machen. Liebe und Achtung vor den Menschen und der Kreatur sind die leidenschaftlichen Verbündeten in uns. Ein Zurück in einfachere soziale Bahnen wird es jedenfalls vorerst nicht geben.

Die Vergangenheit, die für uns alle Unterschiedliches bedeutet, war bereits entschlüpft, bevor wir an sie dachten. Soziale Leitgedanken und Regelwerke – die Teile – können überdauern, eine epochale Kultur – das Ganze – nicht. Die konkrete historische Summe ist zu jedem Zeitpunkt immer mehr und anders als das Kommende und Gewesene. Beziehungskulturen sind Momentaufnahmen der Geschichte, für die es keine Renaissance im selben Format gibt. Das ist es aber, wonach die überforderte Seele lechzt, wenn sie sich nach überblickbaren Verhältnissen zurücksehnt. Das vergangene Einfache war nie einfach. Drum ist ein Zurück kein Zurück. Es steht uns aber frei, uns mit Elan für eine radikale Zukunft der Liebe einzusetzen.

Polarisierende Zeiten sind schlecht für Stillstand. Der Name, den wir der Leidenschaft geben, ist gerade das, was die Bewegung der Leidenschaft nicht einfängt und die Beziehung der Leidenschaft nicht ausmacht. Wir schulden der Leidenschaft und dem Anderen, auf den wir der Liebe wegen angewiesen sind, Wachheit, die nicht berechnend ist. In der Liebe ist der Andere immer der, dem eine eigene Antwort zusteht. Das macht die ethische Beziehung der gelebten

Differenz aus (Derrida 1986; 2000). Auf diese Weise konstruieren wir unser Leben und die Liebe ständig neu. Nicht zuletzt erfinden wir selbst, was wir lieben und fürchten. Vielleicht steckt deshalb zwischen den Zeilen dieses Textes nicht genug Magie, habe ich aus Scham zu viel links liegen gelassen. Vielleicht fehlt es mir auch an Mut, gedanklich mehr zu wagen, der Leidenschaft ebenbürtigere Szenarien abzuringen. Aber …

Wer würde seine Hand, bereit zu klopfen
An eine Tür, so fremd wie diese,
Nicht nochmals sinken lassen?
(Donald Justice)

Literatur

Adorno, T. W. (1970/2003): Gesammelte Schriften. Bd. 7: Ästhetische Theorie. Frankfurt/M.

Adriani, G./Konnertz, W./Thomas, K. (1981): Beuys. Köln.

Amendt, G. (2004): Die Aufgeilung des Publikums ist mir zuwider. Interview in: Frankfurter Allgemeine Sonntagszeitung, Nr. 23, 55.

Anderson, S. R./Ray, P. H. (2000): The Cultural Creatives. New York.

Bader, E./Pearson, P. T. (1988): In Quest of the Mythical Mate. New York.

Baier, A. (2001): Vertrauen und seine Grenzen. In: Hartmann, M./ Offe, C. (Hrsg.): Vertrauen. Die Grundlage des sozialen Zusammenhalts. Frankfurt/M., 37–84.

Balandier, G. (1976): Politische Anthropologie. München.

Bals, M. (1985): Narratology. Toronto.

Baumann, Z. (1997): Flaneure, Spieler und Touristen. Hamburg.

Beck, U. (1995): Risikogesellschaft. Auf dem Weg in eine andere Gesellschaft. Frankfurt/M.

Becker, R. (1997): Gestalttherapie und die Wiederverzauberung der Welt. In: GESTALTTHERAPIE, 2, 58–71.

Benjamin, J. (1990): Die Fesseln der Liebe. Frankfurt/M.

Berger, P. L. (1994): Sehnsucht nach Sinn. Frankfurt/M.

Berger, P. L./Luckmann, T. (2001): Die gesellschaftliche Konstruktion der Wirklichkeit. Frankfurt/M.

Boszormenyi-Nagy, I. (1977): Mann und Frau. Verdienstkonten in den Geschlechterrollen. In: Familiendynamik, 2.

Boszormenyi-Nagy, I. u. Spark, G. (1981): Unsichtbare Bindungen. Stuttgart (7. Aufl., 2001).

Bourdieu, P. (1983): Die feinen Unterschiede. Kritik der gesellschaftlichen Urteilskraft. Frankfurt/M.

– (1987): Sozialer Sinn. Frankfurt/M.

Brandstädter, J./Felser, G. (2003): Entwicklung in Partnerschaften: Risiken und Ressourcen. Bern.

Buber, M. (1992): Das dialogische Prinzip. Gerlingen.

Camus, A. (1986): Der Fremde. Reinbek.

– (1997): Der erste Mensch. Reinbek.

Clement, U. (2004): Systemische Sexualtherapie. Stuttgart.

Cohn-Bendit, D. (1975): Der große Basar. München.

Cohn-Bendit, D./Schmid, T. (1992): Heimat Babylon. Das Wagnis der multikulturellen Demokratie. Heidelberg.

Conrad, J. (1966–84): Gesammelte Werke in Einzelbänden. Frankfurt/M.

Crary, J. (2002): Aufmerksamkeit. Wahrnehmung und moderne Kultur. Frankfurt/M.

Montaigne, M. de (1998): Essays. Frankfurt/M.

Derrida, J. (1986): Positionen. Frankfurt/M.

– (2000): Politik der Freundschaft. Frankfurt/M.

Dreitzel, H.-P. (1998): Emotionales Gewahrsein. München.

Duerr, H. P. (1978): Traumzeit. Frankfurt/M.

– (1988–2002): Der Mythos vom Zivilisationsprozess. Bd. 1–5, Frankfurt/M.

– (1988) Nacktheit und Scham.

– (1990) Intimität.

– (1993) Obszönität und Gewalt.

– (1997) Der erotische Leib.

– (2002) Die Tatsachen des Lebens.

Duvall, E. M. (1977): Marriage and family development. New York.

Ebberfeld, I. (1998): Botenstoffe der Liebe. Frankfurt/M.

– (2001): Körperdüfte. Erotische Geruchserinnerungen. Königstein.

Eberling, M./Henckel, D. (2002): Alles zu jeder Zeit? Die Städte auf dem Weg zur kontinuierlichen Aktivität. Beiträge des Deutschen Instituts für Urbanistik (difu), Bd.36.

Eichendorff, J. von (2001): Sämtliche Gedichte. Frankfurt/M. und Leipzig.

Fellmann, F. (2005): Das Paar. Eine erotische Rechtfertigung des Menschen. Berlin.

Fend, H. (1988): Bedingungen des Aufwachsens. Frankfurt/M.

Fischer, H. R./Retzer, A./Schweitzer, J. (Hrsg.) (1992): Das Ende der großen Entwürfe. Frankfurt/M.

Foerster, H. von (1985): Sicht und Einsicht. Braunschweig.

– (1993a): Wissen und Gewissen. Frankfurt/M.

– (1993b): KybernEthik. Berlin.

Fontane, T. (1995): Berliner Frauenromane, Bde. 1–7, Berlin.

Foucault, M. (1986): Sexualität und Wahrheit. Bd.1: Der Wille zum Wissen. Bd. 2: Der Gebrauch der Lüste. Bd. 3: Die Sorge um sich. Frankfurt/M.

Forster, E. M. (1924): A Passage to India. London.

– (1985): Auf der Suche nach Indien. Frankfurt/M.

Frambach, L. (1999): Spirituelle Aspekte der Gestalttherapie. In: Fuhr, R./Sreckovic, M./Gremmler-Fuhr, M.: Handbuch der Gestalttherapie, Göttingen, 613–628.

Fromm, E. (1976): Haben oder Sein. Stuttgart.

Fuhr, R. (1992): Jenseits von Kontaktprozessen. In: GESTALTTHERAPIE, 6. Jhrg., H. 1.

– (1998): Persönlichkeitsentwicklung und Gestalttherapie. In: GestaltZeitung, 11, 3–10.

Fuhr, R./Gremmler-Fuhr, M. (1995): Gestalt Ansatz. Grundkonzepte und -modelle aus neuer Perspektive. Köln.

Fuhr, R./Sreckovic, M./Gremmler-Fuhr, M. (1999): Handbuch der Gestalttherapie, Göttingen.

Gennep, A. van (1999): Übergangsriten. Frankfurt/M.

Gergen, K. J. (2002): Konstruierte Wirklichkeiten. Stuttgart.

Giddens, A. (1997): Jenseits von Links und Rechts. Frankfurt/M.

Goethe, J. W. von (1998): Goethe Werke, Bde. 1–6, Frankfurt/M.

– (1988): Johann Wolfgang Goethe. Sämtliche Werke. 2. Abteilung: Briefe, Tagebücher und Gespräche, Bd. 5, Frankfurt/M.

Gordimer, N. (1958): A World of Strangers. New York.

– (1991): Fremdling unter Fremden. Frankfurt/M.

Gosewinkel, D. (2001): Einbürgern und Ausschließen. Göttingen.

Gourmont, R. de (1990): Die Physik der Liebe. München.

Gremmler-Fuhr, M. (1999): Grundkonzepte und Modelle der Gestalttherapie. In: Fuhr, R./Sreckovic, M./Gremmler-Fuhr, M. (1999): Handbuch der Gestalttherapie, Göttingen, 345–392.

Grün, A. (1997): Der Verlust des Mitgefühls. Über die Politik der Gleichgültigkeit. München.

Gumbrecht, H. U. (2004): Diesseits der Hermeneutik. Die Produktion von Präsenz. Frankfurt/M.

Guntern, G. (1987): Ökoanthropologie und Systemtherapie In: Guntern, G.: Der blinde Tanz zur lautlosen Musik. 3. Internationales ISO-Symposium, Brig.

Habermas, J. (1981): Theorie des kommunikativen Handelns. 2 Bde., Frankfurt/M.

Haley, J. (1996): Psychotherapie und was man darüber lehren sollte. In: GestaltZeitung, 9. Ausgabe, 14–19.

Hartmann, M./Offe, C. (Hrsg.): Vertrauen. Die Grundlage des sozialen Zusammenhalts. Frankfurt/M.

Hauser, R./Stein, V. (2001): Die Vermögensverteilung im vereinigten Deutschland. Frankfurt/M.

Hauskeller, M. (2001): Versuch über die Grundlagen der Moral. München.

Hegel, G. W. F. (1986): Vorlesungen über die Ästhetik. In: Hegel Werke, Bd. 14, Frankfurt/M.

Heidegger, M. (1963): Sein und Zeit. Tübingen.

Holzberg, N. (2002): Catull. Der Dichter und sein erotisches Werk. München.

Hondrich, K. O. (2004): Liebe in Zeiten der Weltgesellschaft. Frankfurt/M.

Horkheimer, M./Adorno, T. W. (1969): Dialektik der Aufklärung. Frankfurt/M.

Hradil, S. (1987): Sozialstrukturanalyse in einer fortgeschrittenen Gesellschaft. Opladen.

Hurrelmann, K./Albert, M. (Hrsg.) (2002): Die 14. Shell-Jugendstudie. Frankfurt/M.

Illich, I. (1980): Selbstbegrenzung. Reinbek.

– (1982): Vom Recht auf Gemeinheit. Reinbek.

Jellouschek, H. (1999): Wie Partnerschaft gelingt – Spielregeln der Liebe. Freiburg.

Kant, I. (2003): Die drei Kritiken: Kritik der reinen Vernunft. Kritik der praktischen Vernunft. Kritik der Urteilskraft. Hamburg.

Kelek, N. (2006a): Die fremde Braut. München.
– (2006b): Die verlorenen Söhne. Köln.
Keupp, H. (1988): Riskante Chancen. Das Subjekt zwischen Psychokultur und Selbstorganisation. Heidelberg.
– (2000): Identitäten im gesellschaftlichen Umbruch. In: Psychotherapeuten FORUM 1, 5–12.
– (2004): Gesellschaftlicher Umbruch und seine Konsequenzen für die individuelle Lebensbewältigung. In: GestaltZeitung, 17. Ausg., 4–11.
Keupp, H./Höfer, R. (Hrsg.) (1997): Identitätsarbeit heute. Frankfurt/M.
Kierkegaard, S. (1984): Der Begriff Angst. Frankfurt/M.
– (1988): Der Augenblick. Nördlingen.
Klöckner, D. (1994): Theoretische und praktische Anmerkungen zum Figur-Grund-Konzept der Gestalttherapie. In: GESTALTTHERAPIE, H.1, 53–68.
– (1999): Dimensionen dialogischer Intervention. Anmerkungen zur Formalisierung des gestalttherapeutischen Spielraums. In: GESTALTTHERAPIE, H.1, 38–56.
– (2000): Postmoderne Beziehungsarithmetik. Beeinflussungen der Balance von Paarbeziehungen. In: GESTALTTHERAPIE, H.2, 20–40.
– (2001): Übergangsphasen – Zur Kulturanthropologie gestalttherapeutischer Prozessmodelle. In: GESTALTTHERAPIE, 15. Jhrg., H. 2.
– (2005): Transformationen der Leidenschaft. Zur Entwicklung postmoderner Liebesbeziehungen. In: GESTALTTHERAPIE, 19. Jhrg., H.1, 34–54.
Klöckner, D./Wilms Klöckner, R. (1997): Postmoderne Beziehungswelten – Paarberatung am Ende der 90er Jahre. In: GestaltZeitung, 10, 12–22.
– (2001): Diagnostik in der Paarberatung. In: GestaltZeitung, 14, 7–9.
Kohl, K. H. (1986): Entzauberter Blick – Das Bild vom guten Wilden. Frankfurt/M.
– (1993): Ethnologie – die Wissenschaft vom kulturell Fremden. München.

Krechel, U. (2000): Eine Literatur des Traums: ein Traum von der Literatur. In: GESTALTTHERAPIE, 1, 70–88.

Kriz, J. (1997): Systemtheorie. Wien.

Lessin, U. (2002): »Fragment« als Korrektiv. Plädoyer für ein Gegengewicht zu Totalisierungstendenzen des Ganzheitsbegriffs. In: GESTALTTHERAPIE, 16. Jhrg., Heft 1.

Lévinas, E (1970): Théorie de l'intuition dans la phénomenologie de Husserl, Paris.

– (1989): Humanismus des anderen Menschen. Frankfurt/M.

Lévi-Strauss, C. (1977): Strukturale Anthropologie. Frankfurt/M.

Lewin, K. (1982): Kurt Lewin Werkausgabe (KLW) Band 4: Feldtheorie. Bern, Stuttgart.

– (1981): KLW Band 6: Psychologie der Entwicklung und Erziehung. Bern, Stuttgart.

Loriot (1992): Menschen, Tiere, Katastrophen. Stuttgart.

Luhmann, N. (1982): Liebe als Passion. Frankfurt/M.

– (2001): Vertrautheit, Zuversicht, Vertrauen. Probleme und Alternativen. In: Hartmann, M./Offe, C. (Hrsg.): Vertrauen. Die Grundlage des sozialen Zusammenhalts. Frankfurt/M., 143–160.

Mann, K. (1976): Der Wendepunkt. München.

– (1981): Treffpunkt im Unendlichen. Frankfurt/M.

– (1985): Der Vulkan. Frankfurt/M.

Maturana, H. R. (1982): Erkennen: Die Organisation und Verkörperung von Wirklichkeit. Braunschweig.

Maturana, H. R./Varela, F. J. (1991): Der Baum der Erkenntnis. Bern.

Maugham, S. (1972): Gesammelte Erzählungen. Zürich.

Mehrgardt, M. (1994): Erkenntnistheoretische Grundlegung der Gestalttherapie. Münster.

Melnik, J./Nevis, S. M. (1999): Gestaltpaartherapie. Intimität und Macht in dauerhaften Beziehungen. In: Fuhr, R./Sreckovic, M./Gremmler-Fuhr, M. (1999): Handbuch der Gestalttherapie, Göttingen, 923–936.

Merleau-Ponty, M. (1966): Phänomenologie der Wahrnehmung. Berlin.

Müller, K. E. (1987): Das magische Universum der Identität: Elementarformen sozialen Verhaltens. Frankfurt/M.

– (1997): Schamanismus. München.
– (2001): Wortzauber. Eine Ethnologie der Eloquenz. Frankfurt/M.
– (2002): Die gespenstische Ordnung. Frankfurt/M.
– (2004): Der sechste Sinn. Bielefeld.
Nabokov, V. (1991–2002): Gesammelte Werke, Bde. 1–18. Reinbek.
Nevis, E. C. (1987): Organisationsberatung. Ein Gestaltansatz. Köln.
Oldenberg, S. H. (1894): Die Religion des Veda. Berlin.
Panikkar, R. (1992a): Rückkehr zum Mythos. Frankfurt/M.
– (1992b): Gottes Schweigen. Die Antwort des Buddha für unsere Zeit. München.
Pasternak, B. (1992): Doktor Shiwago. Frankfurt/M.
Peat, F. D. (1992): Synchronizität: Die verborgene Ordnung. München.
Perls, F. S. (1989): Das Ich, der Hunger und die Aggression. Stuttgart (6. Aufl. 2000).
Perls, F./Baumgardner, P. (1990): Das Vermächtnis der Gestalttherapie. Stuttgart.
Perls, F./Hefferline, R. F./Goodman, P. (1988): Gestalttherapie. Lebensfreude und Persönlichkeitsentwicklung. Stuttgart (7. Aufl. 2006 unter dem Titel Gestalttherapie. Grundlagen der Lebensfreude und Persönlichkeitsentfaltung).
– (1981): Gestalttherapie. Wiederbelebung des Selbst. Stuttgart (6. Aufl. 2007 unter dem Titel Gestalttherapie. Zur Praxis der Wiederbelebung des Selbst).
Petzold, H. G. (2002): Sinn und Sinnfindung. Gestalttheoretische, integrative und differentielle Perspektiven zu transversalem, polylogischem Sinn. In: GESTALTTHERAPIE, 16, H. 1.
– (2003): Unrecht und Gerechtigkeit, Schuld und Schuldfähigkeit, Menschenwürde – in „Polylog" klinischer Philosophie zu vernachlässigten Themen in der Psychotherapie. In: Integrative Therapie, 1, 29. Jhrg., 27–64, Paderborn.
Polster, E./Polster, M. (1977): Gestalttherapie. München.
polymorph (Hrsg.) (2002): (K)ein Geschlecht oder viele? Transgender in politischer Perspektive. Berlin.
Portele, G. H. (1985): Gestalttheorie, Theorie der Autopoiese und Gestalttherapie. In: Gestalt Theory: No. 4, 245–259.

– (1989a): Autonomie, Macht, Liebe. Frankfurt/M.
– (1989b): Gestalttherapie und Selbstorganisation. In: GESTALTTHERAPIE, 1, 5–15.
– (1992): Der Mensch ist kein Wägelchen. Köln.
Retzer, A. (2002): Passagen. Systemische Erkundungen. Stuttgart.
– (2002a): Das Paar. Eine systemische Beschreibung intimer Komplexität. Teil I: Liebesbeziehungen. In: Familiendynamik 27, 5–42.
– (2002b): Das Paar. Eine systemische Beschreibung intimer Komplexität. Teil II: Partnerschaften. In: Familiendynamik 28, 186–216.
– (2004): Systemische Paartherapie. Stuttgart.
Revenstorf, D. (1999): Wenn das Glück zum Unglück wird. Psychologie der Paarbeziehung. München.
Richter, K. F. (1997): Erzählweisen des Körpers. Seelze-Velbers.
Rilke, R. M. (1996): Die Gedichte. Frankfurt/M.
Robine, J.-M. (1999): Das postmoderne Paradigma der Gestalttherapie. In: GESTALTTHERAPIE 13. Jhrg., H.1, 21–37.
Roesler, C. (2002): Archetypische Muster in Lebensgeschichten. In: Integrative Therapie, 3–4, 210–237.
Rorty, R. (1993): Kontingenz, Ironie und Solidarität. Frankfurt/M.
– (2000): Wahrheit und Fortschritt. Frankfurt/M.
– (2001): Solidarität oder Objektivität. Ditzingen.
Sartre, J. P. (1987): Das Sein und das Nichts. Reinbek.
Schmid, W. (1998): Philosophie der Lebenskunst – Eine Grundlegung. Frankfurt/M.
– (2004): Mit sich selbst befreundet sein. Von der Lebenskunst im Umgang mit sich selbst. Frankfurt/M.
Schmid-Fahrner, C. (1997): Spielregeln der Liebe. Integrativ systemische Paartherapie. München.
Schmölders, C. (1998): Die Erfindung der Liebe. München.
Schneewind, K. A./Graf, J./Gerhard, A.-K. (2000): Entwicklung von Paarbeziehungen. In: Kaiser, P. (Hrsg.): Partnerschaft und Paartherapie. Göttingen, 97–111.
Schomburg-Scherff, S. (1986): Nachwort. In: Gennep, A. van: Übergangsriten. Frankfurt/M., 233–255.
Schopenhauer, A. (1997): Die Welt als Wille und Vorstellung. Köln. 1. und 2. Band zu je 1. und 2. Teilband.

Schröter, S. (2002): FeMale. Über Grenzverläufe zwischen den Geschlechtern. Frankfurt/M.

Schulz von Thun, F.: (1999): Miteinander reden. Stile, Werte und Persönlichkeitsentwicklung. Band 1–3, Reinbek.

Schwelien, M. (2004): Das Boot ist voll. Europa zwischen Nächstenliebe und Selbstschutz. Hamburg.

Simon, F. B. und C/O/N/E/C/T/A (1992): Radikale Marktwirtschaft. Heidelberg.

Simon, F. B. (1993): Unterschiede, die Unterschiede machen. Frankfurt/M.

– (1995): Die andere Seite der Gesundheit. Heidelberg.

– (2001): Tödliche Konflikte. Heidelberg.

Spencer-Brown, G. (1999): Laws of Form. Gesetze der Form. Lübeck.

Sreckovic, M. (1999): Geschichte und Entwicklung der Gestalttherapie. In: Fuhr, R./Sreckovic, M./Gremmler-Fuhr, M.: Handbuch der Gestalttherapie, Göttingen, 15–178.

Stadler, M./Kruse, P. (1990): Über Wirklichkeitskriterien. In: Riegas, V. (Hrsg.): Zur Biologie der Kognition. Frankfurt/M.

Steinle, A./Wippermann, P. (2003): Die neue Moral der Netzwerkkinder. München.

Teschke, D. (1989): Der radikale Konstruktivismus und einige Konsequenzen für die therapeutische Praxis, In: GESTALTTHERAPIE, H. 1, 16–29.

Tucholsky, K. (2001): Rheinsberg. CD der DRA, Produktion: Rundfunk der DDR 1985.

Türcke, C. (2002): Erregte Gesellschaft. Philosophie der Sensation. München.

Tully, C. J. (2002): Mensch – Maschine – Megabyte. Opladen.

Turner, V. (2000): Das Ritual. Struktur und Anti-Struktur. Frankfurt/M.

Vitebsky, P. (2001): Schamanismus. Köln.

Wanono, N. (1996): Les Dogon. Paris.

Watzlawick, P./Beavon, J. J./Jackson, D. (1969). Menschliche Kommunikation. Bern.

Wertheimer, M. (1925): Über Gestalttheorie. Erlangen.

Wheeler, G. (1993): Kontakt und Widerstand. Köln.

Wheeler, G./*Backman,* S. (Hrsg.) (1994): On Intimate Ground. San Francisco.

Willi, J. (1975): Die Zweierbeziehung. Reinbek.

– (1985): Ko-Evolution. Die Kunst des gemeinsamen Wachsens. Reinbek.

Zeigarnik, B. (1927): Über das Behalten von erledigten und unerledigten Handlungen. In: Psychologische Forschung 9, 1–85.

Zinker, J. (1997): Auf der Suche nach gelingender Partnerschaft. Paderborn.

Arnold Retzer:

Systemische Paartherapie

Konzepte – Methode – Praxis

355 Seiten, gebunden, ISBN 978-3-608-94365-8

Wie kommen in Paarbeziehungen Entwicklungen zustande, die nicht selten in Hass, Verzweiflung und Elend enden? Was müssen Paartherapeuten besonders beachten? Was passiert überhaupt in Paartherapien und mit welchen Ergebnissen?
Retzer begründet mit seinen Antworten auf diese Fragen eine systemische Paartherapie. Er stellt Paartherapie auf eine konzeptuell und methodisch nachvollziehbare Basis und macht sie zu einer lehr- und lernbaren professionellen Fertigkeit. Fallvignetten, die diese Besonderheit der systemischen Vorgehensweise illustrieren, durchziehen den gesamten Text.
Das Buch stellt somit eine fundierte Einführung in die systemische Paartherapie dar.

Astrid Riehl-Emde:

Liebe im Fokus der Paartherapie

256 Seiten, gebunden, ISBN 978-3-608-91081-0

Obwohl es zumeist Liebesprobleme sind, die Paare zu einer Therapie veranlassen, ist die Liebe eine vernachlässigte Dimension in der Paartherapie. Weil das Thema Liebe in der Ausbildung zum Paartherapeuten nicht vorkommt, fehlen praktische Empfehlungen im Umgang damit. Deswegen kommt die Liebe des Paares auch in der Paartherapie meist nicht zur Sprache, zumal Kommunikation und sexuelle Verhaltensweisen als leichter veränderbar gelten als Gefühle. Mit mehr Wissen und Kenntnis um die Liebe kann es Therapeuten jedoch gelingen, dem zentralen Anliegen von Paaren besser gerecht zu werden.
Das Buch bietet zwar keine Patentrezepte dafür an, wie Liebesbeziehungen herzustellen oder zu erhalten sind, erweitert aber die Denk- und Handlungsspielräume im therapeutischen Umgang mit dem Phänomen Liebe.

Klett-Cotta